检修汽车发动机电控系统

主　编◎王海峰

副主编◎马德军　董　琴　马　强　蔡月萍

清華大学出版社

北　京

内 容 简 介

本书为高等职业学校汽车检测与维修技术专业新型活页教材。

本书主要内容包括检测凸轮轴位置传感器，检测进、排气凸轮轴调节阀，检测曲轴位置传感器，检测机油压力传感器，检测水温传感器，检测风扇及控制电路，检测燃油压力调节阀，检测燃油压力传感器，检测进气压力传感器，检测空气流量传感器，检测氧传感器，检测点火线圈和检测爆震传感器，共 13 个学习情境。本书以工作表单的形式，让学生在做中学、学中做，学习并掌握相关岗位的核心工作技能。

本书既可作为高等职业学校汽车检测与维修及相关专业的教学用书，也可作为相关从业人员的参考用书。

图书在版编目（CIP）数据

检修汽车发动机电控系统 / 王海峰主编. —北京：清华大学出版社，2024.1
ISBN 978-7-302-65166-6

Ⅰ. ①检… Ⅱ. ①王… Ⅲ. ①汽车—发动机—电子系统—控制系统—检修—高等职业教育—教材 Ⅳ. ①U472.43

中国国家版本馆 CIP 数据核字（2024）第 032613 号

责任编辑：杜春杰
封面设计：刘 超
版式设计：文森时代
责任校对：马军令
责任印制：丛怀宇

出版发行：清华大学出版社
网 址：https://www.tup.com.cn，https://www.wqxuetang.com
地 址：北京清华大学学研大厦 A 座 **邮 编：**100084
社 总 机：010-83470000 **邮 购：**010-62786544
投稿与读者服务：010-62776969，c-service@tup.tsinghua.edu.cn
质量反馈：010-62772015，zhiliang@tup.tsinghua.edu.cn
印 装 者：三河市铭诚印务有限公司
经 销：全国新华书店
开 本：185mm×260mm **印 张：**19.25 **字 数：**456 千字
版 次：2024 年 3 月第 1 版 **印 次：**2024 年 3 月第 1 次印刷
定 价：75.00 元

产品编号：100817-01

总　　序

自2019年《国家职业教育改革实施方案》颁行以来，“双高建设”和“提质培优”成为我国职业教育高质量建设的重要抓手。必须明确的是，“职业教育和普通教育是两种不同教育类型，具有同等重要地位”，这不仅是政策要求，也在《中华人民共和国职业教育法》中提及，即“职业教育是与普通教育具有同等重要地位的教育类型”。二者最大的不同在于，职业教育是专业教育，普通教育是学科教育。专业，就是职业在教育领域的模拟、仿真、镜像、映射或者投射，就是让学生“依葫芦画瓢”地学会职业岗位上应该完成的工作；学科，就是职业领域的规律和原理的总结、归纳和升华，就是让学生学会事情背后的底层逻辑、哲学思想和方法论。因此，前者重在操作和实践，后者重在归纳和演绎。但是，必须明确的是，无论任何时候，职业总是规约专业和学科的发展方向，而专业和学科则以相辅相成的关系表征着职业发展的需求。可见，职业教育的高质量建设，其命脉就在于专业建设，而专业建设的关键内容就是调研企业、制订人才培养方案、开发课程和教材、教学实施、教学评价以及配置相应的资源和条件，这其实就是教育领域的人才培养链条。

在职业教育人才培养的链条中，调研企业就相当于“第一粒纽扣”，如果调研企业不深入，则会导致后续的各个专业建设环节出现严峻的问题，最终导致人才培养的结构性矛盾；人才培养方案就是职业教育人才培养的“宪法”和“菜谱”，它规定了专业建设其他各个环节的全部内容；课程和教材就好比人才培养过程中所需要的“食材”，是教师通过教学实施“饲喂”给学生的“精神食粮”；教学实施，就是教师根据学生的“消化能力”，从而对“食材”进行特殊的加工（即备课），形成学生爱吃的美味佳肴（即教案），并使用某些必要的“餐具”（即教学设备和设施，包括实习实训资源），“饲喂”给学生，并让学生学会自己利用“餐具”来享受这些美味佳肴；教学评价，就是教师测量或者估量学生自己利用“餐具”品尝这些美味佳肴的熟练程度，以及“食用”这些“精神食粮”之后的成长增量或者成长状况；资源和条件，就是教师“饲喂”和学生“食用”过程中所需要借助的“工具”或者保障手段等。在此需要注意的是，课程和教材实际上就是“一个硬币的两面”，前者重在实质性的内容，后者重在形式上的载体；随着数字技术的广泛应用，电子教材、数字教材和融媒体教材等出现后，课程和教材的界限正在逐渐消融。在大多数情况下，只要不是专门进行理论研究的人员，就不要过分纠缠课程和教材之间的细微差别，而是要抓住其精髓，重在教会学生做事的能力。显而易见，课程之于教师，就是米面之于巧妇；课程之于学生，就是饭菜之于饥客。因此，职业教育专业建设的关键在于调研企业，但是重心在于课程和教材建设。

然而，在所谓的“教育焦虑”和“教育内卷”面前，职业教育整体向学科教育靠近的氛围已经酝酿成熟，摆在职业教育高质量发展面前的问题是，究竟仍然朝着高质量的“学科式”职业教育发展，还是秉持高质量的“专业式”职业教育迈进。究其根源，“教育焦虑”和“教育内卷”仅仅是经济发展过程中的征候，其解决的锁钥在于经济改革，而不在于教育改革。但是，就教育而言，则必须首先能够适应经济的发展趋势，方能做到“有为才有位”。因此，“学科式”职业教育的各种改革行动，必然会进入“死胡同”，而真正的高质量职业教育的出路依然是坚持“专业式”职业教育的道路。可事与愿违的是，目前的职业教育的课程和教材，包括现在流通的活页教材，仍然是学科逻辑的天下，难以彰显职业教育的类型特征。为了扭转这种局面，工作过程系统化课程的核心研究团队协同青海交通职业技术学院、鄂尔多斯理工学校、深圳宝安职业技术学校、中山市第一职业技术学校、重庆工商职业学院、包头机械工业职业学校、吉林铁道职业技术学院、内蒙古环成职业技术学校、重庆航天职业技术学院、重庆建筑工程职业学院、赤峰应用职业技术学院、赤峰第一职业中等专业学校、广西幼儿师范高等专科学校等，按照工作过程系统化课程开发范式，借鉴德国学习场课程，按照专业建设的各个环节循序推进教育改革，并从企业调研入手，开发了系列专业核心课程，撰写了基于“资讯—计划—决策—实施—检查—评价”（以下简称 IPDICE）行动导向教学法的工单式活页教材，并在部分学校进行了教学实施和教学评价，特别是与“学科逻辑教材+讲授法”进行了对比教学实验。

经过上述教学实践，明确了该系列活页教材的优点。第一，内容来源于企业生产，能够将新技术、新工艺和新知识纳入教材当中，为学生高契合度就业提供了必要的基础。第二，体例结构有重要突破，打破了以往的学科逻辑教材的“章—单元—节”这样的体例，创立了由“学习情境—学习性工作任务—典型工作环节—IPDICE 活页表单”构成的行动逻辑教材的新体例。第三，实现一体融合，促进课程（教材）和教学（教案）模式融为一体，结合“1+X”证书制度的优点，兼顾职业教育教学标准“知识、技能、素质（素养）”三维要素以及思政元素的新要求，通过“动宾结构+时序原则”以及动宾结构的“行动方向、目标值、保障措施”3 个元素来表述每个典型工作环节的具体职业标准的方式，达成了“理实一体、工学一体、育训一体、知行合一、课证融通”的目标。第四，通过模块化教学促进学生的学习迁移，即教材按照由易到难的原则编排学习情境以及学习性工作任务，实现促进学生学习迁移的目的，按照典型工作环节及配套的 IPDICE 活页表单组织具体的教学内容，实现模块化教学的目的。正因为如此，该系列活页教材也能够实现“育训一体”，这是因为培训针对的是特定岗位和特定的工作任务，解决的是自迁移的问题，也就是“教什么就学会什么”即可；教育针对的则是不确定的岗位或者不确定的工作任务，解决的是远迁移的问题，即通过教会学生某些事情，希望学生能掌握其中的方法和策略，以便未来能够自己解决任何从未遇到过的问题。在这其中，IPDICE 实际上就是完成每个典型工作环节的方法和策略。第五，能够改变学生不良的行为习惯并提高学生的自信心，即每个典型工作环节均需要通过 IPDICE 6 个维度完成，且每个典型工作环节完成之后均需要以“E（评价）”结束，因而不仅能够改变学生不良的行为习惯，还能够提高学生的自信心。除此之外，该系列活页教材还有很多其他优点，请各院校的师生在教学实践中来发现，在此不再一一赘述。

当然，从理论上来说，活页教材固然具有能够随时引入新技术、新工艺和新知识等很多优点，但是也有很多值得思考的地方。第一，环保性问题，即实际上一套完整的活页教材既需要教师用书和教师辅助手册，还需要学生用书和学生练习手册等，且每次授课会产生大量的学生课堂作业的活页表单，非常浪费纸张和印刷耗材；第二，便携性问题，即当前活页教材是以活页形式装订在一起的，如果整本书带入课堂则非常厚重，如果按照学习性工作任务拆开带入课堂则容易遗失；第三，教学评价数据处理的工作量较大，即按照每个学习性工作任务 5 个典型工作环节，每个典型工作环节有 IPDICE 6 个活页表单，每个活页表单需要至少 5 个采分点，每个班按照 50 名学生计算，则每次授课结束后，就需要教师评价 7500 个采分点，可想而知这个工作量非常大；第四，内容频繁更迭的内在需求和教材出版周期较长的悖论，即活页教材本来是为了满足职业教育与企业紧密合作，并及时根据产业技术升级更新教材内容，但是教材出版需要比较漫长的时间，这其实与活页教材开发的本意相互矛盾。为此，工作过程系统化课程开发范式核心研究团队根据职业院校“双高计划”和“提质培优”的要求，以及教育部关于专业的数字化升级、学校信息化和数字化的要求，研制了基于工作过程系统化课程开发范式的教育业务规范管理系统，能够满足专业建设的各个重要环节，不仅能够很好地解决上述问题，还能够促进师生实现线上和线下相结合的行动逻辑的混合学习，改变了以往学科逻辑混合学习的教育信息化模式。同理，该系列活页教材的弊端也还有很多，同样请各院校的师生在教学实践中来发现，在此不再一一赘述。

特别需要提醒的是，如果教师感觉 IPDICE 表单不适合自己的教学风格，那就按照项目教学法的方式，只讲授每个学习情境下的各个学习性工作任务的任务单即可。大家认真尝试过 IPDICE 教学法之后就会发现，IPDICE 是非常有价值的教学方法，因为这种教学方法不仅能够改变学生不良的行为习惯，还能够增强学生的自信心，因而能够提升学生学习的积极性，并减轻教师的工作压力。

大家常说：“天下职教一家人。”因此，在使用该系列教材的过程中，如果遇到任何问题，或者有更好的改进思想，敬请来信告知，我们会及时进行认真回复。

姜大源　闫智勇　吴全全

2023 年 9 月于天津

前　言

我国汽车产销量已连续 10 多年位居世界第一，汽车产业早已成为我国国民经济的支柱产业。如何让汽车充分发挥性能、降低能耗、减少污染与交通事故，已成为当今人们关注的重大课题。与此同时，随着现代科技的飞速发展，汽车也迅速变成一种知识与技术高度密集型产品，汽车电控系统的作用与日俱增。汽车检测维修从业人员面对密如蛛网的汽车电控系统线路时，常常会感到无从下手，面对发动机电控系统问题时，也常常不知所措。为了解决汽车检测与维修技术专业学生和从业人员的上述困局，笔者根据多年职业教育教学经验和汽车检测维修实践经验编写了本书。

本书注重理实一体化，强调“做中学、学中做”的职业教育理念，采用了工作过程系统化教学的模式，实现了“教材”和“学材”的统一。全书由源于真实工作过程的学习情境构成，每个学习情境均基于真实的工作任务，通过详细的典型工作环节（包括资讯单、计划单、决策单、实施单、检查单和评价单），让学生在学习知识的同时，能够运用知识解决问题，并完成相应的工作，从而达到手脑并用，边学边做，提高学生对知识和技能的掌握程度和学习成就感，并为学生将来从事岗位工作打下良好的基础。本书任务遵循工作页的编写思路，教师可运用其中的评价单对学生进行考核评分。书中介绍的汽车发动机电控系统故障检修内容以及在实训项目中所涉及的车型，以常见的大众车系和丰田车系为主，这既考虑到这些车型在电控技术方面所具有的代表性，又考虑到学校对于相关实验、实习设备配备的方便性。

本书主要内容包括检测凸轮轴位置传感器，检测进、排气凸轮轴调节阀，检测曲轴位置传感器，检测机油压力传感器，检测水温传感器，检测风扇及控制电路，检测燃油压力调节阀，检测燃油压力传感器，检测进气压力传感器，检测空气流量传感器，检测氧传感器，检测点火线圈和检测爆震传感器，共 13 个学习情境。为了适应岗位职业技能培养的需要和职业教育的特点，本书在编写过程中，力求做到切合实际，突出实践教学，以培养学生职业技能为目标，提高学生学习的积极性和主动性，使学生在学习理论知识的基础上，掌握基本的职业技能。

本书根据笔者多年职业教育教学经验和汽车检测维修实践经验，并参考了大量汽车维修资料编写而成。在编写过程中，根据现代汽车维修技术发展和职业教育的特点，在理论部分以“必需、够用”为原则；在实践部分则突出职业技能的训练和职业素质的培养；在内容上加强了针对性和应用性，力求把传授知识和培养专业应用能力有机地结合起来。

本书由青海交通职业技术学院王海峰担任主编，由青海交通职业技术学院马德军、董琴、马强、蔡月萍担任副主编，参与编写的还有郭文彬等专业教师和相关企业工程师。

在此对参与本书编写以及提供资料的相关人员表示由衷的感谢。由于编者水平有限，书中难免会有疏漏和不足之处，敬请业内专家、同人和广大读者批评指正。

编　者

2023 年 10 月

目　录

学习情境一　检测凸轮轴位置传感器

任务一　检测凸轮轴位置传感器的准备工作

1．检测凸轮轴位置传感器准备工作的资讯单

学习场	配气机构
学习情境一	检测凸轮轴位置传感器
学时	0.05 学时
典型工作过程描述	**1．准备工作**—2．查阅电路图—3．确认凸轮轴位置传感器安装位置—4．辨认凸轮轴位置传感器针脚信息—5．测试凸轮轴位置传感器—6．记录测量数据—7．分析测量数据
收集资讯的方式	线下书籍及线上资源相结合。
资讯描述	1．收集凸轮轴位置传感器的作用和类型的相关资料。 （1）凸轮轴位置传感器的作用及安装位置。凸轮轴位置传感器（camshaft position sensor，CPS）又称判缸传感器（cylinder identification sensor，CIS），其作用是采集凸轮轴的位置信号并输入 ECU，以便 ECU 识别 1 缸压缩上止点，从而进行顺序喷油控制、点火正时控制和爆震控制。通常安装在凸轮轴的前部、后部附近。 （2）凸轮轴位置传感器的类型。凸轮轴位置传感器按照其工作原理不同可分为电磁感应式、磁阻式、霍尔式和光电式四大类。其中霍尔式应用最广泛，在此重点介绍。 2．收集凸轮轴位置传感器组成及工作原理的相关资料。 （1）霍尔式凸轮轴位置传感器是根据霍尔效应制成的，可称为霍尔传感器。霍尔效应原理如下图所示，通有电流 I 的半导体垂直于磁力线放入磁感应强度为 B 的磁场中时，在半导体横向侧面上就会产生一个垂直于电流方向和磁场方向的电压 U_H，U_H 与通过半导体的电流 I 和磁感应强度 B 成正比，当磁场消失时电压也立即消失。 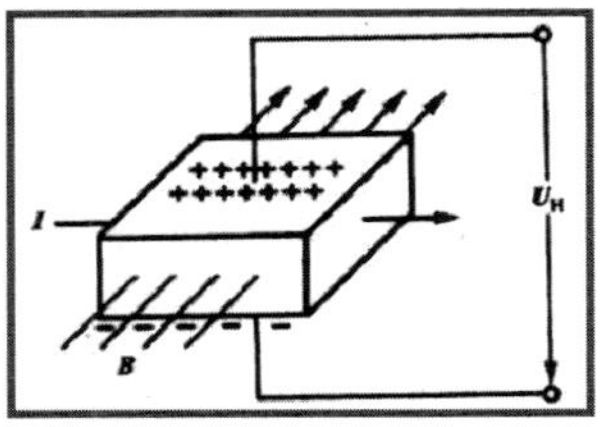 霍尔效应 （2）霍尔式凸轮轴位置传感器由信号转子盘、霍尔元件、永久磁铁及集成电路组成。信号转子盘与凸轮轴安装在一起，随凸轮轴一起转动，其上有一个 180° 的缺口，当信号转子盘实体（叶片）部分进入霍尔元件空气间隙时，永久磁铁的磁场被叶片隔断，霍尔元件上无磁场，不产生霍尔电压，输出 5V 的高电平信号电压。当缺口部分

	进入霍尔元件空气间隙时，霍尔元件上有磁场，产生霍尔电压，输出0V低电平信号电压。霍尔式凸轮轴位置传感器信号波形为方波，凸轮轴旋转一周，高低电位各占180°，发动机ECU一般将霍尔式凸轮轴位置传感器信号由高电平变为低电平的转折点，确定为第1缸活塞处于压缩上止点的位置，并据此确定点火正时和喷油正时点火顺序。 3．收集凸轮轴位置传感器控制电路的相关资料。 霍尔式凸轮轴位置传感器由三根导线与发动机控制单元相连。其中一个端子为传感器5V供电，一个端子为传感器信号，一个端子为传感器搭铁。 4．收集凸轮轴位置传感器常见故障类型及排除的相关资料。
对学生的要求	1．掌握凸轮轴位置传感器的作用及安装位置。 2．掌握凸轮轴位置传感器的类型。 3．掌握凸轮轴位置传感器的组成及工作原理。 4．掌握凸轮轴位置传感器的控制电路。 5．掌握凸轮轴位置传感器常见故障类型及排除方法。 6．具有自我探究和信息检索的能力。
参考资料	《检修汽车发动机电控系统》配套微课。

2．检测凸轮轴位置传感器准备工作的计划单

学习场	配气机构
学习情境一	检测凸轮轴位置传感器
学时	0.05学时
典型工作过程描述	**1．准备工作**—2．查阅电路图—3．确认凸轮轴位置传感器安装位置—4．辨认凸轮轴位置传感器针脚信息—5．测试凸轮轴位置传感器—6．记录测量数据—7．分析测量数据
计划制订的方式	小组讨论。

序　　号	工 作 步 骤	注 意 事 项
1	凸轮轴位置传感器的作用及安装位置。	描述完整、准确。
2	凸轮轴位置传感器的类型。	描述清晰、完整。
3	凸轮轴位置传感器的组成及工作原理。	掌握凸轮轴位置传感器的组成及工作原理。
4	凸轮轴位置传感器的控制电路。	掌握凸轮轴位置传感器的控制电路。
5	凸轮轴位置传感器的常见故障类型及排除方法。	掌握凸轮轴位置传感器的常见故障类型及排除方法。

计划的评价	班级		第　　组	组长签字	
	教师签字		日期		
	评语：				

3. 检测凸轮轴位置传感器准备工作的决策单

<table>
<tr><td>学习场</td><td colspan="5">配气机构</td></tr>
<tr><td>学习情境一</td><td colspan="5">检测凸轮轴位置传感器</td></tr>
<tr><td>学时</td><td colspan="5">0.05 学时</td></tr>
<tr><td>典型工作过程描述</td><td colspan="5">1．准备工作—2．查阅电路图—3．确认凸轮轴位置传感器安装位置—4．辨认凸轮轴位置传感器针脚信息—5．测试凸轮轴位置传感器—6．记录测量数据—7．分析测量数据</td></tr>
<tr><td colspan="6">计 划 对 比</td></tr>
<tr><td>序　　号</td><td>计划的可行性</td><td>计划的经济性</td><td>计划的可操作性</td><td>计划的实施难度</td><td>综 合 评 价</td></tr>
<tr><td>1</td><td></td><td></td><td></td><td></td><td></td></tr>
<tr><td>2</td><td></td><td></td><td></td><td></td><td></td></tr>
<tr><td>3</td><td></td><td></td><td></td><td></td><td></td></tr>
<tr><td rowspan="3">决策的评价</td><td>班级</td><td></td><td>第　　组</td><td>组长签字</td><td></td></tr>
<tr><td>教师签字</td><td></td><td>日期</td><td colspan="2"></td></tr>
<tr><td colspan="5">评语：</td></tr>
</table>

4. 检测凸轮轴位置传感器准备工作的实施单

<table>
<tr><td>学习场</td><td colspan="2">配气机构</td></tr>
<tr><td>学习情境一</td><td colspan="2">检测凸轮轴位置传感器</td></tr>
<tr><td>学时</td><td colspan="2">0.05 学时</td></tr>
<tr><td>典型工作过程描述</td><td colspan="2">1．准备工作—2．查阅电路图—3．确认凸轮轴位置传感器安装位置—4．辨认凸轮轴位置传感器针脚信息—5．测试凸轮轴位置传感器—6．记录测量数据—7．分析测量数据</td></tr>
<tr><td>序　　号</td><td>实 施 步 骤</td><td>注 意 事 项</td></tr>
<tr><td>1</td><td>凸轮轴位置传感器的作用及安装位置。
记录：
凸轮轴位置传感器（camshaft position sensor，CPS）又称判缸传感器（cylinder identification sensor，CIS），其作用是采集凸轮轴的位置信号并输入 ECU，以便 ECU 识别 1 缸压缩上止点，从而进行顺序喷油控制、点火正时控制和爆震控制。通常安装在凸轮轴的前部、后部附近。</td><td>描述完整、准确。</td></tr>
</table>

<table>
<tr><td>2</td><td>凸轮轴位置传感器的类型。
记录：
凸轮轴位置传感器按照其工作原理不同可分为电磁感应式、磁阻式、霍尔式和光电式四大类。其中霍尔式应用最广泛，在此重点介绍。</td><td>描述清晰、完整。</td></tr>
<tr><td>3</td><td>凸轮轴位置传感器的组成及工作原理。
记录：
霍尔式凸轮轴位置传感器由信号转子盘、霍尔元件、永久磁铁及集成电路组成。通有电流 I 的半导体垂直于磁力线放入磁感应强度为 B 的磁场中时，在半导体横向侧面上就会产生一个垂直于电流方向和磁场方向的电压 U_H，U_H 与通过半导体的电流 I 和磁感应强度 B 成正比，当磁场消失时电压也立即消失。</td><td>掌握凸轮轴位置传感器的组成及工作原理。</td></tr>
<tr><td>4</td><td>凸轮轴位置传感器的控制电路。
记录：
凸轮轴位置传感器控制电路由三根导线与发动机控制单元相连。其中一个端子为传感器 5V 供电，一个端子为传感器信号，一个端子为传感器搭铁。其信号波形为方波。</td><td>掌握凸轮轴位置传感器的控制电路。</td></tr>
<tr><td>5</td><td>凸轮轴位置传感器的常见故障类型及排除方法。
记录：
凸轮轴位置传感器供电、信号或接地出现故障时，会出现发动机无法启动、EPC 灯亮、发动机故障指示灯点亮、启动困难等现象。</td><td>掌握凸轮轴位置传感器的常见故障类型及排除方法。</td></tr>
<tr><td colspan="3">实施说明：</td></tr>
</table>

<table>
<tr><td rowspan="3">**实施的评价**</td><td>班级</td><td></td><td>第　　组</td><td>组长签字</td><td></td></tr>
<tr><td>教师签字</td><td></td><td>日期</td><td colspan="2"></td></tr>
<tr><td colspan="5">评语：</td></tr>
</table>

5. 检测凸轮轴位置传感器准备工作的检查单

学习场	配气机构			
学习情境一	检测凸轮轴位置传感器			
学时	0.05 学时			
典型工作过程描述	**1．准备**工作—2．查阅电路图—3．确认凸轮轴位置传感器安装位置—4．辨认凸轮轴位置传感器针脚信息—5．测试凸轮轴位置传感器—6．记录测量数据—7．分析测量数据			
序　号	检查项目	检查标准	学生自查	教师检查
1	凸轮轴位置传感器的作用及安装位置	描述完整、准确		
2	凸轮轴位置传感器的类型	描述清晰、完整		
3	凸轮轴位置传感器的组成及工作原理	掌握凸轮轴位置传感器的组成及工作原理		
4	凸轮轴位置传感器的控制电路	掌握凸轮轴位置传感器的控制电路		
5	凸轮轴位置传感器的常见故障类型及排除方法	掌握凸轮轴位置传感器的常见故障类型及排除方法		
检查的评价	班级		第　组	组长签字
	教师签字		日期	
	评语：			

6. 检测凸轮轴位置传感器准备工作的评价单

学习场	配气机构			
学习情境一	检测凸轮轴位置传感器			
学时	0.05 学时			
典型工作过程描述	**1．准备**工作—2．查阅电路图—3．确认凸轮轴位置传感器安装位置—4．辨认凸轮轴位置传感器针脚信息—5．测试凸轮轴位置传感器—6．记录测量数据—7．分析测量数据			
评价项目	评价子项目	学生自评	组内评价	教师评价
凸轮轴位置传感器的作用及安装位置	描述是否完整、准确			
凸轮轴位置传感器的类型	描述是否清晰、完整			
凸轮轴位置传感器的组成及工作原理	是否掌握凸轮轴位置传感器的组成及工作原理			
凸轮轴位置传感器的控制电路	是否掌握凸轮轴位置传感器的控制电路			
凸轮轴位置传感器的常见故障类型及排除方法	是否掌握凸轮轴位置传感器的常见故障类型及排除方法			

<table>
<tr><td rowspan="3">评价的评价</td><td>班级</td><td></td><td>第　　组</td><td>组长签字</td><td></td></tr>
<tr><td>教师签字</td><td></td><td>日期</td><td colspan="2"></td></tr>
<tr><td colspan="5">评语：</td></tr>
</table>

任务二　查阅电路图

1. 查阅电路图的资讯单

学习场	配气机构
学习情境一	检测凸轮轴位置传感器
学时	0.05 学时
典型工作过程描述	1. 准备工作—**2. 查阅电路图**—3. 确认凸轮轴位置传感器安装位置—4. 辨认凸轮轴位置传感器针脚信息—5. 测试凸轮轴位置传感器—6. 记录测量数据—7. 分析测量数据
收集资讯的方式	线下书籍及线上资源相结合。
资讯描述	1. 确认车型信息。 2. 获取该车型的电路图。
对学生的要求	1. 能正确记录车型信息。 2. 能确认车型信息。 3. 能正确查阅电路图。 4. 能正确识读电路图。 5. 具有团队意识、工匠精神和职业精神。
参考资料	《检修汽车发动机电控系统》配套微课。

2. 查阅电路图的计划单

<table>
<tr><td>学习场</td><td colspan="2">配气机构</td></tr>
<tr><td>学习情境一</td><td colspan="2">检测凸轮轴位置传感器</td></tr>
<tr><td>学时</td><td colspan="2">0.05 学时</td></tr>
<tr><td>典型工作过程描述</td><td colspan="2">1. 准备工作—2. 查阅电路图—3. 确认凸轮轴位置传感器安装位置—4. 辨认凸轮轴位置传感器针脚信息—5. 测试凸轮轴位置传感器—6. 记录测量数据—7. 分析测量数据</td></tr>
<tr><td>计划制订的方式</td><td colspan="2">小组讨论。</td></tr>
<tr><td>序　　号</td><td>工 作 步 骤</td><td>注 意 事 项</td></tr>
<tr><td>1</td><td>确认车型信息。</td><td>核查车型信息准确。</td></tr>
<tr><td>2</td><td>查阅凸轮轴位置传感器电路图。</td><td>查阅电路图准确。</td></tr>
<tr><td>3</td><td>拆画凸轮轴位置传感器电路图。</td><td>拆画电路图完整、准确。</td></tr>
</table>

计划的评价	班级		第　　组	组长签字	
	教师签字		日期		
	评语：				

3. 查阅电路图的决策单

学习场	配气机构				
学习情境一	检测凸轮轴位置传感器				
学时	0.05 学时				
典型工作过程描述	1．准备工作—**2．查阅电路图**—3．确认凸轮轴位置传感器安装位置—4．辨认凸轮轴位置传感器针脚信息—5．测试凸轮轴位置传感器—6．记录测量数据—7．分析测量数据				
计　划　对　比					
序　　号	计划的可行性	计划的经济性	计划的可操作性	计划的实施难度	综　合　评　价
1					
2					
3					
决策的评价	班级		第　　组	组长签字	
	教师签字		日期		
	评语：				

4. 查阅电路图的实施单

学习场	配气机构	
学习情境一	检测凸轮轴位置传感器	
学时	0.05 学时	
典型工作过程描述	1．准备工作—**2．查阅电路图**—3．确认凸轮轴位置传感器安装位置—4．辨认凸轮轴位置传感器针脚信息—5．测试凸轮轴位置传感器—6．记录测量数据—7．分析测量数据	
序　　号	实　施　步　骤	注　意　事　项
1	确认车型信息。 记录：	核查车型信息准确。

<table>
<tr><td>2</td><td>查阅凸轮轴位置传感器电路图。
记录：</td><td colspan="4">查阅电路图准确。</td></tr>
<tr><td>3</td><td>拆画凸轮轴位置传感器电路图。
记录：</td><td colspan="4">拆画电路图完整、准确。</td></tr>
<tr><td colspan="6">实施说明：</td></tr>
<tr><td rowspan="3">**实施的评价**</td><td>班级</td><td></td><td>第　　组</td><td>组长签字</td><td></td></tr>
<tr><td>教师签字</td><td></td><td>日期</td><td colspan="2"></td></tr>
<tr><td colspan="5">评语：</td></tr>
</table>

5. 查阅电路图的检查单

<table>
<tr><td colspan="2">**学习场**</td><td colspan="4">配气机构</td></tr>
<tr><td colspan="2">**学习情境一**</td><td colspan="4">检测凸轮轴位置传感器</td></tr>
<tr><td colspan="2">**学时**</td><td colspan="4">0.05 学时</td></tr>
<tr><td colspan="2">**典型工作过程描述**</td><td colspan="4">1．准备工作—**2．查阅电路图**—3．确认凸轮轴位置传感器安装位置—4．辨认凸轮轴位置传感器针脚信息—5．测试凸轮轴位置传感器—6．记录测量数据—7．分析测量数据</td></tr>
<tr><td>**序　　号**</td><td colspan="2">**检查项目**</td><td>**检查标准**</td><td>**学生自查**</td><td>**教师检查**</td></tr>
<tr><td>1</td><td colspan="2">确认车型信息</td><td>核查车型信息准确</td><td></td><td></td></tr>
<tr><td>2</td><td colspan="2">查阅凸轮轴位置传感器电路图</td><td>查阅电路图准确</td><td></td><td></td></tr>
<tr><td>3</td><td colspan="2">拆画凸轮轴位置传感器电路图</td><td>拆画电路图完整、准确</td><td></td><td></td></tr>
<tr><td rowspan="3">**检查的评价**</td><td>班级</td><td></td><td>第　　组</td><td>组长签字</td><td></td></tr>
<tr><td>教师签字</td><td></td><td>日期</td><td colspan="2"></td></tr>
<tr><td colspan="5">评语：</td></tr>
</table>

6. 查阅电路图的评价单

<table>
<tr><td>学习场</td><td colspan="5">配气机构</td></tr>
<tr><td>学习情境一</td><td colspan="5">检测凸轮轴位置传感器</td></tr>
<tr><td>学时</td><td colspan="5">0.05 学时</td></tr>
<tr><td>典型工作过程描述</td><td colspan="5">1．准备工作—2．查阅电路图—3．确认凸轮轴位置传感器安装位置—4．辨认凸轮轴位置传感器针脚信息—5．测试凸轮轴位置传感器—6．记录测量数据—7．分析测量数据</td></tr>
<tr><td>评价项目</td><td>评价子项目</td><td>学生自评</td><td>组内评价</td><td colspan="2">教师评价</td></tr>
<tr><td>确认车型信息</td><td>核查车型信息是否准确</td><td></td><td></td><td colspan="2"></td></tr>
<tr><td>查阅凸轮轴位置传感器电路图</td><td>查阅电路图是否准确</td><td></td><td></td><td colspan="2"></td></tr>
<tr><td>拆画凸轮轴位置传感器电路图</td><td>拆画电路图是否完整、准确</td><td></td><td></td><td colspan="2"></td></tr>
<tr><td rowspan="3">评价的评价</td><td>班级</td><td></td><td>第　组</td><td>组长签字</td><td></td></tr>
<tr><td>教师签字</td><td></td><td>日期</td><td colspan="2"></td></tr>
<tr><td colspan="5">评语：</td></tr>
</table>

任务三　确认凸轮轴位置传感器安装位置

1. 确认凸轮轴位置传感器安装位置的资讯单

学习场	配气机构
学习情境一	检测凸轮轴位置传感器
学时	0.05 学时
典型工作过程描述	1．准备工作—2．查阅电路图—**3．确认凸轮轴位置传感器安装位置**—4．辨认凸轮轴位置传感器针脚信息—5．测试凸轮轴位置传感器—6．记录测量数据—7．分析测量数据
收集资讯的方式	线下资料及线上资源相结合。
资讯描述	1．凸轮轴位置传感器的类型。 2．车型的基本信息。 3．车型电路图及维修手册。
对学生的要求	1．能确认凸轮轴位置传感器的类型。 2．能确认凸轮轴位置传感器的安装位置。 3．能养成 6S 规范作业习惯。 4．具有团队意识、工匠精神和职业精神。
参考资料	《检修汽车发动机电控系统》配套微课。

2. 确认凸轮轴位置传感器安装位置的计划单

<table>
<tr><td>学习场</td><td colspan="5">配气机构</td></tr>
<tr><td>学习情境一</td><td colspan="5">检测凸轮轴位置传感器</td></tr>
<tr><td>学时</td><td colspan="5">0.05 学时</td></tr>
<tr><td>典型工作过程描述</td><td colspan="5">1. 准备工作—2. 查阅电路图—3. 确认凸轮轴位置传感器安装位置—4. 辨认凸轮轴位置传感器针脚信息—5. 测试凸轮轴位置传感器—6. 记录测量数据—7. 分析测量数据</td></tr>
<tr><td>计划制订的方式</td><td colspan="5">小组讨论。</td></tr>
<tr><td>序　　号</td><td colspan="2">工 作 步 骤</td><td colspan="3">注 意 事 项</td></tr>
<tr><td>1</td><td colspan="2">确认车型信息。</td><td colspan="3">核查车型信息准确。</td></tr>
<tr><td>2</td><td colspan="2">查阅维修手册。</td><td colspan="3">熟练查阅维修手册。</td></tr>
<tr><td>3</td><td colspan="2">确认凸轮轴位置传感器安装位置。</td><td colspan="3">正确指认凸轮轴位置传感器安装位置。</td></tr>
<tr><td rowspan="3">计划的评价</td><td>班级</td><td></td><td>第　　组</td><td>组长签字</td><td></td></tr>
<tr><td>教师签字</td><td></td><td>日期</td><td colspan="2"></td></tr>
<tr><td colspan="5">评语：</td></tr>
</table>

3. 确认凸轮轴位置传感器安装位置的决策单

<table>
<tr><td>学习场</td><td colspan="5">配气机构</td></tr>
<tr><td>学习情境一</td><td colspan="5">检测凸轮轴位置传感器</td></tr>
<tr><td>学时</td><td colspan="5">0.05 学时</td></tr>
<tr><td>典型工作过程描述</td><td colspan="5">1. 准备工作—2. 查阅电路图—3. 确认凸轮轴位置传感器安装位置—4. 辨认凸轮轴位置传感器针脚信息—5. 测试凸轮轴位置传感器—6. 记录测量数据—7. 分析测量数据</td></tr>
<tr><td colspan="6">计 划 对 比</td></tr>
<tr><td>序　　号</td><td>计划的可行性</td><td>计划的经济性</td><td>计划的可操作性</td><td>计划的实施难度</td><td>综 合 评 价</td></tr>
<tr><td>1</td><td></td><td></td><td></td><td></td><td></td></tr>
<tr><td>2</td><td></td><td></td><td></td><td></td><td></td></tr>
<tr><td>3</td><td></td><td></td><td></td><td></td><td></td></tr>
<tr><td rowspan="3">决策的评价</td><td>班级</td><td></td><td>第　　组</td><td>组长签字</td><td></td></tr>
<tr><td>教师签字</td><td></td><td>日期</td><td colspan="2"></td></tr>
<tr><td colspan="5">评语：</td></tr>
</table>

4. 确认凸轮轴位置传感器安装位置的实施单

<table>
<tr><td>学习场</td><td colspan="5">配气机构</td></tr>
<tr><td>学习情境一</td><td colspan="5">检测凸轮轴位置传感器</td></tr>
<tr><td>学时</td><td colspan="5">0.15 学时</td></tr>
<tr><td>典型工作过程描述</td><td colspan="5">1. 准备工作—2. 查阅电路图—3. 确认凸轮轴位置传感器安装位置—4. 辨认凸轮轴位置传感器针脚信息—5. 测试凸轮轴位置传感器—6. 记录测量数据—7. 分析测量数据</td></tr>
<tr><td>序　号</td><td colspan="2">实 施 步 骤</td><td colspan="3">注 意 事 项</td></tr>
<tr><td>1</td><td colspan="2">确认车型信息。
记录：</td><td colspan="3">核查车型信息准确。</td></tr>
<tr><td>2</td><td colspan="2">查阅维修手册。
记录：</td><td colspan="3">熟练查阅维修手册。</td></tr>
<tr><td>3</td><td colspan="2">确认凸轮轴位置传感器安装位置。
记录：</td><td colspan="3">正确指认凸轮轴位置传感器安装位置。</td></tr>
<tr><td colspan="6">实施说明：</td></tr>
<tr><td rowspan="3">实施的评价</td><td>班级</td><td></td><td>第　　组</td><td>组长签字</td><td></td></tr>
<tr><td>教师签字</td><td></td><td>日期</td><td colspan="2"></td></tr>
<tr><td colspan="5">评语：</td></tr>
</table>

5. 确认凸轮轴位置传感器安装位置的检查单

<table>
<tr><td>学习场</td><td colspan="5">配气机构</td></tr>
<tr><td>学习情境一</td><td colspan="5">检测凸轮轴位置传感器</td></tr>
<tr><td>学时</td><td colspan="5">0.05 学时</td></tr>
<tr><td>典型工作过程描述</td><td colspan="5">1. 准备工作—2. 查阅电路图—3. 确认凸轮轴位置传感器安装位置—4. 辨认凸轮轴位置传感器针脚信息—5. 测试凸轮轴位置传感器—6. 记录测量数据—7. 分析测量数据</td></tr>
<tr><td>序　号</td><td>检 查 项 目</td><td>检 查 标 准</td><td>学 生 自 查</td><td colspan="2">教 师 检 查</td></tr>
<tr><td>1</td><td>确认车型信息</td><td>核查车型信息准确</td><td></td><td colspan="2"></td></tr>
<tr><td>2</td><td>查阅维修手册</td><td>熟练查阅维修手册</td><td></td><td colspan="2"></td></tr>
<tr><td>3</td><td>确认凸轮轴位置传感器安装位置</td><td>正确指认凸轮轴位置传感器安装位置</td><td></td><td colspan="2"></td></tr>
<tr><td rowspan="3">检查的评价</td><td>班级</td><td></td><td>第　　组</td><td>组长签字</td><td></td></tr>
<tr><td>教师签字</td><td></td><td>日期</td><td colspan="2"></td></tr>
<tr><td colspan="5">评语：</td></tr>
</table>

6. 确认凸轮轴位置传感器安装位置的评价单

学习场	配气机构				
学习情境一	检测凸轮轴位置传感器				
学时	0.05 学时				
典型工作过程描述	1. 准备工作—2. 查阅电路图—**3. 确认凸轮轴位置传感器安装位置**—4. 辨认凸轮轴位置传感器针脚信息—5. 测试凸轮轴位置传感器—6. 记录测量数据—7. 分析测量数据				
评价项目	评价子项目		学生自评	组内评价	教师评价
确认车型信息	核查车型信息是否准确				
查阅维修手册	查阅是否熟练				
确认凸轮轴位置传感器安装位置	是否正确指认凸轮轴位置传感器安装位置				
评价的评价	班级		第　　组	组长签字	
	教师签字		日期		
	评语：				

任务四　辨认凸轮轴位置传感器针脚信息

1. 辨认凸轮轴位置传感器针脚信息的资讯单

学习场	配气机构
学习情境一	检测凸轮轴位置传感器
学时	0.05 学时
典型工作过程描述	1. 准备工作—2. 查阅电路图—3. 确认凸轮轴位置传感器安装位置—**4. 辨认凸轮轴位置传感器针脚信息**—5. 测试凸轮轴位置传感器—6. 记录测量数据—7. 分析测量数据
收集资讯的方式	线下书籍及线上资源相结合。
资讯描述	1. 维修手册与电路图。 2. 凸轮轴位置传感器针脚信息。
对学生的要求	1. 能熟练查阅维修手册。 2. 测量方法正确。 3. 能养成 6S 规范作业习惯。
参考资料	《检修汽车发动机电控系统》配套微课。

2. 辨认凸轮轴位置传感器针脚信息的计划单

<table>
<tr><td>学习场</td><td colspan="5">配气机构</td></tr>
<tr><td>学习情境一</td><td colspan="5">检测凸轮轴位置传感器</td></tr>
<tr><td>学时</td><td colspan="5">0.05 学时</td></tr>
<tr><td>典型工作过程描述</td><td colspan="5">1. 准备工作—2. 查阅电路图—3. 确认凸轮轴位置传感器安装位置—4. 辨认凸轮轴位置传感器针脚信息—5. 测试凸轮轴位置传感器—6. 记录测量数据—7. 分析测量数据</td></tr>
<tr><td>计划制订的方式</td><td colspan="5">小组讨论。</td></tr>
<tr><td>序　　号</td><td colspan="2">工 作 步 骤</td><td colspan="3">注 意 事 项</td></tr>
<tr><td>1</td><td colspan="2">查阅维修手册。</td><td colspan="3">熟练查阅维修手册。</td></tr>
<tr><td>2</td><td colspan="2">拔下凸轮轴位置传感器。</td><td colspan="3">注意周围线路。</td></tr>
<tr><td>3</td><td colspan="2">辨认凸轮轴位置传感器针脚信息。</td><td colspan="3">注意起止编号位置和线束颜色。</td></tr>
<tr><td rowspan="3">计划的评价</td><td>班级</td><td></td><td>第　　组</td><td>组长签字</td><td></td></tr>
<tr><td>教师签字</td><td></td><td>日期</td><td colspan="2"></td></tr>
<tr><td colspan="5">评语：</td></tr>
</table>

3. 辨认凸轮轴位置传感器针脚信息的决策单

<table>
<tr><td>学习场</td><td colspan="5">配气机构</td></tr>
<tr><td>学习情境一</td><td colspan="5">检测凸轮轴位置传感器</td></tr>
<tr><td>学时</td><td colspan="5">0.1 学时</td></tr>
<tr><td>典型工作过程描述</td><td colspan="5">1. 准备工作—2. 查阅电路图—3. 确认凸轮轴位置传感器安装位置—4. 辨认凸轮轴位置传感器针脚信息—5. 测试凸轮轴位置传感器—6. 记录测量数据—7. 分析测量数据</td></tr>
<tr><td colspan="6">计 划 对 比</td></tr>
<tr><td>序　　号</td><td>计划的可行性</td><td>计划的经济性</td><td>计划的可操作性</td><td>计划的实施难度</td><td>综 合 评 价</td></tr>
<tr><td>1</td><td></td><td></td><td></td><td></td><td></td></tr>
<tr><td>2</td><td></td><td></td><td></td><td></td><td></td></tr>
<tr><td>3</td><td></td><td></td><td></td><td></td><td></td></tr>
<tr><td rowspan="3">决策的评价</td><td>班级</td><td></td><td>第　　组</td><td>组长签字</td><td></td></tr>
<tr><td>教师签字</td><td></td><td>日期</td><td colspan="2"></td></tr>
<tr><td colspan="5">评语：</td></tr>
</table>

4．辨认凸轮轴位置传感器针脚信息的实施单

学习场	配气机构	
学习情境一	检测凸轮轴位置传感器	
学时	0.7 学时	
典型工作过程描述	1．准备工作—2．查阅电路图—3．确认凸轮轴位置传感器安装位置—4．**辨认凸轮轴位置传感器针脚信息**—5．测试凸轮轴位置传感器—6．记录测量数据—7．分析测量数据	
序　　号	实 施 步 骤	注 意 事 项
1	查阅维修手册。 **记录：**	熟练查阅维修手册。
2	拔下凸轮轴位置传感器。 **记录：**	注意周围线路。
3	辨认凸轮轴位置传感器针脚信息。 **记录：**	注意起止编号位置和线束颜色。
实施说明：		

实施的评价	班级		第　　组	组长签字	
	教师签字		日期		
	评语：				

5．辨认凸轮轴位置传感器针脚信息的检查单

学习场	配气机构			
学习情境一	检测凸轮轴位置传感器			
学时	0.05 学时			
典型工作过程描述	1．准备工作—2．查阅电路图—3．确认凸轮轴位置传感器安装位置—4．**辨认凸轮轴位置传感器针脚信息**—5．测试凸轮轴位置传感器—6．记录测量数据—7．分析测量数据			
序　　号	检 查 项 目	检 查 标 准	学 生 自 查	教 师 检 查
1	查阅维修手册	熟练查阅维修手册		
2	拔下凸轮轴位置传感器	周围线路无损坏		
3	辨认凸轮轴位置传感器针脚信息	凸轮轴位置传感器针脚信息准确		

检查的评价	班级		第　　组	组长签字	
	教师签字		日期		
	评语：				

6. 辨认凸轮轴位置传感器针脚信息的评价单

学习场	配气机构				
学习情境一	检测凸轮轴位置传感器				
学时	0.05 学时				
典型工作过程描述	1. 准备工作—2. 查阅电路图—3. 确认凸轮轴位置传感器安装位置—4. **辨认凸轮轴位置传感器针脚信息**—5. 测试凸轮轴位置传感器—6. 记录测量数据—7. 分析测量数据				
评 价 项 目		评价子项目	学 生 自 评	组 内 评 价	教 师 评 价
查阅维修手册		查阅是否熟练			
拔下凸轮轴位置传感器		操作是否正确、周围线路是否无损坏			
辨认凸轮轴位置传感器针脚信息		凸轮轴位置传感器针脚信息是否准确			
评价的评价	班级		第　　组	组长签字	
	教师签字		日期		
	评语：				

任务五　测试凸轮轴位置传感器

1. 测试凸轮轴位置传感器的资讯单

学习场	配气机构
学习情境一	检测凸轮轴位置传感器
学时	0.05 学时
典型工作过程描述	1. 准备工作—2. 查阅电路图—3. 确认凸轮轴位置传感器安装位置—4. 辨认凸轮轴位置传感器针脚信息—**5. 测试凸轮轴位置传感器**—6. 记录测量数据—7. 分析测量数据
收集资讯的方式	线下书籍及线上资源相结合。
资讯描述	1. 维修手册。 2. 凸轮轴位置传感器插头针脚信息。 3. 针脚接地电压的标准值。
对学生的要求	1. 能熟练查阅维修手册。 2. 能掌握检测凸轮轴位置传感器的操作规范。 3. 能正确使用测量仪表。
参考资料	《检修汽车发动机电控系统》配套微课。

2．测试凸轮轴位置传感器的计划单

<table>
<tr><td>学习场</td><td colspan="4">配气机构</td></tr>
<tr><td>学习情境一</td><td colspan="4">检测凸轮轴位置传感器</td></tr>
<tr><td>学时</td><td colspan="4">0.05 学时</td></tr>
<tr><td>典型工作过程描述</td><td colspan="4">1．准备工作—2．查阅电路图—3．确认凸轮轴位置传感器安装位置—4．辨认凸轮轴位置传感器针脚信息—5．测试凸轮轴位置传感器—6．记录测量数据—7．分析测量数据</td></tr>
<tr><td>计划制订的方式</td><td colspan="4">小组讨论。</td></tr>
<tr><td>序　　号</td><td colspan="2">工 作 步 骤</td><td colspan="2">注 意 事 项</td></tr>
<tr><td>1</td><td colspan="2">查阅维修手册。</td><td colspan="2">熟练查阅维修手册。</td></tr>
<tr><td>2</td><td colspan="2">测试接地电压。</td><td colspan="2">注意检测端子。</td></tr>
<tr><td>3</td><td colspan="2">测试供电电压。</td><td colspan="2">注意检测端子。</td></tr>
<tr><td>4</td><td colspan="2">测试信号电压。</td><td colspan="2">注意检测端子。</td></tr>
<tr><td>5</td><td colspan="2">测试信号波形。</td><td colspan="2">注意检测端子。</td></tr>
<tr><td rowspan="3">计划的评价</td><td>班级</td><td></td><td>第　　组</td><td>组长签字</td></tr>
<tr><td>教师签字</td><td></td><td>日期</td><td></td></tr>
<tr><td colspan="4">评语：</td></tr>
</table>

3．测试凸轮轴位置传感器的决策单

<table>
<tr><td>学习场</td><td colspan="5">配气机构</td></tr>
<tr><td>学习情境一</td><td colspan="5">检测凸轮轴位置传感器</td></tr>
<tr><td>学时</td><td colspan="5">0.1 学时</td></tr>
<tr><td>典型工作过程描述</td><td colspan="5">1．准备工作—2．查阅电路图—3．确认凸轮轴位置传感器安装位置—4．辨认凸轮轴位置传感器针脚信息—5．测试凸轮轴位置传感器—6．记录测量数据—7．分析测量数据</td></tr>
<tr><td colspan="6">计 划 对 比</td></tr>
<tr><td>序　　号</td><td>计划的可行性</td><td>计划的经济性</td><td>计划的可操作性</td><td>计划的实施难度</td><td>综 合 评 价</td></tr>
<tr><td>1</td><td></td><td></td><td></td><td></td><td></td></tr>
<tr><td>2</td><td></td><td></td><td></td><td></td><td></td></tr>
<tr><td>3</td><td></td><td></td><td></td><td></td><td></td></tr>
<tr><td rowspan="3">决策的评价</td><td>班级</td><td></td><td>第　　组</td><td>组长签字</td><td></td></tr>
<tr><td>教师签字</td><td></td><td>日期</td><td colspan="2"></td></tr>
<tr><td colspan="5">评语：</td></tr>
</table>

4．测试凸轮轴位置传感器的实施单

<table>
<tr><td>学习场</td><td colspan="5">配气机构</td></tr>
<tr><td>学习情境一</td><td colspan="5">检测凸轮轴位置传感器</td></tr>
<tr><td>学时</td><td colspan="5">0.7 学时</td></tr>
<tr><td>典型工作过程描述</td><td colspan="5">1．准备工作—2．查阅电路图—3．确认凸轮轴位置传感器安装位置—4．辨认凸轮轴位置传感器针脚信息—5．测试凸轮轴位置传感器—6．记录测量数据—7．分析测量数据</td></tr>
<tr><td>序　　号</td><td colspan="3">实 施 步 骤</td><td colspan="2">注 意 事 项</td></tr>
<tr><td>1</td><td colspan="3">查阅维修手册。
记录：</td><td colspan="2">熟练查阅维修手册。</td></tr>
<tr><td>2</td><td colspan="3">测试接地电压。
记录：</td><td colspan="2">注意检测端子。</td></tr>
<tr><td>3</td><td colspan="3">测试供电电压。
记录：</td><td colspan="2">注意检测端子。</td></tr>
<tr><td>4</td><td colspan="3">测试信号电压。
记录：</td><td colspan="2">注意检测端子。</td></tr>
<tr><td>5</td><td colspan="3">测试信号波形。
记录：</td><td colspan="2">注意检测端子。</td></tr>
<tr><td colspan="6">实施说明：</td></tr>
<tr><td rowspan="3">实施的评价</td><td>班级</td><td></td><td>第　　组</td><td>组长签字</td><td></td></tr>
<tr><td>教师签字</td><td></td><td>日期</td><td colspan="2"></td></tr>
<tr><td colspan="5">评语：</td></tr>
</table>

5. 测试凸轮轴位置传感器的检查单

学习场	配气机构			
学习情境一	检测凸轮轴位置传感器			
学时	0.05 学时			
典型工作过程描述	1. 准备工作—2. 查阅电路图—3. 确认凸轮轴位置传感器安装位置—4. 辨认凸轮轴位置传感器针脚信息—**5. 测试凸轮轴位置传感器**—6. 记录测量数据—7. 分析测量数据			
序号	检查项目	检查标准	学生自查	教师检查
1	查阅维修手册	熟练查阅维修手册		
2	测试接地电压	测试方法正确		
3	测试供电电压	测试方法正确		
4	测试信号电压	测试方法正确		
5	测试信号波形	测试方法正确		
检查的评价	班级		第　组	组长签字
	教师签字		日期	
	评语：			

6. 测试凸轮轴位置传感器的评价单

学习场	配气机构				
学习情境一	检测凸轮轴位置传感器				
学时	0.05 学时				
典型工作过程描述	1. 准备工作—2. 查阅电路图—3. 确认凸轮轴位置传感器安装位置—4. 辨认凸轮轴位置传感器针脚信息—**5. 测试凸轮轴位置传感器**—6. 记录测量数据—7. 分析测量数据				
评价项目		评价子项目	学生自评	组内评价	教师评价
查阅维修手册		查阅是否熟练			
测试接地电压		测试方法是否正确			
测试供电电压		测试方法是否正确			
测试信号电压		测试方法是否正确			
测试信号波形		测试方法是否正确			
评价的评价	班级		第　组	组长签字	
	教师签字		日期		
	评语：				

任务六　记录测量数据

1. 记录测量数据的资讯单

学习场	配气机构
学习情境一	检测凸轮轴位置传感器
学时	0.025 学时
典型工作过程描述	1. 准备工作—2. 查阅电路图—3. 确认凸轮轴位置传感器安装位置—4. 辨认凸轮轴位置传感器针脚信息—5. 测试凸轮轴位置传感器—**6. 记录测量数据**—7. 分析测量数据
收集资讯的方式	线下书籍及线上资源相结合。
资讯描述	1. 查阅维修手册。 2. 查阅电路图。 3. 记录测量数据。
对学生的要求	1. 能准确记录数据。 2. 能养成 6S 规范作业习惯。
参考资料	《检修汽车发动机电控系统》配套微课。

2. 记录测量数据的计划单

<table>
<tr><td>学习场</td><td colspan="4">配气机构</td></tr>
<tr><td>学习情境一</td><td colspan="4">检测凸轮轴位置传感器</td></tr>
<tr><td>学时</td><td colspan="4">0.025 学时</td></tr>
<tr><td>典型工作过程描述</td><td colspan="4">1. 准备工作—2. 查阅电路图—3. 确认凸轮轴位置传感器安装位置—4. 辨认凸轮轴位置传感器针脚信息—5. 测试凸轮轴位置传感器—6. 记录测量数据—7. 分析测量数据</td></tr>
<tr><td>计划制订的方式</td><td colspan="4">小组讨论。</td></tr>
<tr><td>序　号</td><td colspan="2">工 作 步 骤</td><td colspan="2">注 意 事 项</td></tr>
<tr><td>1</td><td colspan="2">记录测量数据。</td><td colspan="2">记录清晰、准确。</td></tr>
<tr><td rowspan="3">计划的评价</td><td>班级</td><td></td><td>第　　组</td><td>组长签字</td></tr>
<tr><td>教师签字</td><td></td><td>日期</td><td></td></tr>
<tr><td colspan="4">评语：</td></tr>
</table>

3．记录测量数据的决策单

<table>
<tr><td>学习场</td><td colspan="6">配气机构</td></tr>
<tr><td>学习情境一</td><td colspan="6">检测凸轮轴位置传感器</td></tr>
<tr><td>学时</td><td colspan="6">0.025 学时</td></tr>
<tr><td>典型工作过程描述</td><td colspan="6">1．准备工作—2．查阅电路图—3．确认凸轮轴位置传感器安装位置—4．辨认凸轮轴位置传感器针脚信息—5．测试凸轮轴位置传感器—6．记录测量数据—7．分析测量数据</td></tr>
<tr><td colspan="7">计 划 对 比</td></tr>
<tr><td>序　　号</td><td colspan="2">计划的可行性</td><td>计划的经济性</td><td>计划的可操作性</td><td>计划的实施难度</td><td>综 合 评 价</td></tr>
<tr><td>1</td><td colspan="2"></td><td></td><td></td><td></td><td></td></tr>
<tr><td>2</td><td colspan="2"></td><td></td><td></td><td></td><td></td></tr>
<tr><td>3</td><td colspan="2"></td><td></td><td></td><td></td><td></td></tr>
<tr><td rowspan="3">决策的评价</td><td>班级</td><td></td><td>第　　组</td><td>组长签字</td><td colspan="2"></td></tr>
<tr><td>教师签字</td><td></td><td>日期</td><td colspan="3"></td></tr>
<tr><td colspan="6">评语：</td></tr>
</table>

4．记录测量数据的实施单

<table>
<tr><td>学习场</td><td colspan="6">配气机构</td></tr>
<tr><td>学习情境一</td><td colspan="6">检测凸轮轴位置传感器</td></tr>
<tr><td>学时</td><td colspan="6">0.175 学时</td></tr>
<tr><td>典型工作过程描述</td><td colspan="6">1．准备工作—2．查阅电路图—3．确认凸轮轴位置传感器安装位置—4．辨认凸轮轴位置传感器针脚信息—5．测试凸轮轴位置传感器—6．记录测量数据—7．分析测量数据</td></tr>
<tr><td>序　　号</td><td colspan="3">实 施 步 骤</td><td colspan="3">注 意 事 项</td></tr>
<tr><td>1</td><td colspan="3">记录测量数据。
记录：</td><td colspan="3">记录清晰、准确。</td></tr>
<tr><td colspan="7">实施说明：</td></tr>
<tr><td rowspan="3">实施的评价</td><td>班级</td><td></td><td>第　　组</td><td>组长签字</td><td colspan="2"></td></tr>
<tr><td>教师签字</td><td></td><td>日期</td><td colspan="3"></td></tr>
<tr><td colspan="6">评语：</td></tr>
</table>

5．记录测量数据的检查单

<table>
<tr><td>学习场</td><td colspan="5">配气机构</td></tr>
<tr><td>学习情境一</td><td colspan="5">检测凸轮轴位置传感器</td></tr>
<tr><td>学时</td><td colspan="5">0.125 学时</td></tr>
<tr><td>典型工作过程描述</td><td colspan="5">1．准备工作—2．查阅电路图—3．确认凸轮轴位置传感器安装位置—4．辨认凸轮轴位置传感器针脚信息—5．测试凸轮轴位置传感器—6．记录测量数据—7．分析测量数据</td></tr>
<tr><td>序　号</td><td>检查项目</td><td>检查标准</td><td>学生自查</td><td colspan="2">教师检查</td></tr>
<tr><td>1</td><td>记录测量数据</td><td>记录清晰、准确</td><td></td><td colspan="2"></td></tr>
<tr><td rowspan="3">检查的评价</td><td>班级</td><td></td><td>第　　组</td><td>组长签字</td><td></td></tr>
<tr><td>教师签字</td><td></td><td>日期</td><td colspan="2"></td></tr>
<tr><td colspan="5">评语：</td></tr>
</table>

6．记录测量数据的评价单

<table>
<tr><td>学习场</td><td colspan="5">配气机构</td></tr>
<tr><td>学习情境一</td><td colspan="5">检测凸轮轴位置传感器</td></tr>
<tr><td>学时</td><td colspan="5">0.125 学时</td></tr>
<tr><td>典型工作过程描述</td><td colspan="5">1．准备工作—2．查阅电路图—3．确认凸轮轴位置传感器安装位置—4．辨认凸轮轴位置传感器针脚信息—5．测试凸轮轴位置传感器—6．记录测量数据—7．分析测量数据</td></tr>
<tr><td>评价项目</td><td>评价子项目</td><td>学生自评</td><td>组内评价</td><td colspan="2">教师评价</td></tr>
<tr><td>记录测量数据</td><td>记录是否清晰、准确</td><td></td><td></td><td colspan="2"></td></tr>
<tr><td rowspan="3">评价的评价</td><td>班级</td><td></td><td>第　　组</td><td>组长签字</td><td></td></tr>
<tr><td>教师签字</td><td></td><td>日期</td><td colspan="2"></td></tr>
<tr><td colspan="5">评语：</td></tr>
</table>

任务七 分析测量数据

1. 分析测量数据的资讯单

学习场	配气机构
学习情境一	检测凸轮轴位置传感器
学时	0.025 学时
典型工作过程描述	1．准备工作—2．查阅电路图—3．确认凸轮轴位置传感器安装位置—4．辨认凸轮轴位置传感器针脚信息—5．测试凸轮轴位置传感器—6．记录测量数据—**7．分析测量数据**
收集资讯的方式	线下书籍及线上资源相结合。
资讯描述	1．维修资料标准数据。 2．测量记录单。
对学生的要求	1．能熟练查阅维修手册。 2．能准确分析数据。 3．能养成 6S 规范作业习惯。
参考资料	《检修汽车发动机电控系统》配套微课。

2. 分析测量数据的计划单

<table>
<tr><td>学习场</td><td colspan="4">配气机构</td></tr>
<tr><td>学习情境一</td><td colspan="4">检测凸轮轴位置传感器</td></tr>
<tr><td>学时</td><td colspan="4">0.025 学时</td></tr>
<tr><td>典型工作过程描述</td><td colspan="4">1．准备工作—2．查阅电路图—3．确认凸轮轴位置传感器安装位置—4．辨认凸轮轴位置传感器针脚信息—5．测试凸轮轴位置传感器—6．记录测量数据—7．分析测量数据</td></tr>
<tr><td>计划制订的方式</td><td colspan="4">小组讨论。</td></tr>
<tr><td>序　　号</td><td colspan="2">工 作 步 骤</td><td colspan="2">注 意 事 项</td></tr>
<tr><td>1</td><td colspan="2">查阅维修手册。</td><td colspan="2">熟练查阅维修手册。</td></tr>
<tr><td>2</td><td colspan="2">对比测量数据。</td><td colspan="2">正确对比测量数据。</td></tr>
<tr><td>3</td><td colspan="2">分析测量数据。</td><td colspan="2">正确分析测量数据。</td></tr>
<tr><td>4</td><td colspan="2">根据测量数据，判断发动机工作状况并提出合理的维修建议。</td><td colspan="2">提出合理的维修建议。</td></tr>
<tr><td rowspan="3">计划的评价</td><td>班级</td><td></td><td>第　　组</td><td>组长签字　</td></tr>
<tr><td>教师签字</td><td></td><td>日期</td><td></td></tr>
<tr><td colspan="4">评语：</td></tr>
</table>

3. 分析测量数据的决策单

<table>
<tr><td>学习场</td><td colspan="6">配气机构</td></tr>
<tr><td>学习情境一</td><td colspan="6">检测凸轮轴位置传感器</td></tr>
<tr><td>学时</td><td colspan="6">0.025 学时</td></tr>
<tr><td>典型工作过程描述</td><td colspan="6">1. 准备工作—2. 查阅电路图—3. 确认凸轮轴位置传感器安装位置—4. 辨认凸轮轴位置传感器针脚信息—5. 测试凸轮轴位置传感器—6. 记录测量数据—7. 分析测量数据</td></tr>
<tr><td colspan="7">计 划 对 比</td></tr>
<tr><td>序　　号</td><td>计划的可行性</td><td>计划的经济性</td><td>计划的可操作性</td><td>计划的实施难度</td><td colspan="2">综 合 评 价</td></tr>
<tr><td>1</td><td></td><td></td><td></td><td></td><td colspan="2"></td></tr>
<tr><td>2</td><td></td><td></td><td></td><td></td><td colspan="2"></td></tr>
<tr><td>3</td><td></td><td></td><td></td><td></td><td colspan="2"></td></tr>
<tr><td rowspan="3">决策的评价</td><td>班级</td><td></td><td>第　　组</td><td>组长签字</td><td colspan="2"></td></tr>
<tr><td>教师签字</td><td></td><td>日期</td><td colspan="3"></td></tr>
<tr><td colspan="6">评语：</td></tr>
</table>

4. 分析测量数据的实施单

<table>
<tr><td>学习场</td><td colspan="2">配气机构</td></tr>
<tr><td>学习情境一</td><td colspan="2">检测凸轮轴位置传感器</td></tr>
<tr><td>学时</td><td colspan="2">0.175 学时</td></tr>
<tr><td>典型工作过程描述</td><td colspan="2">1. 准备工作—2. 查阅电路图—3. 确认凸轮轴位置传感器安装位置—4. 辨认凸轮轴位置传感器针脚信息—5. 测试凸轮轴位置传感器—6. 记录测量数据—7. 分析测量数据</td></tr>
<tr><td>序　　号</td><td>实 施 步 骤</td><td>注 意 事 项</td></tr>
<tr><td>1</td><td>查阅维修手册。
记录：</td><td>熟练查阅维修手册。</td></tr>
<tr><td>2</td><td>对比测量数据。
记录：</td><td>正确对比测量数据。</td></tr>
<tr><td>3</td><td>分析测量数据。
记录：</td><td>正确分析测量数据。</td></tr>
<tr><td>4</td><td>根据测量数据，判断发动机工作状况并提出合理的维修建议。
记录：</td><td>提出合理的维修建议。</td></tr>
<tr><td colspan="3">实施说明：</td></tr>
</table>

实施的评价	班级		第　组	组长签字	
	教师签字		日期		
	评语：				

5. 分析测量数据的检查单

学习场	配气机构			
学习情境一	检测凸轮轴位置传感器			
学时	0.125 学时			
典型工作过程描述	1．准备工作—2．查阅电路图—3．确认凸轮轴位置传感器安装位置—4．辨认凸轮轴位置传感器针脚信息—5．测试凸轮轴位置传感器—6．记录测量数据—**7．分析测量数据**			
序　号	检查项目	检查标准	学生自查	教师检查
1	查阅维修手册	熟练查阅维修手册		
2	对比测量数据	正确对比测量数据		
3	分析测量数据	正确分析测量数据		
4	根据测量数据，判断发动机工作状况并提出合理的维修建议	提出合理的维修建议		

检查的评价	班级		第　组	组长签字	
	教师签字		日期		
	评语：				

6. 分析测量数据的评价单

学习场	配气机构			
学习情境一	检测凸轮轴位置传感器			
学时	0.125 学时			
典型工作过程描述	1．准备工作—2．查阅电路图—3．确认凸轮轴位置传感器安装位置—4．辨认凸轮轴位置传感器针脚信息—5．测试凸轮轴位置传感器—6．记录测量数据—**7．分析测量数据**			
评价项目	评价子项目	学生自评	组内评价	教师评价
查阅维修手册	查阅是否熟练			
对比测量数据	对比测量数据是否正确			
分析测量数据	分析测量数据是否正确			
根据测量数据，判断发动机工作状况并提出合理维修建议	维修建议是否合理			

评价的评价	班级		第　组	组长签字	
	教师签字		日期		
	评语：				

学习情境二　检测进、排气凸轮轴调节阀

任务一　检测进、排气凸轮轴调节阀的准备工作

1．检测进、排气凸轮轴调节阀准备工作的资讯单

学习场	配气机构
学习情境二	检测进、排气凸轮轴调节阀
学时	0.05 学时
典型工作过程描述	**1．准备工作**—2．查阅电路图—3．确认进、排气凸轮轴调节阀安装位置—4．辨认进、排气凸轮轴调节阀针脚信息—5．测试进、排气凸轮轴调节阀—6．记录测量数据—7．分析测量数据
收集资讯的方式	线下书籍及线上资源相结合。
资讯描述	1．收集进、排气凸轮轴调节阀的作用和类型的相关资料。 2．收集进、排气凸轮轴调节阀的组成及工作原理的相关资料。 3．收集进、排气凸轮轴调节阀控制电路的相关资料。 4．收集进、排气凸轮轴调节阀的常见故障类型及排除方法。
对学生的要求	1．掌握进、排气凸轮轴调节阀的作用及安装位置。 2．掌握进、排气凸轮轴调节阀的类型。 3．掌握进、排气凸轮轴调节阀的组成及工作原理。 4．掌握进、排气凸轮轴调节阀的控制电路。 5．掌握进、排气凸轮轴调节阀的常见故障类型及排除方法。 6．具有自我探究和信息检索的能力。
参考资料	《检修汽车发动机电控系统》配套微课。

2．检测进、排气凸轮轴调节阀准备工作的计划单

学习场	配气机构	
学习情境二	检测进、排气凸轮轴调节阀	
学时	0.05 学时	
典型工作过程描述	**1．准备工作**—2．查阅电路图—3．确认进、排气凸轮轴调节阀安装位置—4．辨认进、排气凸轮轴调节阀针脚信息—5．测试进、排气凸轮轴调节阀—6．记录测量数据—7．分析测量数据	
计划制订的方式	小组讨论。	
序　　号	工 作 步 骤	注 意 事 项
1	进、排气凸轮轴调节阀的作用及安装位置。	描述完整、准确。
2	进、排气凸轮轴调节阀的类型。	描述清晰、完整。

3	进、排气凸轮轴调节阀的组成及工作原理。	掌握进、排气凸轮轴调节阀的组成及工作原理。			
4	进、排气凸轮轴调节阀的控制电路。	掌握进、排气凸轮轴调节阀的控制电路。			
5	进、排气凸轮轴调节阀的常见故障类型及排除方法。	掌握进、排气凸轮轴调节阀的常见故障类型及排除方法。			
计划的评价	班级		第　　组	组长签字	
	教师签字		日期		
	评语：				

3. 检测进、排气凸轮轴调节阀准备工作的决策单

学习场	配气机构				
学习情境二	检测进、排气凸轮轴调节阀				
学时	0.05 学时				
典型工作过程描述	1. 准备工作—2. 查阅电路图—3. 确认进、排气凸轮轴调节阀安装位置—4. 辨认进、排气凸轮轴调节阀针脚信息—5. 测试进、排气凸轮轴调节阀—6. 记录测量数据—7. 分析测量数据				
计 划 对 比					
序　　号	计划的可行性	计划的经济性	计划的可操作性	计划的实施难度	综 合 评 价
1					
2					
3					
决策的评价	班级		第　　组	组长签字	
	教师签字		日期		
	评语：				

4. 检测进、排气凸轮轴调节阀准备工作的实施单

<table>
<tr><td>学习场</td><td colspan="5">配气机构</td></tr>
<tr><td>学习情境二</td><td colspan="5">检测进、排气凸轮轴调节阀</td></tr>
<tr><td>学时</td><td colspan="5">0.05 学时</td></tr>
<tr><td>典型工作过程描述</td><td colspan="5">1. 准备工作—2. 查阅电路图—3. 确认进、排气凸轮轴调节阀安装位置—4. 辨认进、排气凸轮轴调节阀针脚信息—5. 测试进、排气凸轮轴调节阀—6. 记录测量数据—7. 分析测量数据</td></tr>
<tr><td>序　　号</td><td colspan="2">实 施 步 骤</td><td colspan="3">注 意 事 项</td></tr>
<tr><td>1</td><td colspan="2">进、排气凸轮轴调节阀的作用及安装位置。
记录：</td><td colspan="3">描述完整、准确。
排气凸轮轴
凸轮轴调节阀 N205
液压缸
进气凸轮轴
凸轮轴调整器（与链条张紧器一体）
SSP 192/108</td></tr>
<tr><td>2</td><td colspan="2">进、排气凸轮轴调节阀的类型。
记录：</td><td colspan="3">描述清晰、完整。</td></tr>
<tr><td>3</td><td colspan="2">进、排气凸轮轴调节阀的组成及工作原理。
记录：</td><td colspan="3">掌握进、排气凸轮轴调节阀的组成及工作原理。</td></tr>
<tr><td>4</td><td colspan="2">进、排气凸轮轴调节阀的控制电路。
记录：</td><td colspan="3">掌握进、排气凸轮轴调节阀的控制电路。</td></tr>
<tr><td>5</td><td colspan="2">进、排气凸轮轴调节阀的常见故障类型及排除方法
记录：</td><td colspan="3">掌握进、排气凸轮轴调节阀的常见故障类型及排除方法。</td></tr>
<tr><td colspan="6">实施说明：</td></tr>
<tr><td rowspan="3">实施的评价</td><td>班级</td><td></td><td>第　　组</td><td>组长签字</td><td></td></tr>
<tr><td>教师签字</td><td></td><td>日期</td><td colspan="2"></td></tr>
<tr><td colspan="5">评语：</td></tr>
</table>

5．检测进、排气凸轮轴调节阀准备工作的检查单

学习场	配气机构			
学习情境二	检测进、排气凸轮轴调节阀			
学时	0.05 学时			
典型工作过程描述	**1．准备工作**—2．查阅电路图—3．确认进、排气凸轮轴调节阀安装位置—4．辨认进、排气凸轮轴调节阀针脚信息—5．测试进、排气凸轮轴调节阀—6．记录测量数据—7．分析测量数据			
序　　号	**检 查 项 目**	**检 查 标 准**	**学 生 自 查**	**教 师 检 查**
1	进、排气凸轮轴调节阀的作用及安装位置	描述完整、准确		
2	进、排气凸轮轴调节阀的类型	描述清晰、完整		
3	进、排气凸轮轴调节阀的组成及工作原理	掌握进、排气凸轮轴调节阀的组成及工作原理		
4	进、排气凸轮轴调节阀的控制电路	掌握进、排气凸轮轴调节阀的控制电路		
5	进、排气凸轮轴调节阀的常见故障类型及排除方法	掌握进、排气凸轮轴调节阀的常见故障类型及排除方法		
检查的评价	班级		第　　组	组长签字
	教师签字		日期	
	评语：			

6．检测进、排气凸轮轴调节阀准备工作的评价单

学习场	配气机构			
学习情境二	检测进、排气凸轮轴调节阀			
学时	0.05 学时			
典型工作过程描述	**1．准备工作**—2．查阅电路图—3．确认进、排气凸轮轴调节阀安装位置—4．辨认进、排气凸轮轴调节阀针脚信息—5．测试进、排气凸轮轴调节阀—6．记录测量数据—7．分析测量数据			
评 价 项 目	**评价子项目**	**学 生 自 评**	**组 内 评 价**	**教 师 评 价**
进、排气凸轮轴调节阀的作用及安装位置	描述是否完整、准确			
进、排气凸轮轴调节阀的类型	描述是否清晰、完整			
进、排气凸轮轴调节阀的组成及工作原理	是否掌握进、排气凸轮轴调节阀的组成及工作原理			

<table>
<tr><td colspan="2">进、排气凸轮轴调节阀的控制电路</td><td colspan="2">是否掌握进、排气凸轮轴调节阀的控制电路</td><td></td><td></td><td></td></tr>
<tr><td colspan="2">进、排气凸轮轴调节阀的常见故障类型及排除方法</td><td colspan="2">是否掌握进、排气凸轮轴调节阀的常见故障类型及排除方法</td><td></td><td></td><td></td></tr>
<tr><td rowspan="3">评价的评价</td><td colspan="2">班级</td><td></td><td>第　　组</td><td>组长签字</td><td></td></tr>
<tr><td colspan="2">教师签字</td><td></td><td>日期</td><td colspan="2"></td></tr>
<tr><td colspan="6">评语：</td></tr>
</table>

任务二　查阅电路图

1．查阅电路图的资讯单

学习场	配气机构
学习情境二	检测进、排气凸轮轴调节阀
学时	0.05 学时
典型工作过程描述	1．准备工作—**2．查阅电路图**—3．确认进、排气凸轮轴调节阀安装位置—4．辨认进、排气凸轮轴调节阀针脚信息—5．测试进、排气凸轮轴调节阀—6．记录测量数据—7．分析测量数据
收集资讯的方式	线下书籍及线上资源相结合。
资讯描述	1．确认车型信息。 2．获取该车型电路图。
对学生的要求	1．能正确记录车型信息。 2．能确认车型信息。 3．能正确查阅电路图。 4．能正确识读电路图。 5．具有团队意识、工匠精神和职业精神。
参考资料	《检修汽车发动机电控系统》配套微课。

2．查阅电路图的计划单

学习场	配气机构
学习情境二	检测进、排气凸轮轴调节阀
学时	0.05 学时
典型工作过程描述	1．准备工作—**2．查阅电路图**—3．确认进、排气凸轮轴调节阀安装位置—4．辨认进、排气凸轮轴调节阀针脚信息—5．测试进、排气凸轮轴调节阀—6．记录测量数据—7．分析测量数据
计划制订的方式	小组讨论。

<table>
<tr><th>序号</th><th colspan="3">工作步骤</th><th colspan="2">注意事项</th></tr>
<tr><td>1</td><td colspan="3">确认车型信息。</td><td colspan="2">核查车型信息准确。</td></tr>
<tr><td>2</td><td colspan="3">查阅进、排气凸轮轴调节阀电路图。</td><td colspan="2">查阅电路图准确。</td></tr>
<tr><td>3</td><td colspan="3">拆画进、排气凸轮轴调节阀电路图。</td><td colspan="2">拆画电路图完整、准确。</td></tr>
<tr><td rowspan="3">计划的评价</td><td>班级</td><td></td><td>第　组</td><td>组长签字</td><td></td></tr>
<tr><td>教师签字</td><td></td><td>日期</td><td colspan="2"></td></tr>
<tr><td colspan="5">评语：</td></tr>
</table>

3. 查阅电路图的决策单

<table>
<tr><td>学习场</td><td colspan="5">配气机构</td></tr>
<tr><td>学习情境二</td><td colspan="5">检测进、排气凸轮轴调节阀</td></tr>
<tr><td>学时</td><td colspan="5">0.05 学时</td></tr>
<tr><td>典型工作过程描述</td><td colspan="5">1．准备工作—2．查阅电路图—3．确认进、排气凸轮轴调节阀安装位置—4．辨认进、排气凸轮轴调节阀针脚信息—5．测试进、排气凸轮轴调节阀—6．记录测量数据—7．分析测量数据</td></tr>
<tr><td colspan="6">计划对比</td></tr>
<tr><td>序号</td><td>计划的可行性</td><td>计划的经济性</td><td>计划的可操作性</td><td>计划的实施难度</td><td>综合评价</td></tr>
<tr><td>1</td><td></td><td></td><td></td><td></td><td></td></tr>
<tr><td>2</td><td></td><td></td><td></td><td></td><td></td></tr>
<tr><td>3</td><td></td><td></td><td></td><td></td><td></td></tr>
<tr><td rowspan="3">决策的评价</td><td>班级</td><td></td><td>第　组</td><td>组长签字</td><td></td></tr>
<tr><td>教师签字</td><td></td><td>日期</td><td colspan="2"></td></tr>
<tr><td colspan="5">评语：</td></tr>
</table>

4. 查阅电路图的实施单

<table>
<tr><td>学习场</td><td>配气机构</td></tr>
<tr><td>学习情境二</td><td>检测进、排气凸轮轴调节阀</td></tr>
<tr><td>学时</td><td>0.05 学时</td></tr>
<tr><td>典型工作过程描述</td><td>1．准备工作—2．查阅电路图—3．确认进、排气凸轮轴调节阀安装位置—4．辨认进、排气凸轮轴调节阀针脚信息—5．测试进、排气凸轮轴调节阀—6．记录测量数据—7．分析测量数据</td></tr>
</table>

序　号	实 施 步 骤	注 意 事 项
1	确认车型信息。 **记录：**	核查车型信息准确。
2	查阅进、排气凸轮轴调节阀电路图。 **记录：**	查阅电路图准确。
3	拆画进、排气凸轮轴调节阀电路图。 **记录：**	拆画电路图完整、准确。
实施说明：		

实施的评价	班级		第　组	组长签字	
	教师签字		日期		
	评语：				

5. 查阅电路图的检查单

学习场	配气机构			
学习情境二	检测进、排气凸轮轴调节阀			
学时	0.3 学时			
典型工作过程描述	1．准备工作—**2．查阅电路图**—3．确认进、排气凸轮轴调节阀安装位置—4．辨认进、排气凸轮轴调节阀针脚信息—5．测试进、排气凸轮轴调节阀—6．记录测量数据—7．分析测量数据			
序　号	**检 查 项 目**	**检 查 标 准**	**学 生 自 查**	**教 师 检 查**
1	确认车型信息	核查车型信息准确		
2	查阅进、排气凸轮轴调节阀电路图	查阅电路图准确		
3	拆画进、排气凸轮轴调节阀电路图	拆画电路图完整、准确		

检查的评价	班级		第　组	组长签字	
	教师签字		日期		
	评语：				

6. 查阅电路图的评价单

<table>
<tr><td>学习场</td><td colspan="5">配气机构</td></tr>
<tr><td>学习情境二</td><td colspan="5">检测进、排气凸轮轴调节阀</td></tr>
<tr><td>学时</td><td colspan="5">0.05 学时</td></tr>
<tr><td>典型工作过程描述</td><td colspan="5">1．准备工作—2．查阅电路图—3．确认进、排气凸轮轴调节阀安装位置—4．辨认进、排气凸轮轴调节阀针脚信息—5．测试进、排气凸轮轴调节阀—6．记录测量数据—7．分析测量数据</td></tr>
<tr><td colspan="2">评 价 项 目</td><td>评价子项目</td><td>学 生 自 评</td><td>组 内 评 价</td><td>教 师 评 价</td></tr>
<tr><td colspan="2">确认车型信息</td><td>核查车型信息是否准确</td><td></td><td></td><td></td></tr>
<tr><td colspan="2">查阅进、排气凸轮轴调节阀电路图</td><td>查阅电路图是否准确</td><td></td><td></td><td></td></tr>
<tr><td colspan="2">拆画进、排气凸轮轴调节阀电路图</td><td>拆画电路图是否完整、准确</td><td></td><td></td><td></td></tr>
<tr><td rowspan="3">评价的评价</td><td>班级</td><td></td><td>第　　组</td><td>组长签字</td><td></td></tr>
<tr><td>教师签字</td><td></td><td>日期</td><td colspan="2"></td></tr>
<tr><td colspan="5">评语：</td></tr>
</table>

任务三　确认进、排气凸轮轴调节阀安装位置

1. 确认进、排气凸轮轴调节阀安装位置的资讯单

<table>
<tr><td>学习场</td><td>配气机构</td></tr>
<tr><td>学习情境二</td><td>检测进、排气凸轮轴调节阀</td></tr>
<tr><td>学时</td><td>0.05 学时</td></tr>
<tr><td>典型工作过程描述</td><td>1．准备工作—2．查阅电路图—3．确认进、排气凸轮轴调节阀安装位置—4．辨认进、排气凸轮轴调节阀针脚信息—5．测试进、排气凸轮轴调节阀—6．记录测量数据—7．分析测量数据</td></tr>
<tr><td>收集资讯的方式</td><td>线下资料及线上资源相结合。</td></tr>
<tr><td>资讯描述</td><td>1．进、排气凸轮轴调节阀的类型。
2．车型的基本信息。
3．车型电路图及维修手册。</td></tr>
<tr><td>对学生的要求</td><td>1．能确认进、排气凸轮轴调节阀类型。
2．能确认进、排气凸轮轴调节阀安装位置。
3．能养成 6S 规范作业习惯。
4．具有团队意识、工匠精神和职业精神。</td></tr>
<tr><td>参考资料</td><td>《检修汽车发动机电控系统》配套微课。</td></tr>
</table>

2．确认进、排气凸轮轴调节阀安装位置的计划单

<table>
<tr><td>学习场</td><td colspan="6">配气机构</td></tr>
<tr><td>学习情境二</td><td colspan="6">检测进、排气凸轮轴调节阀</td></tr>
<tr><td>学时</td><td colspan="6">0.05 学时</td></tr>
<tr><td>典型工作过程描述</td><td colspan="6">1．准备工作—2．查阅电路图—3．确认进、排气凸轮轴调节阀安装位置—4．辨认进、排气凸轮轴调节阀针脚信息—5．测试进、排气凸轮轴调节阀—6．记录测量数据—7．分析测量数据</td></tr>
<tr><td>计划制订的方式</td><td colspan="6">小组讨论。</td></tr>
<tr><td>序　　号</td><td colspan="2">工 作 步 骤</td><td colspan="4">注 意 事 项</td></tr>
<tr><td>1</td><td colspan="2">确认车型信息。</td><td colspan="4">核查车型信息准确。</td></tr>
<tr><td>2</td><td colspan="2">查阅维修手册。</td><td colspan="4">熟练查阅维修手册。</td></tr>
<tr><td>3</td><td colspan="2">确认进、排气凸轮轴调节阀安装位置。</td><td colspan="4">正确指认进、排气凸轮轴调节阀安装位置。</td></tr>
<tr><td rowspan="3">计划的评价</td><td>班级</td><td></td><td>第　　组</td><td>组长签字</td><td colspan="2"></td></tr>
<tr><td>教师签字</td><td></td><td>日期</td><td colspan="3"></td></tr>
<tr><td colspan="6">评语：</td></tr>
</table>

3．确认进、排气凸轮轴调节阀安装位置的决策单

<table>
<tr><td>学习场</td><td colspan="6">配气机构</td></tr>
<tr><td>学习情境二</td><td colspan="6">检测进、排气凸轮轴调节阀</td></tr>
<tr><td>学时</td><td colspan="6">0.05 学时</td></tr>
<tr><td>典型工作过程描述</td><td colspan="6">1．准备工作—2．查阅电路图—3．确认进、排气凸轮轴调节阀安装位置—4．辨认进、排气凸轮轴调节阀针脚信息—5．测试进、排气凸轮轴调节阀—6．记录测量数据—7．分析测量数据</td></tr>
<tr><td colspan="7">计 划 对 比</td></tr>
<tr><td>序　　号</td><td>计划的可行性</td><td>计划的经济性</td><td>计划的可操作性</td><td>计划的实施难度</td><td colspan="2">综 合 评 价</td></tr>
<tr><td>1</td><td></td><td></td><td></td><td></td><td colspan="2"></td></tr>
<tr><td>2</td><td></td><td></td><td></td><td></td><td colspan="2"></td></tr>
<tr><td>3</td><td></td><td></td><td></td><td></td><td colspan="2"></td></tr>
<tr><td rowspan="3">决策的评价</td><td>班级</td><td></td><td>第　　组</td><td>组长签字</td><td colspan="2"></td></tr>
<tr><td>教师签字</td><td></td><td>日期</td><td colspan="3"></td></tr>
<tr><td colspan="6">评语：</td></tr>
</table>

4．确认进、排气凸轮轴调节阀安装位置的实施单

<table>
<tr><td>学习场</td><td colspan="5">配气机构</td></tr>
<tr><td>学习情境二</td><td colspan="5">检测进、排气凸轮轴调节阀</td></tr>
<tr><td>学时</td><td colspan="5">0.15 学时</td></tr>
<tr><td>典型工作过程描述</td><td colspan="5">1．准备工作—2．查阅电路图—3．确认进、排气凸轮轴调节阀安装位置—4．辨认进、排气凸轮轴调节阀针脚信息—5．测试进、排气凸轮轴调节阀—6．记录测量数据—7．分析测量数据</td></tr>
<tr><td>序　　号</td><td colspan="2">实 施 步 骤</td><td colspan="3">注 意 事 项</td></tr>
<tr><td>1</td><td colspan="2">确认车型信息。
记录：</td><td colspan="3">核查车型信息准确。</td></tr>
<tr><td>2</td><td colspan="2">查阅维修手册。
记录：</td><td colspan="3">熟练查阅维修手册。</td></tr>
<tr><td>3</td><td colspan="2">确认进、排气凸轮轴调节阀安装位置。
记录：</td><td colspan="3">正确指认进、排气凸轮轴调节阀安装位置。</td></tr>
<tr><td colspan="6">实施说明：</td></tr>
<tr><td rowspan="3">实施的评价</td><td>班级</td><td></td><td>第　　组</td><td>组长签字</td><td></td></tr>
<tr><td>教师签字</td><td></td><td>日期</td><td colspan="2"></td></tr>
<tr><td colspan="5">评语：</td></tr>
</table>

5．确认进、排气凸轮轴调节阀安装位置的检查单

<table>
<tr><td>学习场</td><td colspan="5">配气机构</td></tr>
<tr><td>学习情境二</td><td colspan="5">检测进、排气凸轮轴调节阀</td></tr>
<tr><td>学时</td><td colspan="5">0.05 学时</td></tr>
<tr><td>典型工作过程描述</td><td colspan="5">1．准备工作—2．查阅电路图—3．确认进、排气凸轮轴调节阀安装位置—4．辨认进、排气凸轮轴调节阀针脚信息—5．测试进、排气凸轮轴调节阀—6．记录测量数据—7．分析测量数据</td></tr>
<tr><td>序　　号</td><td colspan="2">检 查 项 目</td><td>检 查 标 准</td><td>学 生 自 查</td><td>教 师 检 查</td></tr>
<tr><td>1</td><td colspan="2">确认车型信息</td><td>核查车型信息准确</td><td></td><td></td></tr>
<tr><td>2</td><td colspan="2">查阅维修手册</td><td>熟练查阅维修手册</td><td></td><td></td></tr>
<tr><td>3</td><td colspan="2">确认进、排气凸轮轴调节阀安装位置</td><td>正确指认进、排气凸轮轴调节阀安装位置</td><td></td><td></td></tr>
<tr><td rowspan="3">检查的评价</td><td>班级</td><td></td><td>第　　组</td><td>组长签字</td><td></td></tr>
<tr><td>教师签字</td><td></td><td>日期</td><td colspan="2"></td></tr>
<tr><td colspan="5">评语：</td></tr>
</table>

6. 确认进、排气凸轮轴调节阀安装位置的评价单

<table>
<tr><td>学习场</td><td colspan="6">配气机构</td></tr>
<tr><td>学习情境二</td><td colspan="6">检测进、排气凸轮轴调节阀</td></tr>
<tr><td>学时</td><td colspan="6">0.05 学时</td></tr>
<tr><td>典型工作过程描述</td><td colspan="6">1．准备工作—2．查阅电路图—3．确认进、排气凸轮轴调节阀安装位置—4．辨认进、排气凸轮轴调节阀针脚信息—5．测试进、排气凸轮轴调节阀—6．记录测量数据—7．分析测量数据</td></tr>
<tr><td colspan="2">评 价 项 目</td><td colspan="2">评价子项目</td><td>学 生 自 评</td><td>组 内 评 价</td><td>教 师 评 价</td></tr>
<tr><td colspan="2">确认车型信息</td><td colspan="2">核查车型信息是否准确</td><td></td><td></td><td></td></tr>
<tr><td colspan="2">查阅维修手册</td><td colspan="2">查阅是否熟练</td><td></td><td></td><td></td></tr>
<tr><td colspan="2">确认进、排气凸轮轴调节阀安装位置</td><td colspan="2">是否正确指认进、排气凸轮轴调节阀安装位置</td><td></td><td></td><td></td></tr>
<tr><td rowspan="3">评价的评价</td><td colspan="2">班级</td><td></td><td>第　　组</td><td>组长签字</td><td></td></tr>
<tr><td colspan="2">教师签字</td><td></td><td>日期</td><td colspan="2"></td></tr>
<tr><td colspan="6">评语：</td></tr>
</table>

任务四　辨认进、排气凸轮轴调节阀针脚信息

1. 辨认进、排气凸轮轴调节阀针脚信息的资讯单

学习场	配气机构
学习情境二	检测进、排气凸轮轴调节阀
学时	0.05 学时
典型工作过程描述	1．准备工作—2．查阅电路图—3．确认进、排气凸轮轴调节阀安装位置—**4．辨认进、排气凸轮轴调节阀针脚信息**—5．测试进、排气凸轮轴调节阀—6．记录测量数据—7．分析测量数据
收集资讯的方式	线下书籍及线上资源相结合。
资讯描述	1．维修手册与电路图。 2．进、排气凸轮轴调节阀针脚信息。
对学生的要求	1．能熟练查阅维修手册。 2．测量方法正确。 3．能养成 6S 规范作业习惯。 4．具有团队意识、工匠精神和职业精神。
参考资料	《检修汽车发动机电控系统》配套微课。

2. 辨认进、排气凸轮轴调节阀针脚信息的计划单

<table>
<tr><td>学习场</td><td colspan="6">配气机构</td></tr>
<tr><td>学习情境二</td><td colspan="6">检测进、排气凸轮轴调节阀</td></tr>
<tr><td>学时</td><td colspan="6">0.05 学时</td></tr>
<tr><td>典型工作过程描述</td><td colspan="6">1．准备工作—2．查阅电路图—3．确认进、排气凸轮轴调节阀安装位置—4．辨认进、排气凸轮轴调节阀针脚信息—5．测试进、排气凸轮轴调节阀—6．记录测量数据—7．分析测量数据</td></tr>
<tr><td>计划制订的方式</td><td colspan="6">小组讨论。</td></tr>
<tr><td>序　号</td><td colspan="3">工 作 步 骤</td><td colspan="3">注 意 事 项</td></tr>
<tr><td>1</td><td colspan="3">查阅维修手册。</td><td colspan="3">熟练查阅维修手册。</td></tr>
<tr><td>2</td><td colspan="3">拔下进、排气凸轮轴调节阀。</td><td colspan="3">注意周围线路。</td></tr>
<tr><td>3</td><td colspan="3">辨认进、排气凸轮轴调节阀针脚信息。</td><td colspan="3">注意起止编号位置和线束颜色。</td></tr>
<tr><td rowspan="3">计划的评价</td><td>班级</td><td></td><td>第　组</td><td>组长签字</td><td colspan="2"></td></tr>
<tr><td>教师签字</td><td></td><td>日期</td><td colspan="3"></td></tr>
<tr><td colspan="6">评语：</td></tr>
</table>

3. 辨认进、排气凸轮轴调节阀针脚信息的决策单

<table>
<tr><td>学习场</td><td colspan="6">配气机构</td></tr>
<tr><td>学习情境二</td><td colspan="6">检测凸进、排气凸轮轴调节阀</td></tr>
<tr><td>学时</td><td colspan="6">0.1 学时</td></tr>
<tr><td>典型工作过程描述</td><td colspan="6">1．准备工作—2．查阅电路图—3．确认进、排气凸轮轴调节阀安装位置—4．辨认进、排气凸轮轴调节阀针脚信息—5．测试进、排气凸轮轴调节阀—6．记录测量数据—7．分析测量数据</td></tr>
<tr><td colspan="7">计 划 对 比</td></tr>
<tr><td>序　号</td><td>计划的可行性</td><td>计划的经济性</td><td>计划的可操作性</td><td>计划的实施难度</td><td colspan="2">综 合 评 价</td></tr>
<tr><td>1</td><td></td><td></td><td></td><td></td><td colspan="2"></td></tr>
<tr><td>2</td><td></td><td></td><td></td><td></td><td colspan="2"></td></tr>
<tr><td>3</td><td></td><td></td><td></td><td></td><td colspan="2"></td></tr>
<tr><td rowspan="3">决策的评价</td><td>班级</td><td></td><td>第　组</td><td>组长签字</td><td colspan="2"></td></tr>
<tr><td>教师签字</td><td></td><td>日期</td><td colspan="3"></td></tr>
<tr><td colspan="6">评语：</td></tr>
</table>

4. 辨认进、排气凸轮轴调节阀针脚信息的实施单

学习场	配气机构	
学习情境二	检测进、排气凸轮轴调节阀	
学时	0.7 学时	
典型工作过程描述	1. 准备工作—2. 查阅电路图—3. 确认进、排气凸轮轴调节阀安装位置—**4. 辨认进、排气凸轮轴调节阀针脚信息**—5. 测试进、排气凸轮轴调节阀—6. 记录测量数据—7. 分析测量数据	
序　号	实 施 步 骤	注 意 事 项
1	查阅维修手册。 **记录：**	熟练查阅维修手册。
2	拔下进、排气凸轮轴调节阀。 **记录：**	注意周围线路。
3	辨认进、排气凸轮轴调节阀针脚信息。 **记录：**	注意起止编号位置和线束颜色。
实施说明：		

实施的评价	班级		第　组	组长签字	
	教师签字		日期		
	评语：				

5. 辨认进、排气凸轮轴调节阀针脚信息的检查单

学习场	配气机构
学习情境二	检测进、排气凸轮轴调节阀
学时	0.05 学时
典型工作过程描述	1. 准备工作—2. 查阅电路图—3. 确认进、排气凸轮轴调节阀安装位置—**4. 辨认进、排气凸轮轴调节阀针脚信息**—5. 测试进、排气凸轮轴调节阀—6. 记录测量数据—7. 分析测量数据

<table>
<tr><th>序号</th><th colspan="2">检查项目</th><th>检查标准</th><th>学生自查</th><th>教师检查</th></tr>
<tr><td>1</td><td colspan="2">查阅维修手册</td><td>熟练查阅维修手册</td><td></td><td></td></tr>
<tr><td>2</td><td colspan="2">拔下进、排气凸轮轴调节阀</td><td>周围线路无损坏</td><td></td><td></td></tr>
<tr><td>3</td><td colspan="2">辨认进、排气凸轮轴调节阀针脚信息</td><td>进、排气凸轮轴调节阀针脚信息准确</td><td></td><td></td></tr>
<tr><td rowspan="3">检查的评价</td><td>班级</td><td></td><td>第　组</td><td>组长签字</td><td></td></tr>
<tr><td>教师签字</td><td></td><td>日期</td><td colspan="2"></td></tr>
<tr><td colspan="5">评语：</td></tr>
</table>

6. 辨认进、排气凸轮轴调节阀针脚信息的评价单

<table>
<tr><td>学习场</td><td colspan="5">配气机构</td></tr>
<tr><td>学习情境二</td><td colspan="5">检测进、排气凸轮轴调节阀</td></tr>
<tr><td>学时</td><td colspan="5">0.05 学时</td></tr>
<tr><td>典型工作过程描述</td><td colspan="5">1．准备工作—2．查阅电路图—3．确认进、排气凸轮轴调节阀安装位置—4．辨认进、排气凸轮轴调节阀针脚信息—5．测试进、排气凸轮轴调节阀—6．记录测量数据—7．分析测量数据</td></tr>
<tr><th colspan="2">评价项目</th><th>评价子项目</th><th>学生自评</th><th>组内评价</th><th>教师评价</th></tr>
<tr><td colspan="2">查阅维修手册</td><td>查阅是否熟练</td><td></td><td></td><td></td></tr>
<tr><td colspan="2">拔下进、排气凸轮轴调节阀</td><td>操作是否正确、周围线路是否无损坏</td><td></td><td></td><td></td></tr>
<tr><td colspan="2">辨认进、排气凸轮轴调节阀针脚信息</td><td>进、排气凸轮轴调节阀针脚信息是否准确</td><td></td><td></td><td></td></tr>
<tr><td rowspan="3">评价的评价</td><td>班级</td><td></td><td>第　组</td><td>组长签字</td><td></td></tr>
<tr><td>教师签字</td><td></td><td>日期</td><td colspan="2"></td></tr>
<tr><td colspan="5">评语：</td></tr>
</table>

任务五　测试进、排气凸轮轴调节阀

1．测试进、排气凸轮轴调节阀的资讯单

学习场	配气机构
学习情境二	检测进、排气凸轮轴调节阀
学时	0.05 学时
典型工作过程描述	1．准备工作—2．查阅电路图—3．确认进、排气凸轮轴调节阀安装位置—4．辨认进、排气凸轮轴调节阀针脚信息—**5．测试进、排气凸轮轴调节阀**—6．记录测量数据—7．分析测量数据
收集资讯的方式	线下书籍及线上资源相结合。
资讯描述	1．维修手册。 2．进、排气凸轮轴调节阀插头针脚信息。 3．针脚接地电压的标准值。
对学生的要求	1．能熟练查阅维修手册。 2．能掌握检测进、排气凸轮轴调节阀的操作规范。 3．能正确使用测量仪表。 4．能养成 6S 规范作业习惯。 5．具有团队意识、工匠精神和职业精神。
参考资料	《检修汽车发动机电控系统》配套微课。

2．测试进、排气凸轮轴调节阀的计划单

<table>
<tr><td>学习场</td><td colspan="6">配气机构</td></tr>
<tr><td>学习情境二</td><td colspan="6">检测进、排气凸轮轴调节阀</td></tr>
<tr><td>学时</td><td colspan="6">0.05 学时</td></tr>
<tr><td>典型工作过程描述</td><td colspan="6">1．准备工作—2．查阅电路图—3．确认进、排气凸轮轴调节阀安装位置—4．辨认进、排气凸轮轴调节阀针脚信息—5．测试进、排气凸轮轴调节阀—6．记录测量数据—7．分析测量数据</td></tr>
<tr><td>计划制订的方式</td><td colspan="6">小组讨论。</td></tr>
<tr><td>序　号</td><td colspan="3">工 作 步 骤</td><td colspan="3">注 意 事 项</td></tr>
<tr><td>1</td><td colspan="3">查阅维修手册，确认进、排气凸轮轴调节阀插头针脚信息。</td><td colspan="3">注意查询型号、规格。</td></tr>
<tr><td>2</td><td colspan="3">测试供电电压。</td><td colspan="3">注意检测端子。</td></tr>
<tr><td>3</td><td colspan="3">测试信号波形。</td><td colspan="3">注意检测端子。</td></tr>
<tr><td rowspan="3">计划的评价</td><td>班级</td><td></td><td>第　　组</td><td></td><td>组长签字</td><td></td></tr>
<tr><td>教师签字</td><td></td><td>日期</td><td colspan="3"></td></tr>
<tr><td colspan="6">评语：</td></tr>
</table>

3. 测试进、排气凸轮轴调节阀的决策单

学习场	配气机构				
学习情境二	检测进、排气凸轮轴调节阀				
学时	0.1 学时				
典型工作过程描述	1. 准备工作—2. 查阅电路图—3. 确认进、排气凸轮轴调节阀安装位置—4. 辨认进、排气凸轮轴调节阀针脚信息—**5. 测试进、排气凸轮轴调节阀**—6. 记录测量数据—7. 分析测量数据				
计划对比					
序号	计划的可行性	计划的经济性	计划的可操作性	计划的实施难度	综合评价
1					
2					
3					
决策的评价	班级		第　组	组长签字	
	教师签字		日期		
	评语：				

4. 测试进、排气凸轮轴调节阀的实施单

学习场	配气机构	
学习情境二	检测进、排气凸轮轴调节阀	
学时	0.7 学时	
典型工作过程描述	1. 准备工作—2. 查阅电路图—3. 确认进、排气凸轮轴调节阀安装位置—4. 辨认进、排气凸轮轴调节阀针脚信息—**5. 测试进、排气凸轮轴调节阀**—6. 记录测量数据—7. 分析测量数据	
序号	实施步骤	注意事项
1	查阅维修手册，确认进、排气凸轮轴调节阀插头针脚信息。 **记录：**	注意查询型号、规格。
2	测试供电电压。 **记录：**	注意检测端子。

<table>
<tr><td>3</td><td colspan="3">测试信号波形。
记录：</td><td colspan="2">注意检测端子。</td></tr>
<tr><td colspan="6">实施说明：</td></tr>
<tr><td rowspan="3">**实施的评价**</td><td>班级</td><td></td><td>第　　组</td><td>组长签字</td><td></td></tr>
<tr><td>教师签字</td><td></td><td>日期</td><td colspan="2"></td></tr>
<tr><td colspan="5">评语：</td></tr>
</table>

5. 测试进、排气凸轮轴调节阀的检查单

<table>
<tr><td>**学习场**</td><td colspan="5">配气机构</td></tr>
<tr><td>**学习情境二**</td><td colspan="5">检测进、排气凸轮轴调节阀</td></tr>
<tr><td>**学时**</td><td colspan="5">0.05 学时</td></tr>
<tr><td>**典型工作过程描述**</td><td colspan="5">1. 准备工作—2. 查阅电路图—3. 确认进、排气凸轮轴调节阀安装位置—4. 辨认进、排气凸轮轴调节阀针脚信息—**5. 测试进、排气凸轮轴调节阀**—6. 记录测量数据—7. 分析测量数据</td></tr>
<tr><td>**序　　号**</td><td colspan="2">**检 查 项 目**</td><td>**检 查 标 准**</td><td>**学 生 自 查**</td><td>**教 师 检 查**</td></tr>
<tr><td>1</td><td colspan="2">查阅维修手册，确认进、排气凸轮轴调节阀插头针脚信息</td><td>熟练查阅维修手册</td><td></td><td></td></tr>
<tr><td>2</td><td colspan="2">测试供电电压</td><td>测试方法正确</td><td></td><td></td></tr>
<tr><td>3</td><td colspan="2">测试信号波形</td><td>测试方法正确</td><td></td><td></td></tr>
<tr><td rowspan="3">**检查的评价**</td><td>班级</td><td></td><td>第　　组</td><td>组长签字</td><td></td></tr>
<tr><td>教师签字</td><td></td><td>日期</td><td colspan="2"></td></tr>
<tr><td colspan="5">评语：</td></tr>
</table>

6. 测试进、排气凸轮轴调节阀的评价单

学习场	配气机构				
学习情境二	检测进、排气凸轮轴调节阀				
学时	0.05 学时				
典型工作过程描述	1. 准备工作—2. 查阅电路图—3. 确认进、排气凸轮轴调节阀安装位置—4. 辨认进、排气凸轮轴调节阀针脚信息—**5. 测试进、排气凸轮轴调节阀**—6. 记录测量数据—7. 分析测量数据				
评 价 项 目		评价子项目	学 生 自 评	组 内 评 价	教 师 评 价
查阅维修手册，确认进、排气凸轮轴调节阀插头针脚信息		查阅是否熟练			
测试供电电压		测试方法是否正确			
测试信号波形		测试方法是否正确			
评价的评价	班级		第　　组	组长签字	
	教师签字		日期		
	评语：				

任务六　记录测量数据

1. 记录测量数据的资讯单

学习场	配气机构
学习情境二	检测进、排气凸轮轴调节阀
学时	0.05 学时
典型工作过程描述	1. 准备工作—2. 查阅电路图—3. 确认进、排气凸轮轴调节阀安装位置—4. 辨认进、排气凸轮轴调节阀针脚信息—5. 测试进、排气凸轮轴调节阀—**6. 记录测量数据**—7. 分析测量数据
收集资讯的方式	线下书籍及线上资源相结合。
资讯描述	1. 查阅维修手册。 2. 翻阅电路图。 3. 记录测量数据。
对学生的要求	1. 能准确记录数据。 2. 能养成 6S 规范作业习惯。
参考资料	《检修汽车发动机电控系统》配套微课。

2. 记录测量数据的计划单

<table>
<tr><td>学习场</td><td colspan="5">配气机构</td></tr>
<tr><td>学习情境二</td><td colspan="5">检测进、排气凸轮轴调节阀</td></tr>
<tr><td>学时</td><td colspan="5">0.05 学时</td></tr>
<tr><td>典型工作过程描述</td><td colspan="5">1. 准备工作—2. 查阅电路图—3. 确认进、排气凸轮轴调节阀安装位置—4. 辨认进、排气凸轮轴调节阀针脚信息—5. 测试进、排气凸轮轴调节阀—6. 记录测量数据—7. 分析测量数据</td></tr>
<tr><td>计划制订的方式</td><td colspan="5">小组讨论。</td></tr>
<tr><td>序　号</td><td colspan="2">工 作 步 骤</td><td colspan="3">注 意 事 项</td></tr>
<tr><td>1</td><td colspan="2">记录测量数据。</td><td colspan="3">记录清晰、准确。</td></tr>
<tr><td rowspan="3">计划的评价</td><td>班级</td><td></td><td>第　组</td><td>组长签字</td><td></td></tr>
<tr><td>教师签字</td><td></td><td>日期</td><td colspan="2"></td></tr>
<tr><td colspan="5">评语：</td></tr>
</table>

3. 记录测量数据的决策单

<table>
<tr><td>学习场</td><td colspan="5">配气机构</td></tr>
<tr><td>学习情境二</td><td colspan="5">检测进、排气凸轮轴调节阀</td></tr>
<tr><td>学时</td><td colspan="5">0.1 学时</td></tr>
<tr><td>典型工作过程描述</td><td colspan="5">1. 准备工作—2. 查阅电路图—3. 确认进、排气凸轮轴调节阀安装位置—4. 辨认进、排气凸轮轴调节阀针脚信息—5. 测试进、排气凸轮轴调节阀—6. 记录测量数据—7. 分析测量数据</td></tr>
<tr><td colspan="6">计 划 对 比</td></tr>
<tr><td>序　号</td><td>计划的可行性</td><td>计划的经济性</td><td>计划的可操作性</td><td>计划的实施难度</td><td>综 合 评 价</td></tr>
<tr><td>1</td><td></td><td></td><td></td><td></td><td></td></tr>
<tr><td>2</td><td></td><td></td><td></td><td></td><td></td></tr>
<tr><td>3</td><td></td><td></td><td></td><td></td><td></td></tr>
<tr><td rowspan="3">决策的评价</td><td>班级</td><td></td><td>第　组</td><td>组长签字</td><td></td></tr>
<tr><td>教师签字</td><td></td><td>日期</td><td colspan="2"></td></tr>
<tr><td colspan="5">评语：</td></tr>
</table>

4．记录测量数据的实施单

学习场	配气机构	
学习情境二	检测进、排气凸轮轴调节阀	
学时	0.7 学时	
典型工作过程描述	1．准备工作—2．查阅电路图—3．确认进、排气凸轮轴调节阀安装位置—4．辨认进、排气凸轮轴调节阀针脚信息—5．测试进、排气凸轮轴调节阀—**6．记录测量数据**—7．分析测量数据	
序　　号	实 施 步 骤	注 意 事 项
1	记录测量数据。 **记录：**	记录清晰、准确。
实施说明：		

实施的评价	班级		第　　组	组长签字	
	教师签字		日期		
	评语：				

5．记录测量数据的检查单

学习场	配气机构			
学习情境二	检测进、排气凸轮轴调节阀			
学时	0.05 学时			
典型工作过程描述	1．准备工作—2．查阅电路图—3．确认进、排气凸轮轴调节阀安装位置—4．辨认进、排气凸轮轴调节阀针脚信息—5．测试进、排气凸轮轴调节阀—**6．记录测量数据**—7．分析测量数据			
序　　号	检 查 项 目	检 查 标 准	学 生 自 查	教 师 检 查
1	记录测量数据	记录清晰、准确		

检查的评价	班级		第　　组	组长签字	
	教师签字		日期		
	评语：				

6. 记录测量数据的评价单

<table>
<tr><td>学习场</td><td colspan="5">配气机构</td></tr>
<tr><td>学习情境二</td><td colspan="5">检测进、排气凸轮轴调节阀</td></tr>
<tr><td>学时</td><td colspan="5">0.05 学时</td></tr>
<tr><td>典型工作过程描述</td><td colspan="5">1. 准备工作—2. 查阅电路图—3. 确认进、排气凸轮轴调节阀安装位置—4. 辨认进、排气凸轮轴调节阀针脚信息—5. 测试进、排气凸轮轴调节阀—6. 记录测量数据—7. 分析测量数据</td></tr>
<tr><td>评 价 项 目</td><td colspan="2">评价子项目</td><td>学 生 自 评</td><td>组 内 评 价</td><td>教 师 评 价</td></tr>
<tr><td>记录测量数据</td><td colspan="2">记录是否清晰、准确</td><td></td><td></td><td></td></tr>
<tr><td rowspan="3">评价的评价</td><td>班级</td><td></td><td>第　　组</td><td>组长签字</td><td></td></tr>
<tr><td>教师签字</td><td></td><td>日期</td><td colspan="2"></td></tr>
<tr><td colspan="5">评语：</td></tr>
</table>

任务七　分析测量数据

1. 分析测量数据的资讯单

<table>
<tr><td>学习场</td><td>配气机构</td></tr>
<tr><td>学习情境二</td><td>检测进、排气凸轮轴调节阀</td></tr>
<tr><td>学时</td><td>0.05 学时</td></tr>
<tr><td>典型工作过程描述</td><td>1. 准备工作—2. 查阅电路图—3. 确认进、排气凸轮轴调节阀安装位置—4. 辨认进、排气凸轮轴调节阀针脚信息—5. 测试进、排气凸轮轴调节阀—6. 记录测量数据—7. 分析测量数据</td></tr>
<tr><td>收集资讯的方式</td><td>线下书籍及线上资源相结合。</td></tr>
<tr><td>资讯描述</td><td>1. 维修资料标准数据。
2. 测量记录单。</td></tr>
<tr><td>对学生的要求</td><td>1. 能熟练查阅维修手册。
2. 能准确分析数据。
3. 能养成 6S 规范作业习惯。</td></tr>
<tr><td>参考资料</td><td>《检修汽车发动机电控系统》配套微课。</td></tr>
</table>

2. 分析测量数据的计划单

<table>
<tr><td>学习场</td><td colspan="5">配气机构</td></tr>
<tr><td>学习情境二</td><td colspan="5">检测进、排气凸轮轴调节阀</td></tr>
<tr><td>学时</td><td colspan="5">0.05 学时</td></tr>
<tr><td>典型工作过程描述</td><td colspan="5">1. 准备工作—2. 查阅电路图—3. 确认进、排气凸轮轴调节阀安装位置—4. 辨认进、排气凸轮轴调节阀针脚信息—5. 测试进、排气凸轮轴调节阀—6. 记录测量数据—7. 分析测量数据</td></tr>
<tr><td>计划制订的方式</td><td colspan="5">小组讨论。</td></tr>
<tr><td>序　　号</td><td colspan="2">工 作 步 骤</td><td colspan="3">注 意 事 项</td></tr>
<tr><td>1</td><td colspan="2">查阅维修手册。</td><td colspan="3">熟练查阅维修手册。</td></tr>
<tr><td>2</td><td colspan="2">对比测量数据。</td><td colspan="3">正确对比测量数据。</td></tr>
<tr><td>3</td><td colspan="2">分析测量数据。</td><td colspan="3">正确分析测量数据。</td></tr>
<tr><td>4</td><td colspan="2">根据测量，判断发动机工作状况并提出合理的维修建议。</td><td colspan="3">提出合理的维修建议。</td></tr>
<tr><td rowspan="3">计划的评价</td><td>班级</td><td></td><td>第　　组</td><td>组长签字</td><td></td></tr>
<tr><td>教师签字</td><td></td><td>日期</td><td colspan="2"></td></tr>
<tr><td colspan="5">评语：</td></tr>
</table>

3. 分析测量数据的决策单

<table>
<tr><td colspan="2">学习场</td><td colspan="5">配气机构</td></tr>
<tr><td colspan="2">学习情境二</td><td colspan="5">检测进、排气凸轮轴调节阀</td></tr>
<tr><td colspan="2">学时</td><td colspan="5">0.1 学时</td></tr>
<tr><td colspan="2">典型工作过程描述</td><td colspan="5">1. 准备工作—2. 查阅电路图—3. 确认进、排气凸轮轴调节阀安装位置—4. 辨认进、排气凸轮轴调节阀针脚信息—5. 测试进、排气凸轮轴调节阀—6. 记录测量数据—7. 分析测量数据</td></tr>
<tr><td colspan="7">计 划 对 比</td></tr>
<tr><td>序　　号</td><td colspan="2">计划的可行性</td><td>计划的经济性</td><td>计划的可操作性</td><td>计划的实施难度</td><td>综 合 评 价</td></tr>
<tr><td>1</td><td colspan="2"></td><td></td><td></td><td></td><td></td></tr>
<tr><td>2</td><td colspan="2"></td><td></td><td></td><td></td><td></td></tr>
<tr><td>3</td><td colspan="2"></td><td></td><td></td><td></td><td></td></tr>
<tr><td colspan="2" rowspan="3">决策的评价</td><td>班级</td><td></td><td>第　　组</td><td>组长签字</td><td></td></tr>
<tr><td>教师签字</td><td></td><td>日期</td><td colspan="2"></td></tr>
<tr><td colspan="5">评语：</td></tr>
</table>

4. 分析测量数据的实施单

<table>
<tr><td>学习场</td><td colspan="6">配气机构</td></tr>
<tr><td>学习情境二</td><td colspan="6">检测进、排气凸轮轴调节阀</td></tr>
<tr><td>学时</td><td colspan="6">0.7 学时</td></tr>
<tr><td>典型工作过程描述</td><td colspan="6">1. 准备工作—2. 查阅电路图—3. 确认进、排气凸轮轴调节阀安装位置—4. 辨认进、排气凸轮轴调节阀针脚信息—5. 测试进、排气凸轮轴调节阀—6. 记录测量数据—7. 分析测量数据</td></tr>
<tr><td>序　号</td><td colspan="3">实 施 步 骤</td><td colspan="3">注 意 事 项</td></tr>
<tr><td>1</td><td colspan="3">查阅维修手册。
记录：</td><td colspan="3">熟练查阅维修手册。</td></tr>
<tr><td>2</td><td colspan="3">对比测量数据。
记录：</td><td colspan="3">正确对比测量数据。</td></tr>
<tr><td>3</td><td colspan="3">分析测量数据。
记录：</td><td colspan="3">正确分析测量数据。</td></tr>
<tr><td>4</td><td colspan="3">根据测量数据，判断发动机工作状况并提出合理的维修建议。
记录：</td><td colspan="3">提出合理的维修建议。</td></tr>
<tr><td colspan="7">实施说明：</td></tr>
<tr><td rowspan="3">实施的评价</td><td>班级</td><td></td><td>第　　组</td><td>组长签字</td><td colspan="2"></td></tr>
<tr><td>教师签字</td><td></td><td>日期</td><td colspan="3"></td></tr>
<tr><td colspan="6">评语：</td></tr>
</table>

5．分析测量数据的检查单

<table>
<tr><td>学习场</td><td colspan="5">配气机构</td></tr>
<tr><td>学习情境二</td><td colspan="5">检测进、排气凸轮轴调节阀</td></tr>
<tr><td>学时</td><td colspan="5">0.125 学时</td></tr>
<tr><td>典型工作过程描述</td><td colspan="5">1．准备工作—2．查阅电路图—3．确认进、排气凸轮轴调节阀安装位置—4．辨认进、排气凸轮轴调节阀针脚信息—5．测试进、排气凸轮轴调节阀—6．记录测量数据—7．分析测量数据</td></tr>
<tr><td>序　　号</td><td colspan="2">检 查 项 目</td><td>检 查 标 准</td><td>学 生 自 查</td><td>教 师 检 查</td></tr>
<tr><td>1</td><td colspan="2">查阅维修手册</td><td>熟练查阅维修手册</td><td></td><td></td></tr>
<tr><td>2</td><td colspan="2">对比测量数据</td><td>正确对比测量数据</td><td></td><td></td></tr>
<tr><td>3</td><td colspan="2">分析测量数据</td><td>正确分析测量数据</td><td></td><td></td></tr>
<tr><td>4</td><td colspan="2">根据测量数据，判断发动机工作状况并提出合理的维修建议</td><td>提出合理的维修建议</td><td></td><td></td></tr>
<tr><td rowspan="3">检查的评价</td><td>班级</td><td></td><td>第　　组</td><td>组长签字</td><td></td></tr>
<tr><td>教师签字</td><td></td><td>日期</td><td colspan="2"></td></tr>
<tr><td colspan="5">评语：</td></tr>
</table>

6．分析测量数据的评价单

<table>
<tr><td>学习场</td><td colspan="5">配气机构</td></tr>
<tr><td>学习情境二</td><td colspan="5">检测进、排气凸轮轴调节阀</td></tr>
<tr><td>学时</td><td colspan="5">0.125 学时</td></tr>
<tr><td>典型工作过程描述</td><td colspan="5">1．准备工作—2．查阅电路图—3．确认进、排气凸轮轴调节阀安装位置—4．辨认进、排气凸轮轴调节阀针脚信息—5．测试进、排气凸轮轴调节阀—6．记录测量数据—7．分析测量数据</td></tr>
<tr><td colspan="2">评 价 项 目</td><td>评价子项目</td><td>学 生 自 评</td><td>组 内 评 价</td><td>教 师 评 价</td></tr>
<tr><td colspan="2">查阅维修手册</td><td>查阅是否熟练</td><td></td><td></td><td></td></tr>
<tr><td colspan="2">对比测量数据</td><td>对比测量数据是否正确</td><td></td><td></td><td></td></tr>
<tr><td colspan="2">分析测量数据</td><td>分析测量数据是否正确</td><td></td><td></td><td></td></tr>
<tr><td colspan="2">根据测量数据，判断发动机工作状况并提出合理的维修建议</td><td>维修建议是否合理</td><td></td><td></td><td></td></tr>
<tr><td rowspan="3">评价的评价</td><td>班级</td><td></td><td>第　　组</td><td>组长签字</td><td></td></tr>
<tr><td>教师签字</td><td></td><td>日期</td><td colspan="2"></td></tr>
<tr><td colspan="5">评语：</td></tr>
</table>

学习情境三　检测曲轴位置传感器

任务一　检测曲轴位置传感器的准备工作

1．检测曲轴位置传感器准备工作的资讯单

学习场	曲柄连杆机构
学习情境三	检测曲轴位置传感器
学时	0.05 学时
典型工作过程描述	**1．准备工作**—2．查阅电路图—3．确认曲轴位置传感器安装位置—4．辨认曲轴位置传感器针脚信息—5．测试曲轴位置传感器—6．记录测量数据—7．分析测量数据
收集资讯的方式	线下书籍及线上资源相结合。
资讯描述	1．收集曲轴位置传感器的作用和类型的相关资料。 （1）曲轴位置传感器的作用及安装位置。 曲轴位置传感器的作用是采集曲轴转动角度和发动机转速信号输入控制单元 ECU，以便确定点火正时和喷油正时，是电控燃油喷射系统与电控点火系统中非常重要的传感器。 曲轴位置传感器（crankshaft position sensor，CPS）又称为发动机转速与曲轴转角传感器，通常安装在曲轴的前部、中部或飞轮附近。 （2）曲轴位置传感器的类型。 曲轴位置传感器按照工作原理的不同可分为电磁感应式、磁阻式、霍尔式和光电式四大类。其中电磁感应式和磁阻式曲轴位置传感器应用广泛，在此重点介绍。 2．收集曲轴位置传感器组成及原理的相关资料。 电磁感应式曲轴位置传感器主要由感应线圈、永久磁铁和转子（脉冲线圈）等组成，磁极正对着转子上的齿和齿槽，安装时，曲轴位置传感器头部与转子间的空气间隙为 0.5～1.5mm，此间隙不可调整，转子上有一个对应曲轴的基准标记，其宽度为两个齿槽宽。 当发动机运转时，转子随曲轴一起转动，转子上的齿和齿槽交替转过传感器头部下方，周期性地改变传感器感应线圈中的磁通量，使传感器内的感应线圈产生交变信号电压，发动机 ECU 可以通过基准信号识别 1 缸或 4 缸上止点位置，通过交变信号电压的频率计算出发动机的转速及曲轴转过的角度，信号电压波形频率与发动机转速成正比。 3．收集曲轴位置传感器控制电路的相关资料。 曲轴位置传感器一般有两根线，在检测时一定要区分传感器的类型。电磁感应式曲轴位置传感器是主动型传感器，不需要 ECU 供电，而磁阻式曲轴位置传感器是被动型传感器，需要 ECU 供电。 4．收集曲轴位置传感器的常见故障类型及排除方法。

对学生的要求	1．掌握曲轴位置传感器的作用及安装位置。 2．掌握曲轴位置传感器的类型。 3．掌握曲轴位置传感器的组成及工作原理。 4．掌握曲轴位置传感器的控制电路。 5．掌握曲轴位置传感器的常见故障类型及排除方法。 6．具有自我探究和信息检索的能力。
参考资料	《检修汽车发动机电控系统》配套微课。

2．检测曲轴位置传感器准备工作的计划单

<table>
<tr><td colspan="2">学习场</td><td colspan="5">曲柄连杆机构</td></tr>
<tr><td colspan="2">学习情境三</td><td colspan="5">检测曲轴位置传感器</td></tr>
<tr><td colspan="2">学时</td><td colspan="5">0.05 学时</td></tr>
<tr><td colspan="2">典型工作过程描述</td><td colspan="5">1．准备工作—2．查阅电路图—3．确认曲轴位置传感器安装位置—4．辨认曲轴位置传感器针脚信息—5．测试曲轴位置传感器—6．记录测量数据—7．分析测量数据</td></tr>
<tr><td colspan="2">计划制订的方式</td><td colspan="5">小组讨论。</td></tr>
<tr><td>序　号</td><td colspan="3">工 作 步 骤</td><td colspan="3">注 意 事 项</td></tr>
<tr><td>1</td><td colspan="3">曲轴位置传感器的作用及安装位置。</td><td colspan="3">描述完整、准确。</td></tr>
<tr><td>2</td><td colspan="3">曲轴位置传感器的类型。</td><td colspan="3">描述清晰、完整。</td></tr>
<tr><td>3</td><td colspan="3">曲轴位置传感器的组成及工作原理。</td><td colspan="3">掌握曲轴位置传感器的组成及工作原理。</td></tr>
<tr><td>4</td><td colspan="3">曲轴位置传感器的控制电路。</td><td colspan="3">掌握曲轴位置传感器的控制电路。</td></tr>
<tr><td>5</td><td colspan="3">曲轴位置传感器的常见故障类型及排除方法。</td><td colspan="3">掌握曲轴位置传感器的常见故障类型及排除方法。</td></tr>
<tr><td colspan="2" rowspan="3">计划的评价</td><td>班级</td><td></td><td>第　组</td><td>组长签字</td><td></td></tr>
<tr><td>教师签字</td><td></td><td>日期</td><td colspan="2"></td></tr>
<tr><td colspan="5">评语：</td></tr>
</table>

3．检测曲轴位置传感器准备工作的决策单

<table>
<tr><td>学习场</td><td colspan="5">曲柄连杆机构</td></tr>
<tr><td>学习情境三</td><td colspan="5">检测曲轴位置传感器</td></tr>
<tr><td>学时</td><td colspan="5">0.05 学时</td></tr>
<tr><td>典型工作过程描述</td><td colspan="5">1．准备工作—2．查阅电路图—3．确认曲轴位置传感器安装位置—4．辨认曲轴位置传感器针脚信息—5．测试曲轴位置传感器—6．记录测量数据—7．分析测量数据</td></tr>
<tr><td colspan="6">计 划 对 比</td></tr>
<tr><td>序　号</td><td>计划的可行性</td><td>计划的经济性</td><td>计划的可操作性</td><td>计划的实施难度</td><td>综 合 评 价</td></tr>
<tr><td>1</td><td></td><td></td><td></td><td></td><td></td></tr>
<tr><td>2</td><td></td><td></td><td></td><td></td><td></td></tr>
<tr><td>3</td><td></td><td></td><td></td><td></td><td></td></tr>
</table>

<table>
<tr><td rowspan="3">决策的评价</td><td>班级</td><td></td><td>第　　组</td><td>组长签字</td><td></td></tr>
<tr><td>教师签字</td><td></td><td>日期</td><td colspan="2"></td></tr>
<tr><td colspan="5">评语：</td></tr>
</table>

4. 检测曲轴位置传感器准备工作的实施单

<table>
<tr><td>学习场</td><td colspan="2">曲柄连杆机构</td></tr>
<tr><td>学习情境三</td><td colspan="2">检测曲轴位置传感器</td></tr>
<tr><td>学时</td><td colspan="2">0.05 学时</td></tr>
<tr><td>典型工作过程描述</td><td colspan="2">1. 准备工作—2. 查阅电路图—3. 确认曲轴位置传感器安装位置—4. 辨认曲轴位置传感器针脚信息—5. 测试曲轴位置传感器—6. 记录测量数据—7. 分析测量数据</td></tr>
<tr><td>序　　号</td><td>实 施 步 骤</td><td>注 意 事 项</td></tr>
<tr><td>1</td><td>曲轴位置传感器的作用及安装位置。
记录：</td><td>描述完整、准确。</td></tr>
<tr><td>2</td><td>曲轴位置传感器的类型。
记录：</td><td>描述清晰、完整。</td></tr>
<tr><td>3</td><td>曲轴位置传感器的组成及工作原理。
记录：</td><td>掌握曲轴位置传感器的组成及工作原理。</td></tr>
<tr><td>4</td><td>曲轴位置传感器的控制电路。
记录：</td><td>掌握曲轴位置传感器的控制电路。</td></tr>
<tr><td>5</td><td>曲轴位置传感器的常见故障类型及排除方法。
记录：</td><td>掌握曲轴位置传感器的常见故障类型及排除方法。</td></tr>
</table>

<table>
<tr><td colspan="5">实施说明：</td></tr>
<tr><td rowspan="3">实施的评价</td><td>班级</td><td></td><td>第　　组</td><td>组长签字</td><td></td></tr>
<tr><td>教师签字</td><td></td><td>日期</td><td colspan="2"></td></tr>
<tr><td colspan="5">评语：</td></tr>
</table>

5. 检测曲轴位置传感器准备工作的检查单

<table>
<tr><td>学习场</td><td colspan="4">曲柄连杆机构</td></tr>
<tr><td>学习情境三</td><td colspan="4">检测曲轴位置传感器</td></tr>
<tr><td>学时</td><td colspan="4">0.05 学时</td></tr>
<tr><td>典型工作过程描述</td><td colspan="4">1．准备工作—2．查阅电路图—3．确认曲轴位置传感器安装位置—4．辨认曲轴位置传感器针脚信息—5．测试曲轴位置传感器—6．记录测量数据—7．分析测量数据</td></tr>
<tr><td>序　　号</td><td>检 查 项 目</td><td>检 查 标 准</td><td>学 生 自 查</td><td>教 师 检 查</td></tr>
<tr><td>1</td><td>曲轴位置传感器的作用及安装位置</td><td>描述完整、准确</td><td></td><td></td></tr>
<tr><td>2</td><td>曲轴位置传感器的类型</td><td>描述清晰、完整</td><td></td><td></td></tr>
<tr><td>3</td><td>曲轴位置传感器的组成及工作原理</td><td>掌握曲轴位置传感器的组成及工作原理</td><td></td><td></td></tr>
<tr><td>4</td><td>曲轴位置传感器的控制电路</td><td>掌握曲轴位置传感器的控制电路</td><td></td><td></td></tr>
<tr><td>5</td><td>曲轴位置传感器的常见故障类型及排除方法</td><td>掌握曲轴位置传感器的常见故障类型及排除方法</td><td></td><td></td></tr>
</table>

<table>
<tr><td rowspan="3">检查的评价</td><td>班级</td><td></td><td>第　　组</td><td>组长签字</td><td></td></tr>
<tr><td>教师签字</td><td></td><td>日期</td><td colspan="2"></td></tr>
<tr><td colspan="5">评语：</td></tr>
</table>

6. 检测曲轴位置传感器准备工作的评价单

学习场	曲柄连杆机构
学习情境三	检测曲轴位置传感器
学时	0.05 学时
典型工作过程描述	**1．准备工作**—2．查阅电路图—3．确认曲轴位置传感器安装位置—4．辨认曲轴位置传感器针脚信息—5．测试曲轴位置传感器—6．记录测量数据—7．分析测量数据

评 价 项 目	评价子项目	学 生 自 评	组 内 评 价	教 师 评 价
曲轴位置传感器的作用及安装位置	描述是否完整、准确			
曲轴位置传感器的类型	描述是否清晰、完整			
曲轴位置传感器的组成及工作原理	是否掌握曲轴位置传感器的组成及工作原理			
曲轴位置传感器的控制电路	是否掌握曲轴位置传感器的控制电路			
曲轴位置传感器的常见故障类型及排除方法	是否掌握曲轴位置传感器的常见故障类型及排除方法			

<table>
<tr><td rowspan="3">评价的评价</td><td>班级</td><td></td><td>第　　组</td><td>组长签字</td><td></td></tr>
<tr><td>教师签字</td><td></td><td>日期</td><td colspan="2"></td></tr>
<tr><td colspan="5">评语：</td></tr>
</table>

任务二　查阅电路图

1．查阅电路图的资讯单

学习场	曲柄连杆机构
学习情境三	检测曲轴位置传感器
学时	0.05 学时
典型工作过程描述	1．准备工作—**2．查阅电路图**—3．确认曲轴位置传感器安装位置—4．辨认曲轴位置传感器针脚信息—5．测试曲轴位置传感器—6．记录测量数据—7．分析测量数据
收集资讯的方式	线下书籍及线上资源相结合。
资讯描述	1．确认车型信息。 2．获取该车型电路图。
对学生的要求	1．能正确记录车辆信息。 2．能确认车型信息。 3．能正确查阅电路图。 4．能正确识读电路图。 5．具有团队意识、工匠精神和职业精神。
参考资料	《检修汽车发动机电控系统》配套微课。

2．查阅电路图的计划单

学习场	曲柄连杆机构
学习情境三	检测曲轴位置传感器
学时	0.05 学时
典型工作过程描述	1．准备工作—**2．查阅电路图**—3．确认曲轴位置传感器安装位置—4．辨认曲轴位置传感器针脚信息—5．测试曲轴位置传感器—6．记录测量数据—7．分析测量数据

<table>
<tr><td>计划制订的方式</td><td colspan="4">小组讨论。</td></tr>
<tr><td>序　　号</td><td colspan="2">工 作 步 骤</td><td colspan="2">注 意 事 项</td></tr>
<tr><td>1</td><td colspan="2">确认车型信息。</td><td colspan="2">核查车型信息准确。</td></tr>
<tr><td>2</td><td colspan="2">查阅曲轴位置传感器电路图。</td><td colspan="2">查阅电路图准确。</td></tr>
<tr><td>3</td><td colspan="2">拆画曲轴位置传感器电路图。</td><td colspan="2">拆画电路图完整、准确。</td></tr>
<tr><td rowspan="3">计划的评价</td><td>班级</td><td></td><td>第　　组</td><td>组长签字</td></tr>
<tr><td>教师签字</td><td></td><td>日期</td><td></td></tr>
<tr><td colspan="4">评语：</td></tr>
</table>

3. 查阅电路图的决策单

<table>
<tr><td>学习场</td><td colspan="5">曲柄连杆机构</td></tr>
<tr><td>学习情境三</td><td colspan="5">检测曲轴位置传感器</td></tr>
<tr><td>学时</td><td colspan="5">0.05 学时</td></tr>
<tr><td>典型工作过程描述</td><td colspan="5">1．准备工作—2．查阅电路图—3．确认曲轴位置传感器安装位置—4．辨认曲轴位置传感器针脚信息—5．测试曲轴位置传感器—6．记录测量数据—7．分析测量数据</td></tr>
<tr><td colspan="6">计 划 对 比</td></tr>
<tr><td>序　　号</td><td>计划的可行性</td><td>计划的经济性</td><td>计划的可操作性</td><td>计划的实施难度</td><td>综 合 评 价</td></tr>
<tr><td>1</td><td></td><td></td><td></td><td></td><td></td></tr>
<tr><td>2</td><td></td><td></td><td></td><td></td><td></td></tr>
<tr><td>3</td><td></td><td></td><td></td><td></td><td></td></tr>
</table>

<table>
<tr><td rowspan="3">决策的评价</td><td>班级</td><td></td><td>第　　组</td><td>组长签字</td><td></td></tr>
<tr><td>教师签字</td><td></td><td>日期</td><td colspan="2"></td></tr>
<tr><td colspan="5">评语：</td></tr>
</table>

4. 查阅电路图的实施单

学习场	曲柄连杆机构
学习情境三	检测曲轴位置传感器
学时	0.05 学时
典型工作过程描述	1．准备工作—**2．查阅电路图**—3．确认曲轴位置传感器安装位置—4．辨认曲轴位置传感器针脚信息—5．测试曲轴位置传感器—6．记录测量数据—7．分析测量数据

序　号	实施步骤	注意事项
1	确认车型信息。 **记录：**	核查车型信息准确。
2	查阅曲轴位置传感器电路图。 **记录：**	查阅电路图准确。
3	拆画曲轴位置传感器电路图。 **记录：**	拆画电路图完整、准确。
实施说明：		

<table>
<tr><td rowspan="3">实施的评价</td><td>班级</td><td></td><td>第　组</td><td>组长签字</td><td></td></tr>
<tr><td>教师签字</td><td></td><td>日期</td><td colspan="2"></td></tr>
<tr><td colspan="5">评语：</td></tr>
</table>

5．查阅电路图的检查单

<table>
<tr><td>学习场</td><td colspan="5">曲柄连杆机构</td></tr>
<tr><td>学习情境三</td><td colspan="5">检测曲轴位置传感器</td></tr>
<tr><td>学时</td><td colspan="5">0.05 学时</td></tr>
<tr><td>典型工作过程描述</td><td colspan="5">1．准备工作—2．查阅电路图—3．确认曲轴位置传感器安装位置—4．辨认曲轴位置传感器针脚信息—5．测试曲轴位置传感器—6．记录测量数据—7．分析测量数据</td></tr>
<tr><td>序　号</td><td>检查项目</td><td colspan="2">检查标准</td><td>学生自查</td><td>教师检查</td></tr>
<tr><td>1</td><td>确认车型信息</td><td colspan="2">核查车型信息准确</td><td></td><td></td></tr>
<tr><td>2</td><td>查阅曲轴位置传感器电路图</td><td colspan="2">查阅电路图准确</td><td></td><td></td></tr>
<tr><td>3</td><td>拆画曲轴位置传感器电路图</td><td colspan="2">拆画电路图完整、准确</td><td></td><td></td></tr>
<tr><td rowspan="3">检查的评价</td><td>班级</td><td></td><td>第　组</td><td>组长签字</td><td></td></tr>
<tr><td>教师签字</td><td></td><td>日期</td><td colspan="2"></td></tr>
<tr><td colspan="5">评语：</td></tr>
</table>

6．查阅电路图的评价单

学习场	曲柄连杆机构
学习情境三	检测曲轴位置传感器
学时	0.05 学时
典型工作过程描述	1．准备工作—**2．查阅电路图**—3．确认曲轴位置传感器安装位置—4．辨认曲轴位置传感器针脚信息—5．测试曲轴位置传感器—6．记录测量数据—7．分析测量数据

<table>
<tr><th colspan="2">评 价 项 目</th><th colspan="2">评价子项目</th><th>学 生 自 评</th><th>组 内 评 价</th><th>教 师 评 价</th></tr>
<tr><td colspan="2">确认车型信息</td><td colspan="2">核查车型信息是否准确</td><td></td><td></td><td></td></tr>
<tr><td colspan="2">查阅曲轴位置传感器电路图</td><td colspan="2">查阅电路图是否准确</td><td></td><td></td><td></td></tr>
<tr><td colspan="2">拆画曲轴位置传感器电路图</td><td colspan="2">拆画电路图是否完整、准确</td><td></td><td></td><td></td></tr>
<tr><td rowspan="3">评价的评价</td><td>班级</td><td colspan="2"></td><td>第　　组</td><td>组长签字</td><td></td></tr>
<tr><td>教师签字</td><td colspan="2"></td><td>日期</td><td colspan="2"></td></tr>
<tr><td colspan="6">评语：</td></tr>
</table>

任务三　确认曲轴位置传感器安装位置

1. 确认曲轴位置传感器安装位置的资讯单

学习场	曲柄连杆机构
学习情境三	检测曲轴位置传感器
学时	0.05 学时
典型工作过程描述	1．准备工作—2．查阅电路图—**3．确认曲轴位置传感器安装位置**—4．辨认曲轴位置传感器针脚信息—5．测试曲轴位置传感器—6．记录测量数据—7．分析测量数据
收集资讯的方式	线下资料及线上资源相结合。
资讯描述	1．曲轴位置传感器的类型。 2．车型的基本信息。 3．车型电路图及维修手册。
对学生的要求	1．能确认曲轴位置传感器的类型。 2．能确认曲轴位置传感器安装位置。 3．能养成 6S 规范作业习惯。 4．具有团队意识、工匠精神和职业精神。
参考资料	《检修汽车发动机电控系统》配套微课。

2. 确认凸轮轴位置传感器安装位置的计划单

学习场	曲柄连杆机构
学习情境三	检测曲轴位置传感器
学时	0.05 学时
典型工作过程描述	1．准备工作—2．查阅电路图—**3．确认曲轴位置传感器安装位置**—4．辨认曲轴位置传感器针脚信息—5．测试曲轴位置传感器—6．记录测量数据—7．分析测量数据

<table>
<tr><td>计划制订的方式</td><td colspan="4">小组讨论。</td></tr>
<tr><td>序　　号</td><td colspan="2">工 作 步 骤</td><td colspan="2">注 意 事 项</td></tr>
<tr><td>1</td><td colspan="2">确认车型信息。</td><td colspan="2">核查车型信息准确。</td></tr>
<tr><td>2</td><td colspan="2">查阅维修手册。</td><td colspan="2">熟练查阅维修手册。</td></tr>
<tr><td>3</td><td colspan="2">确认曲轴位置传感器安装位置。</td><td colspan="2">正确指认曲轴位置传感器安装位置。</td></tr>
<tr><td rowspan="3">计划的评价</td><td>班级</td><td></td><td>第　　组</td><td>组长签字　</td></tr>
<tr><td>教师签字</td><td></td><td>日期</td><td></td></tr>
<tr><td colspan="4">评语：</td></tr>
</table>

3．确认曲轴位置传感器安装位置的决策单

<table>
<tr><td>学习场</td><td colspan="5">曲柄连杆机构</td></tr>
<tr><td>学习情境三</td><td colspan="5">检测曲轴位置传感器</td></tr>
<tr><td>学时</td><td colspan="5">0.05 学时</td></tr>
<tr><td>典型工作过程描述</td><td colspan="5">1．准备工作—2．查阅电路图—3．确认曲轴位置传感器安装位置—4．辨认曲轴位置传感器针脚信息—5．测试曲轴位置传感器—6．记录测量数据—7．分析测量数据</td></tr>
<tr><td colspan="6">计 划 对 比</td></tr>
<tr><td>序　　号</td><td>计划的可行性</td><td>计划的经济性</td><td>计划的可操作性</td><td>计划的实施难度</td><td>综 合 评 价</td></tr>
<tr><td>1</td><td></td><td></td><td></td><td></td><td></td></tr>
<tr><td>2</td><td></td><td></td><td></td><td></td><td></td></tr>
<tr><td>3</td><td></td><td></td><td></td><td></td><td></td></tr>
<tr><td rowspan="3">决策的评价</td><td>班级</td><td></td><td>第　　组</td><td>组长签字</td><td></td></tr>
<tr><td>教师签字</td><td></td><td>日期</td><td colspan="2"></td></tr>
<tr><td colspan="5">评语：</td></tr>
</table>

4．确认曲轴位置传感器安装位置的实施单

<table>
<tr><td>学习场</td><td>曲柄连杆机构</td></tr>
<tr><td>学习情境三</td><td>检测曲轴位置传感器</td></tr>
<tr><td>学时</td><td>0.15 学时</td></tr>
<tr><td>典型工作过程描述</td><td>1．准备工作—2．查阅电路图—3．确认曲轴位置传感器安装位置—4．辨认曲轴位置传感器针脚信息—5．测试曲轴位置传感器—6．记录测量数据—7．分析测量数据</td></tr>
</table>

<table>
<tr><th>序　　号</th><th colspan="2">实 施 步 骤</th><th colspan="2">注 意 事 项</th></tr>
<tr><td>1</td><td colspan="2">确认车型信息。
记录：</td><td colspan="2">核查车型信息准确。</td></tr>
<tr><td>2</td><td colspan="2">查阅维修手册。
记录：</td><td colspan="2">熟练查阅维修手册。</td></tr>
<tr><td>3</td><td colspan="2">确认曲轴位置传感器安装位置。
记录：</td><td colspan="2">正确指认曲轴位置传感器安装位置。</td></tr>
<tr><td colspan="5">实施说明：</td></tr>
<tr><td rowspan="3">实施的评价</td><td>班级</td><td></td><td>第　　组</td><td>组长签字</td></tr>
<tr><td>教师签字</td><td></td><td>日期</td><td></td></tr>
<tr><td colspan="4">评语：</td></tr>
</table>

5．确认曲轴位置传感器安装位置的检查单

<table>
<tr><td>学习场</td><td colspan="5">曲柄连杆机构</td></tr>
<tr><td>学习情境三</td><td colspan="5">检测曲轴位置传感器</td></tr>
<tr><td>学时</td><td colspan="5">0.05 学时</td></tr>
<tr><td>典型工作过程描述</td><td colspan="5">1．准备工作—2．查阅电路图—3．确认曲轴位置传感器安装位置—4．辨认曲轴位置传感器针脚信息—5．测试曲轴位置传感器—6．记录测量数据—7．分析测量数据</td></tr>
<tr><td>序　　号</td><td>检 查 项 目</td><td colspan="2">检 查 标 准</td><td>学 生 自 查</td><td>教 师 检 查</td></tr>
<tr><td>1</td><td>确认车型信息</td><td colspan="2">核查车型信息准确</td><td></td><td></td></tr>
<tr><td>2</td><td>查阅维修手册</td><td colspan="2">熟练查阅维修手册</td><td></td><td></td></tr>
<tr><td>3</td><td>确认曲轴位置传感器安装位置</td><td colspan="2">正确指认曲轴位置传感器安装位置</td><td></td><td></td></tr>
<tr><td rowspan="3">检查的评价</td><td>班级</td><td></td><td>第　　组</td><td>组长签字</td><td></td></tr>
<tr><td>教师签字</td><td></td><td>日期</td><td colspan="2"></td></tr>
<tr><td colspan="5">评语：</td></tr>
</table>

6. 确认曲轴位置传感器安装位置的评价单

<table>
<tr><td>学习场</td><td colspan="5">曲柄连杆机构</td></tr>
<tr><td>学习情境三</td><td colspan="5">检测曲轴位置传感器</td></tr>
<tr><td>学时</td><td colspan="5">0.05 学时</td></tr>
<tr><td>典型工作过程描述</td><td colspan="5">1. 准备工作—2. 查阅电路图—3. 确认曲轴位置传感器安装位置—4. 辨认曲轴位置传感器针脚信息—5. 测试曲轴位置传感器—6. 记录测量数据—7. 分析测量数据</td></tr>
<tr><td>评 价 项 目</td><td colspan="2">评价子项目</td><td>学 生 自 评</td><td>组 内 评 价</td><td>教 师 评 价</td></tr>
<tr><td>确认车型信息</td><td colspan="2">核查车型信息是否准确</td><td></td><td></td><td></td></tr>
<tr><td>查阅维修手册</td><td colspan="2">查阅是否熟练</td><td></td><td></td><td></td></tr>
<tr><td>确认曲轴位置传感器安装位置</td><td colspan="2">是否正确指认曲轴位置传感器安装位置</td><td></td><td></td><td></td></tr>
<tr><td rowspan="3">评价的评价</td><td>班级</td><td></td><td>第　　组</td><td>组长签字</td><td></td></tr>
<tr><td>教师签字</td><td></td><td>日期</td><td colspan="2"></td></tr>
<tr><td colspan="5">评语：</td></tr>
</table>

任务四　辨认曲轴位置传感器针脚信息

1. 辨认曲轴位置传感器针脚信息的资讯单

学习场	曲柄连杆机构
学习情境三	检测曲轴位置传感器
学时	0.05 学时
典型工作过程描述	1. 准备工作—2. 查阅电路图—3. 确认曲轴位置传感器安装位置—**4. 辨认曲轴位置传感器针脚信息**—5. 测试曲轴位置传感器—6. 记录测量数据—7. 分析测量数据
收集资讯的方式	线下书籍及线上资源相结合。
资讯描述	1. 维修手册与电路图。 2. 曲轴位置传感器针脚信息。
对学生的要求	1. 能熟练查阅维修手册。 2. 测量方法正确。 3. 能养成 6S 规范作业习惯。 4. 具有团队意识、工匠精神和职业精神。
参考资料	《检修汽车发动机电控系统》配套微课。

2．辨认曲轴位置传感器针脚信息的计划单

学习场	曲柄连杆机构				
学习情境三	检测曲轴位置传感器				
学时	0.05 学时				
典型工作过程描述	1．准备工作—2．查阅电路图—3．确认曲轴位置传感器安装位置—**4．辨认曲轴位置传感器针脚信息**—5．测试曲轴位置传感器—6．记录测量数据—7．分析测量数据				
计划制订的方式	小组讨论。				
序　号	工 作 步 骤		注 意 事 项		
1	查阅维修手册。		熟练查阅维修手册。		
2	拔下曲轴位置传感器。		正确拔下曲轴位置传感器。		
3	辨认曲轴位置传感器针脚信息。		正确辨认曲轴位置传感器针脚信息。		
计划的评价	班级		第　组	组长签字	
	教师签字		日期		
	评语：				

3．辨认曲轴位置传感器针脚信息的决策单

学习场	曲柄连杆机构				
学习情境三	检测曲轴位置传感器				
学时	0.1 学时				
典型工作过程描述	1．准备工作—2．查阅电路图—3．确认曲轴位置传感器安装位置—**4．辨认曲轴位置传感器针脚信息**—5．测试曲轴位置传感器—6．记录测量数据—7．分析测量数据				
计 划 对 比					
序　号	计划的可行性	计划的经济性	计划的可操作性	计划的实施难度	综 合 评 价
1					
2					
3					
决策的评价	班级		第　组	组长签字	
	教师签字		日期		
	评语：				

4．辨认曲轴位置传感器针脚信息的实施单

<table>
<tr><td>学习场</td><td colspan="2">曲柄连杆机构</td></tr>
<tr><td>学习情境三</td><td colspan="2">检测曲轴位置传感器</td></tr>
<tr><td>学时</td><td colspan="2">0.7 学时</td></tr>
<tr><td>典型工作过程描述</td><td colspan="2">1．准备工作—2．查阅电路图—3．确认曲轴位置传感器安装位置—4．辨认曲轴位置传感器针脚信息—5．测试曲轴位置传感器—6．记录测量数据—7．分析测量数据</td></tr>
<tr><td>序　号</td><td>实 施 步 骤</td><td>注 意 事 项</td></tr>
<tr><td>1</td><td>查阅维修手册。
记录：</td><td>熟练查阅维修手册。</td></tr>
<tr><td>2</td><td>拔下曲轴位置传感器。
记录：</td><td>正确拔下曲轴位置传感器。</td></tr>
<tr><td>3</td><td>辨认曲轴位置传感器针脚信息。
记录：</td><td>正确辨认曲轴位置传感器针脚信息。</td></tr>
<tr><td colspan="3">实施说明：</td></tr>
</table>

<table>
<tr><td rowspan="3">实施的评价</td><td>班级</td><td></td><td>第　　组</td><td>组长签字</td><td></td></tr>
<tr><td>教师签字</td><td></td><td>日期</td><td colspan="2"></td></tr>
<tr><td colspan="5">评语：</td></tr>
</table>

5．辨认曲轴位置传感器针脚信息的检查单

<table>
<tr><td>学习场</td><td colspan="4">曲柄连杆机构</td></tr>
<tr><td>学习情境三</td><td colspan="4">检测曲轴位置传感器</td></tr>
<tr><td>学时</td><td colspan="4">0.05 学时</td></tr>
<tr><td>典型工作过程描述</td><td colspan="4">1．准备工作—2．查阅电路图—3．确认曲轴位置传感器安装位置—4．辨认曲轴位置传感器针脚信息—5．测试曲轴位置传感器—6．记录测量数据—7．分析测量数据</td></tr>
<tr><td>序　号</td><td>检 查 项 目</td><td>检 查 标 准</td><td>学 生 自 查</td><td>教 师 检 查</td></tr>
<tr><td>1</td><td>查阅维修手册</td><td>熟练查阅维修手册</td><td></td><td></td></tr>
<tr><td>2</td><td>拔下曲轴位置传感器</td><td>正确拔下曲轴位置传感器，周围线路无损坏</td><td></td><td></td></tr>
<tr><td>3</td><td>辨认曲轴位置传感器针脚信息</td><td>正确辨认曲轴位置传感器针脚信息</td><td></td><td></td></tr>
</table>

<table>
<tr><td rowspan="3">检查的评价</td><td>班级</td><td></td><td>第　　组</td><td>组长签字</td><td></td></tr>
<tr><td>教师签字</td><td></td><td>日期</td><td colspan="2"></td></tr>
<tr><td colspan="5">评语：</td></tr>
</table>

6. 辨认曲轴位置传感器针脚信息的评价单

<table>
<tr><td>学习场</td><td colspan="6">曲柄连杆机构</td></tr>
<tr><td>学习情境三</td><td colspan="6">检测曲轴位置传感器</td></tr>
<tr><td>学时</td><td colspan="6">0.05 学时</td></tr>
<tr><td>典型工作过程描述</td><td colspan="6">1．准备工作—2．查阅电路图—3．确认曲轴位置传感器安装位置—4．辨认曲轴位置传感器针脚信息—5．测试曲轴位置传感器—6．记录测量数据—7．分析测量数据</td></tr>
<tr><td colspan="2">评 价 项 目</td><td colspan="2">评价子项目</td><td>学 生 自 评</td><td>组 内 评 价</td><td>教 师 评 价</td></tr>
<tr><td colspan="2">查阅维修手册</td><td colspan="2">查阅是否熟练</td><td></td><td></td><td></td></tr>
<tr><td colspan="2">拔下曲轴位置传感器</td><td colspan="2">操作是否正确、周围线路是否无损坏</td><td></td><td></td><td></td></tr>
<tr><td colspan="2">辨认曲轴位置传感器针脚信息</td><td colspan="2">辨认是否准确</td><td></td><td></td><td></td></tr>
<tr><td rowspan="3">评价的评价</td><td colspan="2">班级</td><td></td><td>第　　组</td><td>组长签字</td><td></td></tr>
<tr><td colspan="2">教师签字</td><td></td><td>日期</td><td colspan="2"></td></tr>
<tr><td colspan="6">评语：</td></tr>
</table>

任务五　测试曲轴位置传感器

1. 测试曲轴位置传感器的资讯单

学习场	曲柄连杆机构
学习情境三	检测曲轴位置传感器
学时	0.05 学时
典型工作过程描述	1．准备工作—2．查阅电路图—3．确认曲轴位置传感器安装位置—4．辨认曲轴位置传感器针脚信息—**5．测试曲轴位置传感器**—6．记录测量数据—7．分析测量数据
收集资讯的方式	线下书籍及线上资源相结合。
资讯描述	1．维修手册。 2．曲轴位置传感器插头针脚信息。 3．针脚接地电压的标准值。
对学生的要求	1．能熟练查阅维修手册。 2．能掌握检测曲轴位置传感器的操作规范。 3．能正确使用测量仪表。 4．具有团队意识、工匠精神和职业精神。
参考资料	《检修汽车发动机电控系统》配套微课。

2．测试曲轴位置传感器的计划单

<table>
<tr><td>学习场</td><td colspan="5">曲柄连杆机构</td></tr>
<tr><td>学习情境三</td><td colspan="5">检测曲轴位置传感器</td></tr>
<tr><td>学时</td><td colspan="5">0.05 学时</td></tr>
<tr><td>典型工作过程描述</td><td colspan="5">1．准备工作—2．查阅电路图—3．确认曲轴位置传感器安装位置—4．辨认曲轴位置传感器针脚信息—5．测试曲轴位置传感器—6．记录测量数据—7．分析测量数据</td></tr>
<tr><td>计划制订的方式</td><td colspan="5">小组讨论。</td></tr>
<tr><td>序　　号</td><td colspan="2">工 作 步 骤</td><td colspan="3">注 意 事 项</td></tr>
<tr><td>1</td><td colspan="2">查阅维修手册，确认曲轴位置传感器插头针脚信息。</td><td colspan="3">熟练查阅维修手册。</td></tr>
<tr><td>2</td><td colspan="2">测试接地电压。</td><td colspan="3">注意检测端子。</td></tr>
<tr><td>3</td><td colspan="2">测试供电电压。</td><td colspan="3">注意检测端子。</td></tr>
<tr><td>4</td><td colspan="2">测试信号波形。</td><td colspan="3">注意检测端子。</td></tr>
<tr><td rowspan="3">计划的评价</td><td>班级</td><td></td><td>第　　组</td><td>组长签字</td><td></td></tr>
<tr><td>教师签字</td><td></td><td>日期</td><td colspan="2"></td></tr>
<tr><td colspan="5">评语：</td></tr>
</table>

3．测试曲轴位置传感器的决策单

<table>
<tr><td>学习场</td><td colspan="5">曲柄连杆机构</td></tr>
<tr><td>学习情境三</td><td colspan="5">检测曲轴位置传感器</td></tr>
<tr><td>学时</td><td colspan="5">0.1 学时</td></tr>
<tr><td>典型工作过程描述</td><td colspan="5">1．准备工作—2．查阅电路图—3．确认曲轴位置传感器安装位置—4．辨认曲轴位置传感器针脚信息—5．测试曲轴位置传感器—6．记录测量数据—7．分析测量数据</td></tr>
<tr><td colspan="6">计 划 对 比</td></tr>
<tr><td>序　　号</td><td>计划的可行性</td><td>计划的经济性</td><td>计划的可操作性</td><td>计划的实施难度</td><td>综 合 评 价</td></tr>
<tr><td>1</td><td></td><td></td><td></td><td></td><td></td></tr>
<tr><td>2</td><td></td><td></td><td></td><td></td><td></td></tr>
<tr><td>3</td><td></td><td></td><td></td><td></td><td></td></tr>
<tr><td rowspan="3">决策的评价</td><td>班级</td><td></td><td>第　　组</td><td>组长签字</td><td></td></tr>
<tr><td>教师签字</td><td></td><td>日期</td><td colspan="2"></td></tr>
<tr><td colspan="5">评语：</td></tr>
</table>

4. 测试曲轴位置传感器的实施单

学习场	曲柄连杆机构				
学习情境三	检测曲轴位置传感器				
学时	0.7 学时				
典型工作过程描述	1．准备工作—2．查阅电路图—3．确认曲轴位置传感器安装位置—4．辨认曲轴位置传感器针脚信息—**5．测试曲轴位置传感器**—6．记录测量数据—7．分析测量数据				
序　　号	实 施 步 骤			注 意 事 项	
1	查阅维修手册，确认曲轴位置传感器插头针脚信息。 **记录：**			熟练查阅维修手册。	
2	测试接地电压。 **记录：**			注意检测端子。	
3	测试供电电压。 **记录：**			注意检测端子。	
4	测试信号波形。 **记录：**			注意检测端子。	
实施说明：					
实施的评价	班级		第　　组	组长签字	
	教师签字		日期		
	评语：				

5. 测试曲轴位置传感器的检查单

学习场	曲柄连杆机构			
学习情境三	检测曲轴位置传感器			
学时	0.05 学时			
典型工作过程描述	1．准备工作—2．查阅电路图—3．确认曲轴位置传感器安装位置—4．辨认曲轴位置传感器针脚信息—**5．测试曲轴位置传感器**—6．记录测量数据—7．分析测量数据			
序　　号	检 查 项 目	检 查 标 准	学 生 自 查	教 师 检 查
1	查阅维修手册，确认曲轴位置传感器插头针脚信息	熟练查阅维修手册		
2	测试接地电压	测试方法正确		
3	测试供电电压	测试方法正确		
4	测试信号波形	测试方法正确		

<table>
<tr><td rowspan="3">检查的评价</td><td>班级</td><td></td><td>第　　组</td><td>组长签字</td><td></td></tr>
<tr><td>教师签字</td><td></td><td>日期</td><td colspan="2"></td></tr>
<tr><td colspan="5">评语：</td></tr>
</table>

6．测试曲轴位置传感器的评价单

<table>
<tr><td>学习场</td><td colspan="5">曲柄连杆机构</td></tr>
<tr><td>学习情境三</td><td colspan="5">检测曲轴位置传感器</td></tr>
<tr><td>学时</td><td colspan="5">0.05 学时</td></tr>
<tr><td>典型工作过程描述</td><td colspan="5">1．准备工作—2．查阅电路图—3．确认曲轴位置传感器安装位置—4．辨认曲轴位置传感器针脚信息—5．测试曲轴位置传感器—6．记录测量数据—7．分析测量数据</td></tr>
<tr><td colspan="2">评 价 项 目</td><td>评价子项目</td><td>学 生 自 评</td><td>组 内 评 价</td><td>教 师 评 价</td></tr>
<tr><td colspan="2">查阅维修手册，确认曲轴位置传感器插头针脚信息</td><td>查阅是否熟练</td><td></td><td></td><td></td></tr>
<tr><td colspan="2">测试接地电压</td><td>测试方法是否正确</td><td></td><td></td><td></td></tr>
<tr><td colspan="2">测试供电电压</td><td>测试方法是否正确</td><td></td><td></td><td></td></tr>
<tr><td colspan="2">测试信号波形</td><td>测试方法是否正确</td><td></td><td></td><td></td></tr>
<tr><td rowspan="3">评价的评价</td><td>班级</td><td></td><td>第　　组</td><td>组长签字</td><td></td></tr>
<tr><td>教师签字</td><td></td><td>日期</td><td colspan="2"></td></tr>
<tr><td colspan="5">评语：</td></tr>
</table>

任务六　记录测量数据

1．记录测量数据的资讯单

学习场	曲柄连杆机构
学习情境三	检测曲轴位置传感器
学时	0.025 学时
典型工作过程描述	1．准备工作—2．查阅电路图—3．确认曲轴位置传感器安装位置—4．辨认曲轴位置传感器针脚信息—5．测试曲轴位置传感器—**6．记录测量数据**—7．分析测量数据
收集资讯的方式	线下书籍及线上资源相结合。
资讯描述	1．查阅维修手册。 2．翻阅电路图。 3．记录测量数据。
对学生的要求	1．能准确记录数据。 2．能养成 6S 规范作业习惯。
参考资料	《检修汽车发动机电控系统》配套微课。

2. 记录测量数据的计划单

学习场	曲柄连杆机构				
学习情境三	检测曲轴位置传感器				
学时	0.025 学时				
典型工作过程描述	1. 准备工作—2. 查阅电路图—3. 确认曲轴位置传感器安装位置—4. 辨认曲轴位置传感器针脚信息—5. 测试曲轴位置传感器—**6. 记录测量数据**—7. 分析测量数据				
计划制订的方式	小组讨论。				
序　　号	工 作 步 骤			注 意 事 项	
1	记录测量数据。			记录清晰、准确。	
计划的评价	班级		第　　组	组长签字	
	教师签字		日期		
	评语：				

3. 记录测量数据的决策单

学习场	曲柄连杆机构				
学习情境三	检测曲轴位置传感器				
学时	0.025 学时				
典型工作过程描述	1. 准备工作—2. 查阅电路图—3. 确认曲轴位置传感器安装位置—4. 辨认曲轴位置传感器针脚信息—5. 测试曲轴位置传感器—**6. 记录测量数据**—7. 分析测量数据				
计 划 对 比					
序　　号	计划的可行性	计划的经济性	计划的可操作性	计划的实施难度	综 合 评 价
1					
2					
3					
决策的评价	班级		第　　组	组长签字	
	教师签字		日期		
	评语：				

4．记录测量数据的实施单

<table>
<tr><td>学习场</td><td colspan="5">曲柄连杆机构</td></tr>
<tr><td>学习情境三</td><td colspan="5">检测曲轴位置传感器</td></tr>
<tr><td>学时</td><td colspan="5">0.175 学时</td></tr>
<tr><td>典型工作过程描述</td><td colspan="5">1．准备工作—2．查阅电路图—3．确认曲轴位置传感器安装位置—4．辨认曲轴位置传感器针脚信息—5．测试曲轴位置传感器—6．记录测量数据—7．分析测量数据</td></tr>
<tr><td>序　号</td><td colspan="3">实 施 步 骤</td><td colspan="2">注 意 事 项</td></tr>
<tr><td>1</td><td colspan="3">记录测量数据。
记录：</td><td colspan="2">记录清晰、准确。</td></tr>
<tr><td colspan="6">实施说明：</td></tr>
<tr><td rowspan="3">实施的评价</td><td>班级</td><td></td><td>第　　组</td><td>组长签字</td><td></td></tr>
<tr><td>教师签字</td><td></td><td>日期</td><td colspan="2"></td></tr>
<tr><td colspan="5">评语：</td></tr>
</table>

5．记录测量数据的检查单

<table>
<tr><td>学习场</td><td colspan="5">曲柄连杆机构</td></tr>
<tr><td>学习情境三</td><td colspan="5">检测曲轴位置传感器</td></tr>
<tr><td>学时</td><td colspan="5">0.125 学时</td></tr>
<tr><td>典型工作过程描述</td><td colspan="5">1．准备工作—2．查阅电路图—3．确认曲轴位置传感器安装位置—4．辨认曲轴位置传感器针脚信息—5．测试曲轴位置传感器—6．记录测量数据—7．分析测量数据</td></tr>
<tr><td>序　号</td><td>检 查 项 目</td><td>检 查 标 准</td><td>学 生 自 查</td><td colspan="2">教 师 检 查</td></tr>
<tr><td>1</td><td>记录测量数据</td><td>记录清晰、准确</td><td></td><td colspan="2"></td></tr>
<tr><td rowspan="3">检查的评价</td><td>班级</td><td></td><td>第　　组</td><td>组长签字</td><td></td></tr>
<tr><td>教师签字</td><td></td><td>日期</td><td colspan="2"></td></tr>
<tr><td colspan="5">评语：</td></tr>
</table>

6. 记录测量数据的评价单

<table>
<tr><td>学习场</td><td colspan="6">曲柄连杆机构</td></tr>
<tr><td>学习情境三</td><td colspan="6">检测曲轴位置传感器</td></tr>
<tr><td>学时</td><td colspan="6">0.125 学时</td></tr>
<tr><td>典型工作过程描述</td><td colspan="6">1．准备工作—2．查阅电路图—3．确认曲轴位置传感器安装位置—4．辨认曲轴位置传感器针脚信息—5．测试曲轴位置传感器—6．记录测量数据—7．分析测量数据</td></tr>
<tr><td>评价项目</td><td colspan="2">评价子项目</td><td colspan="2">学生自评</td><td>组内评价</td><td>教师评价</td></tr>
<tr><td>记录测量数据</td><td colspan="2">记录是否清晰、准确</td><td colspan="2"></td><td></td><td></td></tr>
<tr><td rowspan="3">评价的评价</td><td>班级</td><td colspan="2"></td><td>第　组</td><td>组长签字</td><td></td></tr>
<tr><td>教师签字</td><td colspan="2"></td><td>日期</td><td colspan="2"></td></tr>
<tr><td colspan="6">评语：</td></tr>
</table>

任务七　分析测量数据

1. 分析测量数据的资讯单

学习场	曲柄连杆机构
学习情境三	检测曲轴位置传感器
学时	0.025 学时
典型工作过程描述	1．准备工作—2．查阅电路图—3．确认曲轴位置传感器安装位置—4．辨认曲轴位置传感器针脚信息—5．测试曲轴位置传感器—6．记录测量数据—**7．分析测量数据**
收集资讯的方式	线下书籍及线上资源相结合。
资讯描述	1．维修资料标准数据。 2．测量记录单。
对学生的要求	1．能熟练查阅维修手册。 2．能准确分析数据。 3．能养成 6S 规范作业习惯。
参考资料	《检修汽车发动机电控系统》配套微课。

2. 分析测量数据的计划单

学习场	曲柄连杆机构
学习情境三	检测曲轴位置传感器
学时	0.025 学时
典型工作过程描述	1．准备工作—2．查阅电路图—3．确认曲轴位置传感器安装位置—4．辨认曲轴位置传感器针脚信息—5．测试曲轴位置传感器—6．记录测量数据—**7．分析测量数据**
计划制订的方式	小组讨论。

序　　号	工 作 步 骤			注 意 事 项	
1	查阅维修手册。			熟练查阅维修手册。	
2	对比测量数据。			正确对比测量数据。	
3	分析测量数据。			正确分析测量数据。	
4	根据测量数据，判断发动机工作状况并提出合理的维修建议。			提出合理的维修建议。	
计划的评价	班级		第　　组	组长签字	
	教师签字		日期		
	评语：				

3．分析测量数据的决策单

学习场	曲柄连杆机构				
学习情境三	检测曲轴位置传感器				
学时	0.025 学时				
典型工作过程描述	1．准备工作—2．查阅电路图—3．确认曲轴位置传感器安装位置—4．辨认曲轴位置传感器针脚信息—5．测试曲轴位置传感器—6．记录测量数据—**7．分析测量数据**				
计 划 对 比					
序　　号	计划的可行性	计划的经济性	计划的可操作性	计划的实施难度	综 合 评 价
1					
2					
3					
决策的评价	班级		第　　组	组长签字	
	教师签字		日期		
	评语：				

4．分析测量数据的实施单

学习场	曲柄连杆机构	
学习情境三	检测曲轴位置传感器	
学时	0.175 学时	
典型工作过程描述	1．准备工作—2．查阅电路图—3．确认曲轴位置传感器安装位置—4．辨认曲轴位置传感器针脚信息—5．测试曲轴位置传感器—6．记录测量数据—**7．分析测量数据**	
序　　号	实 施 步 骤	注 意 事 项
1	查阅维修手册。 **记录：**	熟练查阅维修手册。

2	对比测量数据。 **记录：**	正确对比测量数据。
3	分析测量数据。 **记录：**	正确分析测量数据。
4	根据测量数据，判断发动机工作状况并提出合理的维修建议。 **记录：**	提出合理的维修建议。
实施说明：		

实施的评价	班级		第　组		组长签字	
	教师签字		日期			
	评语：					

5．分析测量数据的检查单

学习场	曲柄连杆机构			
学习情境三	检测曲轴位置传感器			
学时	0.125 学时			
典型工作过程描述	1．准备工作—2．查阅电路图—3．确认曲轴位置传感器安装位置—4．辨认曲轴位置传感器针脚信息—5．测试曲轴位置传感器—6．记录测量数据—**7．分析测量数据**			
序　号	**检 查 项 目**	**检 查 标 准**	**学 生 自 查**	**教 师 检 查**
1	查阅维修手册	熟练查阅维修手册		
2	对比测量数据	正确对比测量数据		
3	分析测量数据	正确分析测量数据		
4	根据测量数据，判断发动机工作状况并提出合理的维修建议	提出合理的维修建议		

检查的评价	班级		第　组		组长签字	
	教师签字		日期			
	评语：					

6. 分析测量数据的评价单

<table>
<tr><td>学习场</td><td colspan="6">曲柄连杆机构</td></tr>
<tr><td>学习情境三</td><td colspan="6">检测曲轴位置传感器</td></tr>
<tr><td>学时</td><td colspan="6">0.125 学时</td></tr>
<tr><td>典型工作过程描述</td><td colspan="6">1．准备工作—2．查阅电路图—3．确认曲轴位置传感器安装位置—4．辨认曲轴位置传感器针脚信息—5．测试曲轴位置传感器—6．记录测量数据—7．分析测量数据</td></tr>
<tr><td colspan="2">评 价 项 目</td><td colspan="2">评价子项目</td><td>学 生 自 评</td><td>组 内 评 价</td><td>教 师 评 价</td></tr>
<tr><td colspan="2">查阅维修手册</td><td colspan="2">查阅是否熟练</td><td></td><td></td><td></td></tr>
<tr><td colspan="2">对比测量数据</td><td colspan="2">对比测量数据是否正确</td><td></td><td></td><td></td></tr>
<tr><td colspan="2">分析测量数据</td><td colspan="2">分析测量数据是否正确</td><td></td><td></td><td></td></tr>
<tr><td colspan="2">根据测量数据，判断发动机工作状况并提出合理的维修建议</td><td colspan="2">维修建议是否合理</td><td></td><td></td><td></td></tr>
<tr><td rowspan="3">评价的评价</td><td colspan="2">班级</td><td></td><td>第　　组</td><td>组长签字</td><td></td></tr>
<tr><td colspan="2">教师签字</td><td></td><td>日期</td><td colspan="2"></td></tr>
<tr><td colspan="6">评语：</td></tr>
</table>

学习情境四　检测机油压力传感器

任务一　检测机油压力传感器的准备工作

1．检测机油压力传感器准备工作的资讯单

学习场	检修润滑系统
学习情境四	检测机油压力传感器
学时	0.25 学时
典型工作过程描述	**1．准备工作**—2．确定故障并分析原因—3．读取故障码—4．查阅资料并制订检测方案—5．实施检测方案—6．排除故障并验证结果
收集资讯的方式	线下书籍及线上资源相结合。
资讯描述	1．润滑系统的作用及结构。 （1）润滑系统的作用有润滑、清洗、冷却、密封、防锈、减振等。 （2）润滑系统的结构包括机油供给装置（有机油泵、油道、油管、限压阀等）、滤清装置（有集滤器、机油滤清器）、仪表及信号装置（有堵塞指示器、压力感应塞、油压警报器、指示灯及压力表等）。 2．润滑系统的类型。 （1）压力润滑。 （2）飞溅润滑。 （3）定期润滑。 3．润滑系统的润滑油路。 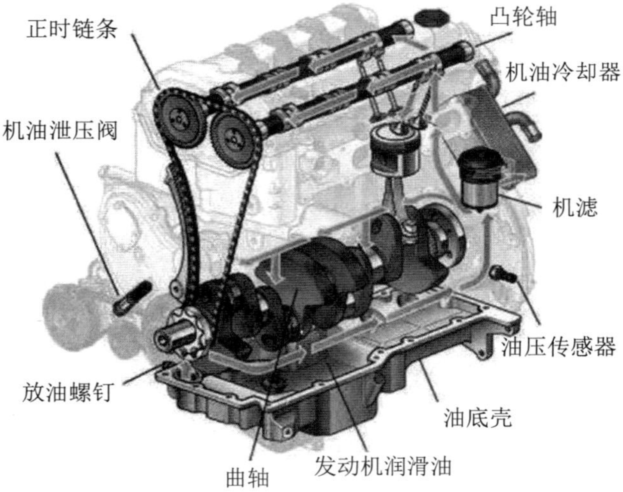 正时链条 凸轮轴 机油冷却器 机油泄压阀 机滤 油压传感器 放油螺钉 油底壳 曲轴 发动机润滑油 4．使用的工具设备。

对学生的要求	1．掌握润滑系统的作用及结构。 2．掌握润滑系统的类型。 3．掌握润滑系统的润滑油路。 4．能养成 6S 规范作业习惯。 5．具有团队意识、工匠精神和职业精神。
参考资料	《检修汽车发动机电控系统》配套微课。

2．检测机油压力传感器准备工作的计划单

<table>
<tr><td>学习场</td><td colspan="6">检修润滑系统</td></tr>
<tr><td>学习情境四</td><td colspan="6">检测机油压力传感器</td></tr>
<tr><td>学时</td><td colspan="6">0.05 学时</td></tr>
<tr><td>典型工作过程描述</td><td colspan="6">1．准备工作—2．确定故障并分析原因—3．读取故障码—4．查阅资料并制订检测方案—5．实施检测方案—6．排除故障并验证结果</td></tr>
<tr><td>计划制订的方式</td><td colspan="6">小组讨论。</td></tr>
<tr><td>序　号</td><td colspan="3">工 作 步 骤</td><td colspan="3">注 意 事 项</td></tr>
<tr><td>1</td><td colspan="3">润滑系统的作用及结构。</td><td colspan="3">分析概括全面。</td></tr>
<tr><td>2</td><td colspan="3">润滑系统的类型。</td><td colspan="3">描述清楚。</td></tr>
<tr><td>3</td><td colspan="3">润滑系统的润滑油路。</td><td colspan="3">描述清楚。</td></tr>
<tr><td>4</td><td colspan="3">准备工具设备。</td><td colspan="3">准备齐全。</td></tr>
<tr><td rowspan="3">计划的评价</td><td>班级</td><td></td><td>第　　组</td><td>组长签字</td><td colspan="2"></td></tr>
<tr><td>教师签字</td><td></td><td>日期</td><td colspan="3"></td></tr>
<tr><td colspan="6">评语：</td></tr>
</table>

3．检测机油压力传感器准备工作的决策单

<table>
<tr><td>学习场</td><td colspan="6">检修润滑系统</td></tr>
<tr><td>学习情境四</td><td colspan="6">检测机油压力传感器</td></tr>
<tr><td>学时</td><td colspan="6">0.05 学时</td></tr>
<tr><td>典型工作过程描述</td><td colspan="6">1．准备工作—2．确定故障并分析原因—3．读取故障码—4．查阅资料并制订检测方案—5．实施检测方案—6．排除故障并验证结果</td></tr>
<tr><td colspan="7">计 划 对 比</td></tr>
<tr><td>序　号</td><td>计划的可行性</td><td>计划的经济性</td><td>计划的可操作性</td><td>计划的实施难度</td><td colspan="2">综 合 评 价</td></tr>
<tr><td>1</td><td></td><td></td><td></td><td></td><td colspan="2"></td></tr>
<tr><td>2</td><td></td><td></td><td></td><td></td><td colspan="2"></td></tr>
<tr><td>3</td><td></td><td></td><td></td><td></td><td colspan="2"></td></tr>
<tr><td rowspan="3">决策的评价</td><td>班级</td><td></td><td>第　　组</td><td>组长签字</td><td colspan="2"></td></tr>
<tr><td>教师签字</td><td></td><td>日期</td><td colspan="3"></td></tr>
<tr><td colspan="6">评语：</td></tr>
</table>

4. 检测机油压力传感器准备工作的实施单

<table>
<tr><td>学习场</td><td colspan="2">检修润滑系统</td></tr>
<tr><td>学习情境四</td><td colspan="2">检测机油压力传感器</td></tr>
<tr><td>学时</td><td colspan="2">0.05 学时</td></tr>
<tr><td>典型工作过程描述</td><td colspan="2">1. 准备工作—2. 确定故障并分析原因—3. 读取故障码—4. 查阅资料并制订检测方案—5. 实施检测方案—6. 排除故障并验证结果</td></tr>
<tr><td>序　　号</td><td>实 施 步 骤</td><td>注 意 事 项</td></tr>
<tr><td>1</td><td>润滑系统的作用及结构。
记录：</td><td>分析概括全面。</td></tr>
<tr><td>2</td><td>润滑系统的类型。
记录：</td><td>描述清楚。</td></tr>
<tr><td>3</td><td>润滑系统的润滑油路。
记录：</td><td>描述清楚。</td></tr>
<tr><td>4</td><td>准备工具设备。
记录：</td><td>准备齐全。</td></tr>
<tr><td colspan="3">实施说明：</td></tr>
</table>

<table>
<tr><td rowspan="3">实施的评价</td><td>班级</td><td></td><td>第　　组</td><td>组长签字</td><td></td></tr>
<tr><td>教师签字</td><td></td><td>日期</td><td colspan="2"></td></tr>
<tr><td colspan="5">评语：</td></tr>
</table>

5. 检测机油压力传感器准备工作的检查单

<table>
<tr><td>学习场</td><td colspan="4">检修润滑系统</td></tr>
<tr><td>学习情境四</td><td colspan="4">检测机油压力传感器</td></tr>
<tr><td>学时</td><td colspan="4">0.05 学时</td></tr>
<tr><td>典型工作过程描述</td><td colspan="4">1. 准备工作—2. 确定故障并分析原因—3. 读取故障码—4. 查阅资料并制订检测方案—5. 实施检测方案—6. 排除故障并验证结果</td></tr>
<tr><td>序　　号</td><td>检 查 项 目</td><td>检 查 标 准</td><td>学 生 自 查</td><td>教 师 检 查</td></tr>
<tr><td>1</td><td>润滑系统的作用及结构</td><td>分析概括全面</td><td></td><td></td></tr>
<tr><td>2</td><td>润滑系统的类型</td><td>描述清楚</td><td></td><td></td></tr>
<tr><td>3</td><td>润滑系统的润滑油路</td><td>描述清楚</td><td></td><td></td></tr>
<tr><td>4</td><td>准备工具设备</td><td>准备齐全</td><td></td><td></td></tr>
</table>

<table>
<tr><td rowspan="3">检查的评价</td><td>班级</td><td></td><td>第　　组</td><td>组长签字</td><td></td></tr>
<tr><td>教师签字</td><td></td><td>日期</td><td colspan="2"></td></tr>
<tr><td colspan="5">评语：</td></tr>
</table>

6. 检测机油压力传感器准备工作的评价单

<table>
<tr><td>学习场</td><td colspan="6">检修润滑系统</td></tr>
<tr><td>学习情境四</td><td colspan="6">检测机油压力传感器</td></tr>
<tr><td>学时</td><td colspan="6">0.05 学时</td></tr>
<tr><td>典型工作过程描述</td><td colspan="6">1．准备工作—2．确定故障并分析原因—3．读取故障码—4．查阅资料并制订检测方案—5．实施检测方案—6．排除故障并验证结果</td></tr>
<tr><td colspan="2">评 价 项 目</td><td colspan="2">评价子项目</td><td>学 生 自 评</td><td>组 内 评 价</td><td>教 师 评 价</td></tr>
<tr><td colspan="2">润滑系统的作用及结构</td><td colspan="2">分析概括是否全面</td><td></td><td></td><td></td></tr>
<tr><td colspan="2">润滑系统的类型</td><td colspan="2">描述是否清楚</td><td></td><td></td><td></td></tr>
<tr><td colspan="2">润滑系统的润滑油路</td><td colspan="2">描述是否清楚</td><td></td><td></td><td></td></tr>
<tr><td colspan="2">准备工具设备</td><td colspan="2">准备是否齐全</td><td></td><td></td><td></td></tr>
<tr><td rowspan="3">评价的评价</td><td colspan="2">班级</td><td></td><td>第 组</td><td>组长签字</td><td></td></tr>
<tr><td colspan="2">教师签字</td><td></td><td>日期</td><td colspan="2"></td></tr>
<tr><td colspan="6">评语：</td></tr>
</table>

任务二 确定故障并分析原因

1. 确定故障并分析原因的资讯单

学习场	检修润滑系统
学习情境四	检测机油压力传感器
学时	0.25 学时
典型工作过程描述	1．准备工作—**2．确定故障并分析原因**—3．读取故障码—4．查阅资料并制订检测方案—5．实施检测方案—6．排除故障并验证结果
收集资讯的方式	线下书籍及线上资源相结合。
资讯描述	1．故障验证。 2．正确描述故障现象。
对学生的要求	1．能正确进行故障验证。 2．能正确描述故障现象。 3．能根据故障现象正确分析故障原因。 4．能养成 6S 规范作业习惯。 5．具有团队意识、工匠精神和职业精神。
参考资料	《检修汽车发动机电控系统》配套微课。

2. 确定故障并分析原因的计划单

<table>
<tr><td>学习场</td><td colspan="5">检修润滑系统</td></tr>
<tr><td>学习情境四</td><td colspan="5">检测机油压力传感器</td></tr>
<tr><td>学时</td><td colspan="5">0.05 学时</td></tr>
<tr><td>典型工作过程描述</td><td colspan="5">1. 准备工作—2. 确定故障并分析原因—3. 读取故障码—4. 查阅资料并制订检测方案—5. 实施检测方案—6. 排除故障并验证结果</td></tr>
<tr><td>计划制订的方式</td><td colspan="5">小组讨论。</td></tr>
<tr><td>序　　号</td><td colspan="2">工 作 步 骤</td><td colspan="3">注 意 事 项</td></tr>
<tr><td>1</td><td colspan="2">打开点火开关，观察仪表。</td><td colspan="3">检查仪表指示是否正常。</td></tr>
<tr><td>2</td><td colspan="2">起动车辆，检查故障现象。</td><td colspan="3">检查仪表指示是否正常，起动后发动机工作是否正常。</td></tr>
<tr><td>3</td><td colspan="2">描述故障现象。</td><td colspan="3">正确描述故障现象。</td></tr>
<tr><td>4</td><td colspan="2">根据故障现象，分析原因。</td><td colspan="3">正确、全面地分析原因。</td></tr>
<tr><td rowspan="3">计划的评价</td><td>班级</td><td></td><td>第　　组</td><td>组长签字</td><td></td></tr>
<tr><td>教师签字</td><td></td><td>日期</td><td colspan="2"></td></tr>
<tr><td colspan="5">评语：</td></tr>
</table>

3. 确定故障并分析原因的决策单

<table>
<tr><td>学习场</td><td colspan="5">检修润滑系统</td></tr>
<tr><td>学习情境四</td><td colspan="5">检测机油压力传感器</td></tr>
<tr><td>学时</td><td colspan="5">0.05 学时</td></tr>
<tr><td>典型工作过程描述</td><td colspan="5">1. 准备工作—2. 确定故障并分析原因—3. 读取故障码—4. 查阅资料并制订检测方案—5. 实施检测方案—6. 排除故障并验证结果</td></tr>
<tr><td colspan="6">计 划 对 比</td></tr>
<tr><td>序　　号</td><td>计划的可行性</td><td>计划的经济性</td><td>计划的可操作性</td><td>计划的实施难度</td><td>综 合 评 价</td></tr>
<tr><td>1</td><td></td><td></td><td></td><td></td><td></td></tr>
<tr><td>2</td><td></td><td></td><td></td><td></td><td></td></tr>
<tr><td>3</td><td></td><td></td><td></td><td></td><td></td></tr>
<tr><td rowspan="3">决策的评价</td><td>班级</td><td></td><td>第　　组</td><td>组长签字</td><td></td></tr>
<tr><td>教师签字</td><td></td><td>日期</td><td colspan="2"></td></tr>
<tr><td colspan="5">评语：</td></tr>
</table>

4．确定故障并分析原因的实施单

<table>
<tr><td>学习场</td><td colspan="6">检修润滑系统</td></tr>
<tr><td>学习情境四</td><td colspan="6">检测机油压力传感器</td></tr>
<tr><td>学时</td><td colspan="6">0.05 学时</td></tr>
<tr><td>典型工作过程描述</td><td colspan="6">1．准备工作—2．确定故障并分析原因—3．读取故障码—4．查阅资料并制订检测方案—5．实施检测方案—6．排除故障并验证结果</td></tr>
<tr><td>序　号</td><td colspan="3">实 施 步 骤</td><td colspan="3">注 意 事 项</td></tr>
<tr><td>1</td><td colspan="3">打开点火开关，观察仪表。
记录：</td><td colspan="3">检查仪表指示是否正常。</td></tr>
<tr><td>2</td><td colspan="3">起动车辆，检查故障现象。
记录：</td><td colspan="3">检查仪表指示是否正常，起动后发动机工作是否正常。</td></tr>
<tr><td>3</td><td colspan="3">描述故障现象。
记录：</td><td colspan="3">正确描述故障现象。</td></tr>
<tr><td>4</td><td colspan="3">根据故障现象，分析原因。
记录：</td><td colspan="3">正确、全面地分析原因。</td></tr>
<tr><td colspan="7">实施说明：</td></tr>
<tr><td rowspan="3">实施的评价</td><td>班级</td><td></td><td>第　　组</td><td>组长签字</td><td colspan="2"></td></tr>
<tr><td>教师签字</td><td></td><td>日期</td><td colspan="3"></td></tr>
<tr><td colspan="6">评语：</td></tr>
</table>

5．确定故障并分析原因的检查单

<table>
<tr><td>学习场</td><td colspan="4">检修润滑系统</td></tr>
<tr><td>学习情境四</td><td colspan="4">检测机油压力传感器</td></tr>
<tr><td>学时</td><td colspan="4">0.05 学时</td></tr>
<tr><td>典型工作过程描述</td><td colspan="4">1．准备工作—2．确定故障并分析原因—3．读取故障码—4．查阅资料并制订检测方案—5．实施检测方案—6．排除故障并验证结果</td></tr>
<tr><td>序　号</td><td>检 查 项 目</td><td>检 查 标 准</td><td>学 生 自 查</td><td>教 师 检 查</td></tr>
<tr><td>1</td><td>打开点火开关，观察仪表</td><td>检查全面</td><td></td><td></td></tr>
<tr><td>2</td><td>起动车辆，检查故障现象</td><td>检查全面</td><td></td><td></td></tr>
<tr><td>3</td><td>描述故障现象</td><td>正确描述故障现象</td><td></td><td></td></tr>
<tr><td>4</td><td>根据故障现象，分析原因</td><td>正确、全面地分析原因</td><td></td><td></td></tr>
</table>

<table>
<tr><td rowspan="3">检查的评价</td><td>班级</td><td></td><td>第　　组</td><td>组长签字</td><td></td></tr>
<tr><td>教师签字</td><td></td><td>日期</td><td colspan="2"></td></tr>
<tr><td colspan="5">评语：</td></tr>
</table>

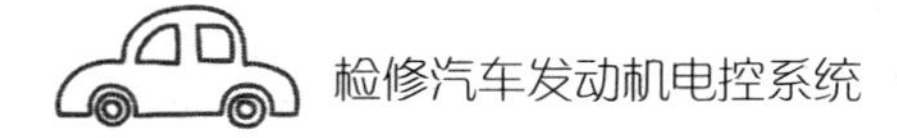

6．确定故障并分析原因的评价单

<table>
<tr><td>学习场</td><td colspan="6">检修润滑系统</td></tr>
<tr><td>学习情境四</td><td colspan="6">检测机油压力传感器</td></tr>
<tr><td>学时</td><td colspan="6">0.05 学时</td></tr>
<tr><td>典型工作过程描述</td><td colspan="6">1．准备工作—2．确定故障并分析原因—3．读取故障码—4．查阅资料并制订检测方案—5．实施检测方案—6．排除故障并验证结果</td></tr>
<tr><td colspan="2">评 价 项 目</td><td colspan="2">评价子项目</td><td>学 生 自 评</td><td>组 内 评 价</td><td>教 师 评 价</td></tr>
<tr><td colspan="2">打开点火开关，观察仪表</td><td colspan="2">检查是否全面</td><td></td><td></td><td></td></tr>
<tr><td colspan="2">起动车辆，检查故障现象</td><td colspan="2">检查是否全面</td><td></td><td></td><td></td></tr>
<tr><td colspan="2">描述故障现象</td><td colspan="2">是否正确描述故障现象</td><td></td><td></td><td></td></tr>
<tr><td colspan="2">根据故障现象，分析原因</td><td colspan="2">是否正确、全面地分析原因</td><td></td><td></td><td></td></tr>
<tr><td rowspan="3">评价的评价</td><td colspan="2">班级</td><td></td><td>第　　组</td><td>组长签字</td><td></td></tr>
<tr><td colspan="2">教师签字</td><td></td><td>日期</td><td colspan="2"></td></tr>
<tr><td colspan="6">评语：</td></tr>
</table>

任务三　读取故障码

1．读取故障码的资讯单

学习场	检修润滑系统
学习情境四	检测机油压力传感器
学时	0.05 学时
典型工作过程描述	1．准备工作—2．确定故障并分析原因—**3．读取故障码**—4．查阅资料并制订检测方案—5．实施检测方案—6．排除故障并验证结果
收集资讯的方式	线下书籍及线上资源相结合。
资讯描述	1．关闭点火开关，连接解码仪。 2．打开点火开关，读取故障码。 3．读取数据流。
对学生的要求	1．能正确连接解码仪。 2．能正确读取故障码。 3．能正确读取数据流。
参考资料	《检修汽车发动机电控系统》配套微课。

2．读取故障码的计划单

学习场	检修润滑系统
学习情境四	检测机油压力传感器
学时	0.05 学时

<table>
<tr><td>典型工作过程描述</td><td colspan="5">1．准备工作—2．确定故障并分析原因—3．读取故障码—4．查阅资料并制订检测方案—5．实施检测方案—6．排除故障并验证结果</td></tr>
<tr><td>计划制订的方式</td><td colspan="5">小组讨论。</td></tr>
<tr><td>序　号</td><td colspan="2">工 作 步 骤</td><td colspan="3">注 意 事 项</td></tr>
<tr><td>1</td><td colspan="2">关闭点火开关，连接解码仪。</td><td colspan="3">关闭点火开关，正确连接解码仪。</td></tr>
<tr><td>2</td><td colspan="2">打开点火开关，读取故障码。</td><td colspan="3">打开点火开关，正确读取故障码。</td></tr>
<tr><td>3</td><td colspan="2">读取数据流。</td><td colspan="3">正确读取静态和动态数据流。</td></tr>
<tr><td rowspan="3">计划的评价</td><td>班级</td><td></td><td>第　　组</td><td>组长签字</td><td></td></tr>
<tr><td>教师签字</td><td></td><td>日期</td><td colspan="2"></td></tr>
<tr><td colspan="5">评语：</td></tr>
</table>

3．读取故障码的决策单

<table>
<tr><td>学习场</td><td colspan="5">检修润滑系统</td></tr>
<tr><td>学习情境四</td><td colspan="5">检测机油压力传感器</td></tr>
<tr><td>学时</td><td colspan="5">0.05 学时</td></tr>
<tr><td>典型工作过程描述</td><td colspan="5">1．准备工作—2．确定故障并分析原因—3．读取故障码—4．查阅资料并制订检测方案—5．实施检测方案—6．排除故障并验证结果</td></tr>
<tr><td colspan="6">计 划 对 比</td></tr>
<tr><td>序　号</td><td>计划的可行性</td><td>计划的经济性</td><td>计划的可操作性</td><td>计划的实施难度</td><td>综 合 评 价</td></tr>
<tr><td>1</td><td></td><td></td><td></td><td></td><td></td></tr>
<tr><td>2</td><td></td><td></td><td></td><td></td><td></td></tr>
<tr><td>3</td><td></td><td></td><td></td><td></td><td></td></tr>
<tr><td rowspan="3">决策的评价</td><td>班级</td><td></td><td>第　　组</td><td>组长签字</td><td></td></tr>
<tr><td>教师签字</td><td></td><td>日期</td><td colspan="2"></td></tr>
<tr><td colspan="5">评语：</td></tr>
</table>

4．读取故障码的实施单

学习场	检修润滑系统
学习情境四	检测机油压力传感器
学时	0.25 学时

<table>
<tr><td>典型工作过程描述</td><td colspan="2">1．准备工作—2．确定故障并分析原因—3．读取故障码—4．查阅资料并制订检测方案—5．实施检测方案—6．排除故障并验证结果</td></tr>
<tr><td>序　号</td><td>实 施 步 骤</td><td>注 意 事 项</td></tr>
<tr><td>1</td><td>关闭点火开关，连接解码仪。
记录：</td><td>关闭点火开关，正确连接解码仪。</td></tr>
<tr><td>2</td><td>打开点火开关，读取故障码。
记录：</td><td>打开点火开关，正确读取故障码。</td></tr>
<tr><td>3</td><td>读取数据流。
记录：</td><td>正确读取静态和动态数据流。</td></tr>
<tr><td colspan="3">实施说明：</td></tr>
</table>

<table>
<tr><td rowspan="3">实施的评价</td><td>班级</td><td></td><td>第　　组</td><td>组长签字</td><td></td></tr>
<tr><td>教师签字</td><td></td><td>日期</td><td colspan="2"></td></tr>
<tr><td colspan="5">评语：</td></tr>
</table>

5．读取故障码的检查单

<table>
<tr><td>学习场</td><td colspan="4">检修润滑系统</td></tr>
<tr><td>学习情境四</td><td colspan="4">检测机油压力传感器</td></tr>
<tr><td>学时</td><td colspan="4">0.05 学时</td></tr>
<tr><td>典型工作过程描述</td><td colspan="4">1．准备工作—2．确定故障并分析原因—3．读取故障码—4．查阅资料并制订检测方案—5．实施检测方案—6．排除故障并验证结果</td></tr>
<tr><td>序　号</td><td>检 查 项 目</td><td>检 查 标 准</td><td>学 生 自 查</td><td>教 师 检 查</td></tr>
<tr><td>1</td><td>关闭点火开关，连接解码仪</td><td>关闭点火开关，正确连接解码仪</td><td></td><td></td></tr>
<tr><td>2</td><td>打开点火开关，读取故障码</td><td>打开点火开关，正确读取故障码</td><td></td><td></td></tr>
<tr><td>3</td><td>读取数据流</td><td>正确读取静态和动态数据流</td><td></td><td></td></tr>
</table>

<table>
<tr><td rowspan="3">检查的评价</td><td>班级</td><td></td><td>第　　组</td><td>组长签字</td><td></td></tr>
<tr><td>教师签字</td><td></td><td>日期</td><td colspan="2"></td></tr>
<tr><td colspan="5">评语：</td></tr>
</table>

6. 读取故障码的评价单

<table>
<tr><td>学习场</td><td colspan="6">检修润滑系统</td></tr>
<tr><td>学习情境四</td><td colspan="6">检测机油压力传感器</td></tr>
<tr><td>学时</td><td colspan="6">0.05 学时</td></tr>
<tr><td>典型工作过程描述</td><td colspan="6">1．准备工作—2．确定故障并分析原因—3．读取故障码—4．查阅资料并制订检测方案—5．实施检测方案—6．排除故障并验证结果</td></tr>
<tr><td colspan="2">评 价 项 目</td><td colspan="2">评价子项目</td><td>学 生 自 评</td><td>组 内 评 价</td><td>教 师 评 价</td></tr>
<tr><td colspan="2">关闭点火开关，连接解码仪</td><td colspan="2">是否关闭点火开关，正确连接解码仪</td><td></td><td></td><td></td></tr>
<tr><td colspan="2">打开点火开关，读取故障码</td><td colspan="2">是否打开点火开关，正确读取故障码</td><td></td><td></td><td></td></tr>
<tr><td colspan="2">读取数据流</td><td colspan="2">是否正确读取静态和动态数据流</td><td></td><td></td><td></td></tr>
<tr><td rowspan="3">评价的评价</td><td colspan="2">班级</td><td></td><td>第　　组</td><td>组长签字</td><td></td></tr>
<tr><td colspan="2">教师签字</td><td></td><td>日期</td><td colspan="2"></td></tr>
<tr><td colspan="6">评语：</td></tr>
</table>

任务四　查阅资料并制订检测方案

1. 查阅资料并制订检测方案的资讯单

学习场	检修润滑系统
学习情境四	检测机油压力传感器
学时	0.1 学时
典型工作过程描述	1．准备工作—2．确定故障并分析原因—3．读取故障码—**4．查阅资料并制订检测方案**—5．实施检测方案—6．排除故障并验证结果
收集资讯的方式	线下书籍及线上资源相结合。
资讯描述	1．查阅维修手册。 2．查阅电路图。 3．根据维修手册、电路图及故障现象与故障码制订检测方案。 4．完善检测方案。
对学生的要求	1．能查阅维修手册，确定机油压力传感器位置。 2．能查阅电路图，绘制机油压力传感器电路图。 3．能制订检测方案。 4．能完善检测方案。 5．能养成 6S 规范作业习惯。
参考资料	《检修汽车发动机电控系统》配套微课。

2. 查阅资料并制订检测方案的计划单

<table>
<tr><td>学习场</td><td colspan="5">检修润滑系统</td></tr>
<tr><td>学习情境四</td><td colspan="5">检测机油压力传感器</td></tr>
<tr><td>学时</td><td colspan="5">0.1 学时</td></tr>
<tr><td>典型工作过程描述</td><td colspan="5">1．准备工作—2．确定故障并分析原因—3．读取故障码—4．查阅资料并制订检测方案—5．实施检测方案—6．排除故障并验证结果</td></tr>
<tr><td>计划制订的方式</td><td colspan="5">小组讨论。</td></tr>
<tr><td>序　号</td><td colspan="3">工 作 步 骤</td><td colspan="2">注 意 事 项</td></tr>
<tr><td>1</td><td colspan="3">查阅维修手册，确定机油压力传感器位置。</td><td colspan="2">正确确定位置。</td></tr>
<tr><td>2</td><td colspan="3">查阅电路图，绘制机油压力传感器电路图。</td><td colspan="2">正确绘制电路图。</td></tr>
<tr><td>3</td><td colspan="3">制订检测方案。</td><td colspan="2">符合检测规则。</td></tr>
<tr><td>4</td><td colspan="3">完善检测方案。</td><td colspan="2">符合检测规则。</td></tr>
<tr><td rowspan="3">计划的评价</td><td>班级</td><td></td><td>第　组</td><td>组长签字</td><td></td></tr>
<tr><td>教师签字</td><td></td><td>日期</td><td colspan="2"></td></tr>
<tr><td colspan="5">评语：</td></tr>
</table>

3. 查阅资料并制订检测方案的决策单

<table>
<tr><td>学习场</td><td colspan="5">检修润滑系统</td></tr>
<tr><td>学习情境四</td><td colspan="5">检测机油压力传感器</td></tr>
<tr><td>学时</td><td colspan="5">0.1 学时</td></tr>
<tr><td>典型工作过程描述</td><td colspan="5">1．准备工作—2．确定故障并分析原因—3．读取故障码—4．查阅资料并制订检测方案—5．实施检测方案—6．排除故障并验证结果</td></tr>
<tr><td colspan="6">计 划 对 比</td></tr>
<tr><td>序　号</td><td>计划的可行性</td><td>计划的经济性</td><td>计划的可操作性</td><td>计划的实施难度</td><td>综 合 评 价</td></tr>
<tr><td>1</td><td></td><td></td><td></td><td></td><td></td></tr>
<tr><td>2</td><td></td><td></td><td></td><td></td><td></td></tr>
<tr><td>3</td><td></td><td></td><td></td><td></td><td></td></tr>
<tr><td rowspan="3">决策的评价</td><td>班级</td><td></td><td>第　组</td><td>组长签字</td><td></td></tr>
<tr><td>教师签字</td><td></td><td>日期</td><td colspan="2"></td></tr>
<tr><td colspan="5">评语：</td></tr>
</table>

4. 查阅资料并制订检测方案的实施单

<table>
<tr><td>学习场</td><td colspan="5">检修润滑系统</td></tr>
<tr><td>学习情境四</td><td colspan="5">检测机油压力传感器</td></tr>
<tr><td>学时</td><td colspan="5">0.5 学时</td></tr>
<tr><td>典型工作过程描述</td><td colspan="5">1．准备工作—2．确定故障并分析原因—3．读取故障码—4．查阅资料并制订检测方案—5．实施检测方案—6．排除故障并验证结果</td></tr>
<tr><td>序　号</td><td colspan="2">实 施 步 骤</td><td colspan="3">注 意 事 项</td></tr>
<tr><td>1</td><td colspan="2">查阅维修手册，确定机油压力传感器位置。
记录：</td><td colspan="3">正确确定位置。</td></tr>
<tr><td>2</td><td colspan="2">查阅电路图，绘制机油压力传感器电路图。
记录：</td><td colspan="3">正确绘制电路图。</td></tr>
<tr><td>3</td><td colspan="2">制订检测方案。
记录：</td><td colspan="3">符合检测规则。</td></tr>
<tr><td>4</td><td colspan="2">完善检测方案。
记录：</td><td colspan="3">符合检测规则。</td></tr>
<tr><td colspan="6">实施说明：</td></tr>
<tr><td rowspan="3">实施的评价</td><td>班级</td><td></td><td>第　　组</td><td>组长签字</td><td></td></tr>
<tr><td>教师签字</td><td></td><td>日期</td><td colspan="2"></td></tr>
<tr><td colspan="5">评语：</td></tr>
</table>

5. 查阅资料并制订检测方案的检查单

<table>
<tr><td>学习场</td><td colspan="4">检修润滑系统</td></tr>
<tr><td>学习情境四</td><td colspan="4">检测机油压力传感器</td></tr>
<tr><td>学时</td><td colspan="4">0.1 学时</td></tr>
<tr><td>典型工作过程描述</td><td colspan="4">1．准备工作—2．确定故障并分析原因—3．读取故障码—4．查阅资料并制订检测方案—5．实施检测方案—6．排除故障并验证结果</td></tr>
<tr><td>序　　号</td><td>检 查 项 目</td><td>检 查 标 准</td><td>学 生 自 查</td><td>教 师 检 查</td></tr>
<tr><td>1</td><td>查阅维修手册，确定机油压力传感器位置</td><td>正确确定位置</td><td></td><td></td></tr>
<tr><td>2</td><td>查阅电路图，绘制机油压力传感器电路图</td><td>正确绘制电路图</td><td></td><td></td></tr>
<tr><td>3</td><td>制订检测方案</td><td>符合检测规则</td><td></td><td></td></tr>
<tr><td>4</td><td>完善检测方案</td><td>符合检测规则</td><td></td><td></td></tr>
<tr><td rowspan="3">检查的评价</td><td>班级</td><td></td><td>第　　组</td><td>组长签字</td></tr>
<tr><td>教师签字</td><td></td><td>日期</td><td></td></tr>
<tr><td colspan="4">评语：</td></tr>
</table>

6. 查阅资料并制订检测方案的评价单

<table>
<tr><td>学习场</td><td colspan="4">检修润滑系统</td></tr>
<tr><td>学习情境四</td><td colspan="4">检测机油压力传感器</td></tr>
<tr><td>学时</td><td colspan="4">0.1 学时</td></tr>
<tr><td>典型工作过程描述</td><td colspan="4">1．准备工作—2．确定故障并分析原因—3．读取故障码—4．查阅资料并制订检测方案—5．实施检测方案—6．排除故障并验证结果</td></tr>
<tr><td>评 价 项 目</td><td>评价子项目</td><td>学 生 自 评</td><td>组 内 评 价</td><td>教 师 评 价</td></tr>
<tr><td>查阅维修手册，确定机油压力传感器位置</td><td>是否正确确定位置</td><td></td><td></td><td></td></tr>
<tr><td>查阅电路图，绘制机油压力传感器电路图</td><td>是否正确绘制电路图</td><td></td><td></td><td></td></tr>
<tr><td>制订检测方案</td><td>是否符合检测规则</td><td></td><td></td><td></td></tr>
<tr><td>完善检测方案</td><td>是否符合检测规则</td><td></td><td></td><td></td></tr>
<tr><td rowspan="3">评价的评价</td><td>班级</td><td></td><td>第　　组</td><td>组长签字</td></tr>
<tr><td>教师签字</td><td></td><td>日期</td><td></td></tr>
<tr><td colspan="4">评语：</td></tr>
</table>

任务五　实施检测方案

1. 实施检测方案的资讯单

学习场	检修润滑系统
学习情境四	检测机油压力传感器
学时	0.1 学时
典型工作过程描述	1．准备工作—2．确定故障并分析原因—3．读取故障码—4．查阅资料并制订检测方案—**5．实施检测方案**—6．排除故障并验证结果
收集资讯的方式	线下书籍及线上资源相结合。
资讯描述	1．根据制订的检测方案，开始检测。 2．正确记录检测结果，并分析检测结果是否正常。
对学生的要求	1．能正确、全面地按照检测方案进行检测。 2．能正确记录检测结果。 3．能分析检测结果，得出结论。 4．能养成 6S 规范作业习惯。 5．具有团队意识、工匠精神和职业精神。
参考资料	《检修汽车发动机电控系统》配套微课。

2. 实施检测方案的计划单

<table>
<tr><td>学习场</td><td colspan="4">检修润滑系统</td></tr>
<tr><td>学习情境四</td><td colspan="4">检测机油压力传感器</td></tr>
<tr><td>学时</td><td colspan="4">0.1 学时</td></tr>
<tr><td>典型工作过程描述</td><td colspan="4">1．准备工作—2．确定故障并分析原因—3．读取故障码—4．查阅资料并制订检测方案—5．实施检测方案—6．排除故障并验证结果</td></tr>
<tr><td>计划制订的方式</td><td colspan="4">小组讨论。</td></tr>
<tr><td>序　号</td><td colspan="2">工 作 步 骤</td><td colspan="2">注 意 事 项</td></tr>
<tr><td>1</td><td colspan="2">根据制订的检测方案，开始检测。</td><td colspan="2">正确、安全地进行检测。</td></tr>
<tr><td>2</td><td colspan="2">车辆防护。</td><td colspan="2">车内车外正确防护。</td></tr>
<tr><td>3</td><td colspan="2">车辆信息记录。</td><td colspan="2">正确记录车辆信息。</td></tr>
<tr><td>4</td><td colspan="2">发动机舱内检测记录。</td><td colspan="2">正确、全面地进行检测并记录。</td></tr>
<tr><td>5</td><td colspan="2">机油压力传感器检测记录。</td><td colspan="2">正确检测并记录。</td></tr>
<tr><td>6</td><td colspan="2">分析检测结果，得出结论。</td><td colspan="2">正确得出结论。</td></tr>
<tr><td rowspan="3">计划的评价</td><td>班级</td><td></td><td>第　　组</td><td>组长签字　</td></tr>
<tr><td>教师签字</td><td></td><td>日期</td><td></td></tr>
<tr><td colspan="4">评语：</td></tr>
</table>

3．实施检测方案的决策单

<table>
<tr><td>学习场</td><td colspan="5">检修润滑系统</td></tr>
<tr><td>学习情境四</td><td colspan="5">检测机油压力传感器</td></tr>
<tr><td>学时</td><td colspan="5">0.1 学时</td></tr>
<tr><td>典型工作过程描述</td><td colspan="5">1．准备工作—2．确定故障并分析原因—3．读取故障码—4．查阅资料并制订检测方案—5．实施检测方案—6．排除故障并验证结果</td></tr>
<tr><td colspan="6">计 划 对 比</td></tr>
<tr><td>序　　号</td><td>计划的可行性</td><td>计划的经济性</td><td>计划的可操作性</td><td>计划的实施难度</td><td>综 合 评 价</td></tr>
<tr><td>1</td><td></td><td></td><td></td><td></td><td></td></tr>
<tr><td>2</td><td></td><td></td><td></td><td></td><td></td></tr>
<tr><td>3</td><td></td><td></td><td></td><td></td><td></td></tr>
<tr><td rowspan="3">决策的评价</td><td>班级</td><td></td><td>第　　组</td><td>组长签字</td><td></td></tr>
<tr><td>教师签字</td><td></td><td>日期</td><td colspan="2"></td></tr>
<tr><td colspan="5">评语：</td></tr>
</table>

4．实施检测方案的实施单

<table>
<tr><td>学习场</td><td colspan="2">检修润滑系统</td></tr>
<tr><td>学习情境四</td><td colspan="2">检测机油压力传感器</td></tr>
<tr><td>学时</td><td colspan="2">0.5 学时</td></tr>
<tr><td>典型工作过程描述</td><td colspan="2">1．准备工作—2．确定故障并分析原因—3．读取故障码—4．查阅资料并制订检测方案—5．实施检测方案—6．排除故障并验证结果</td></tr>
<tr><td>序　　号</td><td>实 施 步 骤</td><td>注 意 事 项</td></tr>
<tr><td>1</td><td>根据制订的检测方案，开始检测。
记录：</td><td>正确、安全地进行检测。</td></tr>
<tr><td>2</td><td>车辆防护。
记录：</td><td>车内车外正确防护。</td></tr>
<tr><td>3</td><td>车辆信息记录。
记录：</td><td>正确记录车辆信息。</td></tr>
<tr><td>4</td><td>发动机舱内检测记录。
记录：</td><td>正确、全面地进行检测并记录。</td></tr>
</table>

<table>
<tr><td>5</td><td>机油压力传感器检测记录。
记录：</td><td>正确检测并记录。</td></tr>
<tr><td>6</td><td>分析检测结果，得出结论。
记录：</td><td>正确得出结论。</td></tr>
<tr><td colspan="3">实施说明：</td></tr>
</table>

<table>
<tr><td rowspan="3">**实施的评价**</td><td>班级</td><td></td><td>第　　组</td><td>组长签字</td><td></td></tr>
<tr><td>教师签字</td><td></td><td>日期</td><td colspan="2"></td></tr>
<tr><td colspan="5">评语：</td></tr>
</table>

5．实施检测方案的检查单

<table>
<tr><td>**学习　场**</td><td colspan="4">检修润滑系统</td></tr>
<tr><td>**学习情境四**</td><td colspan="4">检测机油压力传感器</td></tr>
<tr><td>**学时**</td><td colspan="4">0.1 学时</td></tr>
<tr><td>**典型工作过程描述**</td><td colspan="4">1．准备工作—2．确定故障并分析原因—3．读取故障码—4．查阅资料并制订检测方案—**5．实施检测方案**—6．排除故障并验证结果</td></tr>
<tr><td>**序　　号**</td><td>**检 查 项 目**</td><td>**检 查 标 准**</td><td>**学 生 自 查**</td><td>**教 师 检 查**</td></tr>
<tr><td>1</td><td>根据制订的检测方案，开始检测</td><td>正确、安全地进行检测</td><td></td><td></td></tr>
<tr><td>2</td><td>车辆防护</td><td>车内车外正确防护</td><td></td><td></td></tr>
<tr><td>3</td><td>车辆信息记录</td><td>正确记录车辆信息</td><td></td><td></td></tr>
<tr><td>4</td><td>发动机舱内检测记录</td><td>正确、全面地进行检测并记录</td><td></td><td></td></tr>
<tr><td>5</td><td>机油压力传感器检测记录</td><td>正确检测并记录</td><td></td><td></td></tr>
<tr><td>6</td><td>分析检测结果，得出结论</td><td>正确得出结论</td><td></td><td></td></tr>
</table>

<table>
<tr><td rowspan="3">**检查的评价**</td><td>班级</td><td></td><td>第　　组</td><td>组长签字</td><td></td></tr>
<tr><td>教师签字</td><td></td><td>日期</td><td colspan="2"></td></tr>
<tr><td colspan="5">评语：</td></tr>
</table>

6. 实施检测方案的评价单

学习场	检修润滑系统				
学习情境四	检测机油压力传感器				
学时	0.1 学时				
典型工作过程描述	1．准备工作—2．确定故障并分析原因—3．读取故障码—4．查阅资料并制订检测方案—**5．实施检测方案**—6．排除故障并验证结果				
评 价 项 目	评价子项目		学 生 自 评	组 内 评 价	教 师 评 价
根据制订的检测方案，开始检测	是否正确、安全地进行检测				
车辆防护	是否进行了车内车外的正确防护				
车辆信息记录	是否正确记录车辆信息				
发动机舱内检测记录	是否正确、全面地进行检测并记录				
机油压力传感器检测记录	是否正确检测并记录				
分析检测结果，得出结论	是否正确得出结论				
评价的评价	班级		第　　组	组长签字	
	教师签字		日期		
	评语：				

任务六　排除故障并验证结果

1. 排除故障并验证结果的资讯单

学习场	检修润滑系统
学习情境四	检测机油压力传感器
学时	0.05 学时
典型工作过程描述	1．准备工作—2．确定故障并分析原因—3．读取故障码—4．查阅资料并制订检测方案—5．实施检测方案—**6．排除故障并验证结果**
收集资讯的方式	线下书籍及线上资源相结合。
资讯描述	1．根据检测结果确定故障点。 2．排除故障。 3．排除故障后再次验证。 4．确定故障已排除。
对学生的要求	1．能正确确定故障点。 2．能正确排除故障。 3．能正确验证故障。 4．能确定故障已排除。 5．能养成 6S 规范作业习惯。 6．具有敬业精神。
参考资料	《检修汽车发动机电控系统》配套微课。

2. 排除故障并验证结果的计划单

<table>
<tr><td>学习场</td><td colspan="6">检修润滑系统</td></tr>
<tr><td>学习情境四</td><td colspan="6">检测机油压力传感器</td></tr>
<tr><td>学时</td><td colspan="6">0.05 学时</td></tr>
<tr><td>典型工作过程描述</td><td colspan="6">1．准备工作—2．确定故障并分析原因—3．读取故障码—4．查阅资料并制订检测方案—5．实施检测方案—6．排除故障并验证结果</td></tr>
<tr><td>计划制订的方式</td><td colspan="6">小组讨论。</td></tr>
<tr><td>序　　号</td><td colspan="3">工 作 步 骤</td><td colspan="3">注 意 事 项</td></tr>
<tr><td>1</td><td colspan="3">根据检测结果，确定故障点。</td><td colspan="3">正确确定故障点。</td></tr>
<tr><td>2</td><td colspan="3">排除故障。</td><td colspan="3">正确排除故障。</td></tr>
<tr><td>3</td><td colspan="3">再次验证故障。</td><td colspan="3">正确验证故障。</td></tr>
<tr><td>4</td><td colspan="3">确定故障已排除。</td><td colspan="3">正确确定故障已排除。</td></tr>
<tr><td rowspan="3">计划的评价</td><td>班级</td><td></td><td>第　　组</td><td>组长签字</td><td colspan="2"></td></tr>
<tr><td>教师签字</td><td></td><td>日期</td><td colspan="3"></td></tr>
<tr><td colspan="6">评语：</td></tr>
</table>

3. 排除故障并验证结果的决策单

<table>
<tr><td>学习场</td><td colspan="5">检修润滑系统</td></tr>
<tr><td>学习情境四</td><td colspan="5">检测机油压力传感器</td></tr>
<tr><td>学时</td><td colspan="5">0.05 学时</td></tr>
<tr><td>典型工作过程描述</td><td colspan="5">1．准备工作—2．确定故障并分析原因—3．读取故障码—4．查阅资料并制订检测方案—5．实施检测方案—6．排除故障并验证结果</td></tr>
<tr><td colspan="6">计 划 对 比</td></tr>
<tr><td>序　　号</td><td>计划的可行性</td><td>计划的经济性</td><td>计划的可操作性</td><td>计划的实施难度</td><td>综 合 评 价</td></tr>
<tr><td>1</td><td></td><td></td><td></td><td></td><td></td></tr>
<tr><td>2</td><td></td><td></td><td></td><td></td><td></td></tr>
<tr><td>3</td><td></td><td></td><td></td><td></td><td></td></tr>
<tr><td rowspan="3">决策的评价</td><td>班级</td><td></td><td>第　　组</td><td>组长签字</td><td></td></tr>
<tr><td>教师签字</td><td></td><td>日期</td><td colspan="2"></td></tr>
<tr><td colspan="5">评语：</td></tr>
</table>

4．排除故障并验证结果的实施单

<table>
<tr><td>学习场</td><td colspan="5">检修润滑系统</td></tr>
<tr><td>学习情境四</td><td colspan="5">检测机油压力传感器</td></tr>
<tr><td>学时</td><td colspan="5">0.25 学时</td></tr>
<tr><td>典型工作过程描述</td><td colspan="5">1．准备工作—2．确定故障并分析原因—3．读取故障码—4．查阅资料并制订检测方案—5．实施检测方案—6．排除故障并验证结果</td></tr>
<tr><td>序　　号</td><td colspan="2">实 施 步 骤</td><td colspan="3">注 意 事 项</td></tr>
<tr><td>1</td><td colspan="2">根据检测结果，确定故障点。
记录：</td><td colspan="3">正确确定故障点。</td></tr>
<tr><td>2</td><td colspan="2">排除故障。
记录：</td><td colspan="3">正确排除故障。</td></tr>
<tr><td>3</td><td colspan="2">再次验证故障。
记录：</td><td colspan="3">正确验证故障。</td></tr>
<tr><td>4</td><td colspan="2">确定故障已排除。
记录：</td><td colspan="3">正确确定故障已排除。</td></tr>
<tr><td colspan="6">实施说明：</td></tr>
<tr><td rowspan="3">实施的评价</td><td>班级</td><td></td><td>第　　组</td><td>组长签字</td><td></td></tr>
<tr><td>教师签字</td><td></td><td>日期</td><td colspan="2"></td></tr>
<tr><td colspan="5">评语：</td></tr>
</table>

5．排除故障并验证结果的检查单

<table>
<tr><td>学习场</td><td colspan="5">检修润滑系统</td></tr>
<tr><td>学习情境四</td><td colspan="5">检测机油压力传感器</td></tr>
<tr><td>学时</td><td colspan="5">0.05 学时</td></tr>
<tr><td>典型工作过程描述</td><td colspan="5">1．准备工作—2．确定故障并分析原因—3．读取故障码—4．查阅资料并制订检测方案—5．实施检测方案—6．排除故障并验证结果</td></tr>
<tr><td>序　号</td><td>检查项目</td><td>检查标准</td><td>学生自查</td><td colspan="2">教师检查</td></tr>
<tr><td>1</td><td>根据检测结果，确定故障点</td><td>正确确定故障点</td><td></td><td colspan="2"></td></tr>
<tr><td>2</td><td>排除故障</td><td>正确排除故障</td><td></td><td colspan="2"></td></tr>
<tr><td>3</td><td>再次验证故障</td><td>正确验证故障</td><td></td><td colspan="2"></td></tr>
<tr><td>4</td><td>确定故障已排除</td><td>正确确定故障已排除</td><td></td><td colspan="2"></td></tr>
<tr><td rowspan="3">检查的评价</td><td>班级</td><td></td><td>第　　组</td><td>组长签字</td><td></td></tr>
<tr><td>教师签字</td><td></td><td>日期</td><td colspan="2"></td></tr>
<tr><td colspan="5">评语：</td></tr>
</table>

6．排除故障并验证结果的评价单

<table>
<tr><td>学习场</td><td colspan="5">检修润滑系统</td></tr>
<tr><td>学习情境四</td><td colspan="5">检测机油压力传感器</td></tr>
<tr><td>学时</td><td colspan="5">0.05 学时</td></tr>
<tr><td>典型工作过程描述</td><td colspan="5">1．准备工作—2．确定故障并分析原因—3．读取故障码—4．查阅资料并制订检测方案—5．实施检测方案—6．排除故障并验证结果</td></tr>
<tr><td>评价项目</td><td>评价子项目</td><td>学生自评</td><td>组内评价</td><td colspan="2">教师评价</td></tr>
<tr><td>根据检测结果，确定故障点</td><td>是否正确确定故障点</td><td></td><td></td><td colspan="2"></td></tr>
<tr><td>排除故障</td><td>是否正确排除故障</td><td></td><td></td><td colspan="2"></td></tr>
<tr><td>再次验证故障</td><td>是否正确验证故障</td><td></td><td></td><td colspan="2"></td></tr>
<tr><td>确定故障已排除</td><td>是否正确确定故障已排除</td><td></td><td></td><td colspan="2"></td></tr>
<tr><td rowspan="3">评价的评价</td><td>班级</td><td></td><td>第　　组</td><td>组长签字</td><td></td></tr>
<tr><td>教师签字</td><td></td><td>日期</td><td colspan="2"></td></tr>
<tr><td colspan="5">评语：</td></tr>
</table>

学习情境五　检测水温传感器

任务一　检测水温传感器的准备工作

1．检测水温传感器准备工作的资讯单

学习场	检修冷却系统
学习情境五	检测水温传感器
学时	0.25 学时
典型工作过程描述	**1．准备工作**—2．确定故障并分析原因—3．读取故障码—4．查阅资料并制订检测方案—5．实施检测方案—6．排除故障并验证结果
收集资讯的方式	线下书籍及线上资源相结合。
资讯描述	1．冷却系统的作用及结构。 （1）作用：汽车冷却系统的作用是将受热零件吸收的部分热量及时散发，保证发动机在最适宜的温度下工作。 （2）结构：冷却系统利用水泵提高冷却液的压力，强制冷却液在发动机中循环。冷却系统主要由水泵、散热器、冷却风扇、补偿水箱、节温器、发动机机体和气缸盖中的水套以及附属装置等组成。 ① 水泵：由发动机皮带进行驱动，用于将散热水箱中的冷却液供给到发动机。 ② 散热器：位于进气格栅后面发动机前端，用于散热。 ③ 冷却风扇：集成在散热器上，用于将散热器中的热量快速带走，提升冷却强度。 ④ 补偿水箱：用于接收高温高压下从冷却系统内部膨胀的部分冷却液蒸汽，并在冷却液不足时向冷却和加热系统供应冷却液，冷却液就是从此处加入，液位应当在一定范围之间。 ⑤ 节温器：是控制冷却液流动通道的阀门，节温器根据发动机的工作情况进行打开和关闭，来达到控制冷却液经过水箱的大循环还是不经过水箱的小循环流动的目的，目前有物理节温器和电子节温器两种，电子节温器能够根据实际工作情况控制节温器的打开和关闭，更有优势。 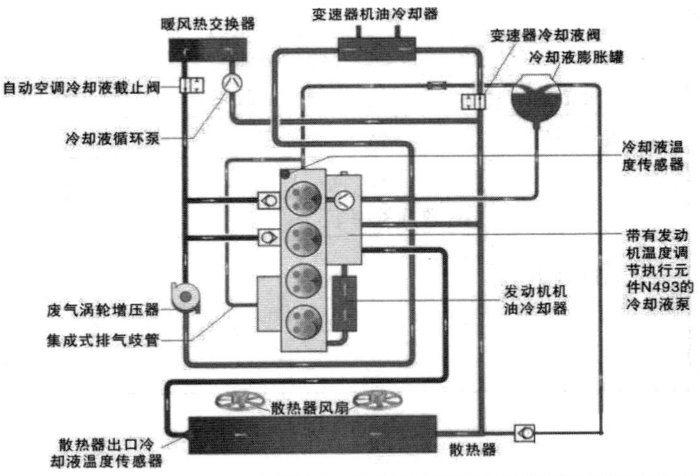

<table>
<tr><td></td><td>2．冷却系统的类型。
发动机的冷却系统有风冷和水冷之分。以空气为冷却介质的冷却系统称为风冷系统；以冷却液为冷却介质的冷却系统称为水冷系统。
3．冷却回路。
冷却系统一般有两种工作循环，即“冷车循环”和“正常循环”。冷车着车后，发动机渐渐升温，冷却液的温度还无法打开冷却系统中的节温器，此时的冷却液只是经过水泵在发动机内进行“冷车循环”，目的是使发动机尽快地达到正常工作温度。随着发动机温度的上升，冷却液温度上升到了节温器的开启温度（通常大于 80℃），冷却系统开始了“正常循环”。这时候的冷却液从发动机出来，经过车前端的散热器散热后，再经水泵进入发动机。
4．使用的工具仪器。</td></tr>
<tr><td>对学生的要求</td><td>1．掌握冷却系统的作用及结构。
2．掌握冷却系统的类型。
3．掌握冷却系统的冷却回路。
4．能养成 6S 规范作业习惯。
5．具有团队意识、工匠精神和职业精神。</td></tr>
<tr><td>参考资料</td><td>《检修汽车发动机电控系统》配套微课。</td></tr>
</table>

2．检测水温传感器准备工作的计划单

<table>
<tr><td>学习场</td><td colspan="4">检修冷却系统</td></tr>
<tr><td>学习情境五</td><td colspan="4">检测水温传感器</td></tr>
<tr><td>学时</td><td colspan="4">0.05 学时</td></tr>
<tr><td>典型工作过程描述</td><td colspan="4">**1．准备工作**—2．确定故障并分析原因—3．读取故障码—4．查阅资料并制订检测方案—5．实施检测方案—6．排除故障并验证结果</td></tr>
<tr><td>计划制订的方式</td><td colspan="4">小组讨论。</td></tr>
<tr><td>序　号</td><td colspan="2">工 作 步 骤</td><td colspan="2">注 意 事 项</td></tr>
<tr><td>1</td><td colspan="2">冷却系统的作用及结构。</td><td colspan="2">分析概括全面。</td></tr>
<tr><td>2</td><td colspan="2">冷却系统的类型。</td><td colspan="2">描述清楚。</td></tr>
<tr><td>3</td><td colspan="2">冷却系统的冷却回路。</td><td colspan="2">描述清楚。</td></tr>
<tr><td>4</td><td colspan="2">准备工具设备。</td><td colspan="2">准备齐全。</td></tr>
<tr><td rowspan="3">计划的评价</td><td>班级</td><td></td><td>第　　组</td><td>组长签字</td></tr>
<tr><td>教师签字</td><td></td><td>日期</td><td></td></tr>
<tr><td colspan="4">评语：</td></tr>
</table>

3．检测水温传感器准备工作的决策单

<table>
<tr><td>学习场</td><td colspan="5">检修冷却系统</td></tr>
<tr><td>学习情境五</td><td colspan="5">检测水温传感器</td></tr>
<tr><td>学时</td><td colspan="5">0.05 学时</td></tr>
<tr><td>典型工作过程描述</td><td colspan="5">1．准备工作—2．确定故障并分析原因—3．读取故障码—4．查阅资料并制订检测方案—5．实施检测方案—6．排除故障并验证结果</td></tr>
<tr><td colspan="6">计划对比</td></tr>
<tr><td>序号</td><td>计划的可行性</td><td>计划的经济性</td><td>计划的可操作性</td><td>计划的实施难度</td><td>综合评价</td></tr>
<tr><td>1</td><td></td><td></td><td></td><td></td><td></td></tr>
<tr><td>2</td><td></td><td></td><td></td><td></td><td></td></tr>
<tr><td>3</td><td></td><td></td><td></td><td></td><td></td></tr>
<tr><td rowspan="3">决策的评价</td><td>班级</td><td></td><td>第　　组</td><td>组长签字</td><td></td></tr>
<tr><td>教师签字</td><td></td><td>日期</td><td colspan="2"></td></tr>
<tr><td colspan="5">评语：</td></tr>
</table>

4．检测水温传感器准备工作的实施单

<table>
<tr><td>学习场</td><td colspan="2">检修冷却系统</td></tr>
<tr><td>学习情境五</td><td colspan="2">检测水温传感器</td></tr>
<tr><td>学时</td><td colspan="2">0.05 学时</td></tr>
<tr><td>典型工作过程描述</td><td colspan="2">1．准备工作—2．确定故障并分析原因—3．读取故障码—4．查阅资料并制订检测方案—5．实施检测方案—6．排除故障并验证结果</td></tr>
<tr><td>序号</td><td>实施步骤</td><td>注意事项</td></tr>
<tr><td>1</td><td>冷却系统的作用及结构。
记录：</td><td>分析概括全面。</td></tr>
<tr><td>2</td><td>冷却系统的类型。
记录：</td><td>描述清楚。</td></tr>
<tr><td>3</td><td>冷却系统的冷却回路。
记录：</td><td>描述清楚。</td></tr>
</table>

<table>
<tr><td>4</td><td>准备工具设备。
记录：</td><td colspan="4">准备齐全。</td></tr>
<tr><td colspan="6">实施说明：</td></tr>
<tr><td rowspan="3">**实施的评价**</td><td>班级</td><td></td><td>第　　组</td><td>组长签字</td><td></td></tr>
<tr><td>教师签字</td><td></td><td>日期</td><td colspan="2"></td></tr>
<tr><td colspan="5">评语：</td></tr>
</table>

5．检测水温传感器准备工作的检查单

<table>
<tr><td>**学习场**</td><td colspan="5">检修冷却系统</td></tr>
<tr><td>**学习情境五**</td><td colspan="5">检测水温传感器</td></tr>
<tr><td>**学时**</td><td colspan="5">0.05 学时</td></tr>
<tr><td>**典型工作过程描述**</td><td colspan="5">**1．准备工作**—2．确定故障并分析原因—3．读取故障码—4．查阅资料并制订检测方案—5．实施检测方案—6．排除故障并验证结果</td></tr>
<tr><td>**序　　号**</td><td>**检 查 项 目**</td><td>**检 查 标 准**</td><td colspan="2">**学 生 自 查**</td><td>**教 师 检 查**</td></tr>
<tr><td>1</td><td>冷却系统的作用及结构</td><td>分析概括全面</td><td colspan="2"></td><td></td></tr>
<tr><td>2</td><td>冷却系统的类型</td><td>描述清楚</td><td colspan="2"></td><td></td></tr>
<tr><td>3</td><td>冷却系统的冷却回路</td><td>描述清楚</td><td colspan="2"></td><td></td></tr>
<tr><td>4</td><td>准备工具设备</td><td>准备齐全</td><td colspan="2"></td><td></td></tr>
<tr><td rowspan="3">**检查的评价**</td><td>班级</td><td></td><td>第　　组</td><td>组长签字</td><td></td></tr>
<tr><td>教师签字</td><td></td><td>日期</td><td colspan="2"></td></tr>
<tr><td colspan="5">评语：</td></tr>
</table>

6．检测水温传感器准备工作的评价单

<table>
<tr><td>学习场</td><td colspan="6">检修冷却系统</td></tr>
<tr><td>学习情境五</td><td colspan="6">检测水温传感器</td></tr>
<tr><td>学时</td><td colspan="6">0.05 学时</td></tr>
<tr><td>典型工作过程描述</td><td colspan="6">1．准备工作—2．确定故障并分析原因—3．读取故障码—4．查阅资料并制订检测方案—5．实施检测方案—6．排除故障并验证结果</td></tr>
<tr><td>评 价 项 目</td><td>评价子项目</td><td colspan="2">学 生 自 评</td><td colspan="2">组 内 评 价</td><td>教 师 评 价</td></tr>
<tr><td>冷却系统的作用及结构</td><td>分析概括是否全面</td><td colspan="2"></td><td colspan="2"></td><td></td></tr>
<tr><td>冷却系统的类型</td><td>描述是否清楚</td><td colspan="2"></td><td colspan="2"></td><td></td></tr>
<tr><td>冷却系统的冷却回路</td><td>描述是否清楚</td><td colspan="2"></td><td colspan="2"></td><td></td></tr>
<tr><td>准备工具设备</td><td>准备是否齐全</td><td colspan="2"></td><td colspan="2"></td><td></td></tr>
<tr><td rowspan="3">评价的评价</td><td>班级</td><td></td><td>第　　组</td><td>组长签字</td><td colspan="2"></td></tr>
<tr><td>教师签字</td><td></td><td>日期</td><td colspan="3"></td></tr>
<tr><td colspan="6">评语：</td></tr>
</table>

任务二　确定故障并分析原因

1．确定故障并分析原因的资讯单

<table>
<tr><td>学习场</td><td>检修冷却系统</td></tr>
<tr><td>学习情境五</td><td>检测水温传感器</td></tr>
<tr><td>学时</td><td>0.25 学时</td></tr>
<tr><td>典型工作过程描述</td><td>1．准备工作—2．确定故障并分析原因—3．读取故障码—4．查阅资料并制订检测方案—5．实施检测方案—6．排除故障并验证结果</td></tr>
<tr><td>收集资讯的方式</td><td>线下书籍及线上资源相结合。</td></tr>
<tr><td>资讯描述</td><td>1．故障验证。
2．正确描述故障现象。</td></tr>
<tr><td>对学生的要求</td><td>1．能正确进行故障验证。
2．能正确描述故障现象。
3．能正确根据故障现象分析故障原因。
4．能养成 6S 规范作业习惯。
5．具有团队意识、工匠精神和职业精神。</td></tr>
<tr><td>参考资料</td><td>《检修汽车发动机电控系统》配套微课。</td></tr>
</table>

2．确定故障并分析原因的计划单

<table>
<tr><td>学习场</td><td colspan="5">检修冷却系统</td></tr>
<tr><td>学习情境五</td><td colspan="5">检测水温传感器</td></tr>
<tr><td>学时</td><td colspan="5">0.05 学时</td></tr>
<tr><td>典型工作过程描述</td><td colspan="5">1．准备工作—2．确定故障并分析原因—3．读取故障码—4．查阅资料并制订检测方案—5．实施检测方案—6．排除故障并验证结果</td></tr>
<tr><td>计划制订的方式</td><td colspan="5">小组讨论。</td></tr>
<tr><td>序　号</td><td colspan="2">工 作 步 骤</td><td colspan="3">注 意 事 项</td></tr>
<tr><td>1</td><td colspan="2">打开点火开关，观察仪表。</td><td colspan="3">检查仪表指示是否正常。</td></tr>
<tr><td>2</td><td colspan="2">起动车辆，检查故障现象。</td><td colspan="3">检查仪表指示是否正常，起动后发动机工作是否正常。</td></tr>
<tr><td>3</td><td colspan="2">描述故障现象。</td><td colspan="3">正确描述故障现象。</td></tr>
<tr><td>4</td><td colspan="2">根据故障现象，分析原因。</td><td colspan="3">正确、全面地分析原因。</td></tr>
<tr><td rowspan="3">计划的评价</td><td>班级</td><td></td><td>第　组</td><td>组长签字</td><td></td></tr>
<tr><td>教师签字</td><td></td><td>日期</td><td colspan="2"></td></tr>
<tr><td colspan="5">评语：</td></tr>
</table>

3．确定故障并分析原因的决策单

<table>
<tr><td>学习场</td><td colspan="5">检修冷却系统</td></tr>
<tr><td>学习情境五</td><td colspan="5">检测水温传感器</td></tr>
<tr><td>学时</td><td colspan="5">0.05 学时</td></tr>
<tr><td>典型工作过程描述</td><td colspan="5">1．准备工作—2．确定故障并分析原因—3．读取故障码—4．查阅资料并制订检测方案—5．实施检测方案—6．排除故障并验证结果</td></tr>
<tr><td colspan="6">计 划 对 比</td></tr>
<tr><td>序　号</td><td>计划的可行性</td><td>计划的经济性</td><td>计划的可操作性</td><td>计划的实施难度</td><td>综 合 评 价</td></tr>
<tr><td>1</td><td></td><td></td><td></td><td></td><td></td></tr>
<tr><td>2</td><td></td><td></td><td></td><td></td><td></td></tr>
<tr><td>3</td><td></td><td></td><td></td><td></td><td></td></tr>
<tr><td rowspan="3">决策的评价</td><td>班级</td><td></td><td>第　组</td><td>组长签字</td><td></td></tr>
<tr><td>教师签字</td><td></td><td>日期</td><td colspan="2"></td></tr>
<tr><td colspan="5">评语：</td></tr>
</table>

4. 确定故障并分析原因的实施单

<table>
<tr><td>学习场</td><td colspan="2">检修冷却系统</td></tr>
<tr><td>学习情境五</td><td colspan="2">检测水温传感器</td></tr>
<tr><td>学时</td><td colspan="2">0.05 学时</td></tr>
<tr><td>典型工作过程描述</td><td colspan="2">1．准备工作—2．确定故障并分析原因—3．读取故障码—4．查阅资料并制订检测方案—5．实施检测方案—6．排除故障并验证结果</td></tr>
<tr><td>序　　号</td><td>实 施 步 骤</td><td>注 意 事 项</td></tr>
<tr><td>1</td><td>打开点火开关，观察仪表。
记录：</td><td>检查仪表指示是否正常。</td></tr>
<tr><td>2</td><td>起动车辆，检查故障现象。
记录：</td><td>检查仪表指示是否正常，起动后发动机工作是否正常。</td></tr>
<tr><td>3</td><td>描述故障现象。
记录：</td><td>正确描述故障现象。</td></tr>
<tr><td>4</td><td>根据故障现象，分析原因。
记录：</td><td>正确、全面地分析原因。</td></tr>
<tr><td colspan="3">实施说明：</td></tr>
</table>

<table>
<tr><td rowspan="3">实施的评价</td><td>班级</td><td></td><td>第　　组</td><td>组长签字</td><td></td></tr>
<tr><td>教师签字</td><td></td><td>日期</td><td colspan="2"></td></tr>
<tr><td colspan="5">评语：</td></tr>
</table>

5．确定故障并分析原因的检查单

<table>
<tr><td>学习场</td><td colspan="5">检修冷却系统</td></tr>
<tr><td>学习情境五</td><td colspan="5">检测水温传感器</td></tr>
<tr><td>学时</td><td colspan="5">0.05 学时</td></tr>
<tr><td>典型工作过程描述</td><td colspan="5">1．准备工作—2．确定故障并分析原因—3．读取故障码—4．查阅资料并制订检测方案—5．实施检测方案—6．排除故障并验证结果</td></tr>
<tr><td>序号</td><td colspan="2">检查项目</td><td>检查标准</td><td>学生自查</td><td>教师检查</td></tr>
<tr><td>1</td><td colspan="2">打开点火开关，观察仪表</td><td>检查全面</td><td></td><td></td></tr>
<tr><td>2</td><td colspan="2">起动车辆，检查故障现象</td><td>检查全面</td><td></td><td></td></tr>
<tr><td>3</td><td colspan="2">描述故障现象</td><td>正确描述故障现象</td><td></td><td></td></tr>
<tr><td>4</td><td colspan="2">根据故障现象，分析原因</td><td>正确、全面地分析原因</td><td></td><td></td></tr>
<tr><td rowspan="3">检查的评价</td><td>班级</td><td></td><td>第　　组</td><td>组长签字</td><td></td></tr>
<tr><td>教师签字</td><td></td><td>日期</td><td colspan="2"></td></tr>
<tr><td colspan="5">评语：</td></tr>
</table>

6．确定故障并分析原因的评价单

<table>
<tr><td>学习场</td><td colspan="6">检修冷却系统</td></tr>
<tr><td>学习情境五</td><td colspan="6">检测水温传感器</td></tr>
<tr><td>学时</td><td colspan="6">0.05 学时</td></tr>
<tr><td>典型工作过程描述</td><td colspan="6">1．准备工作—2．确定故障并分析原因—3．读取故障码—4．查阅资料并制订检测方案—5．实施检测方案—6．排除故障并验证结果</td></tr>
<tr><td colspan="2">评价项目</td><td colspan="2">评价子项目</td><td>学生自评</td><td>组内评价</td><td>教师评价</td></tr>
<tr><td colspan="2">打开点火开关，观察仪表</td><td colspan="2">检查是否全面</td><td></td><td></td><td></td></tr>
<tr><td colspan="2">起动车辆，检查故障现象</td><td colspan="2">检查是否全面</td><td></td><td></td><td></td></tr>
<tr><td colspan="2">描述故障现象</td><td colspan="2">是否正确描述故障现象</td><td></td><td></td><td></td></tr>
<tr><td colspan="2">根据故障现象，分析原因</td><td colspan="2">是否正确、全面地分析原因</td><td></td><td></td><td></td></tr>
<tr><td rowspan="3">评价的评价</td><td colspan="2">班级</td><td></td><td>第　　组</td><td>组长签字</td><td></td></tr>
<tr><td colspan="2">教师签字</td><td></td><td>日期</td><td colspan="2"></td></tr>
<tr><td colspan="6">评语：</td></tr>
</table>

任务三　读取故障码

1. 读取故障码的资讯单

学习场	检修冷却系统
学习情境五	检测水温传感器
学时	0.05 学时
典型工作过程描述	1．准备工作—2．确定故障并分析原因—**3．读取故障码**—4．查阅资料并制订检测方案—5．实施检测方案—6．排除故障并验证结果
收集资讯的方式	线下书籍及线上资源相结合。
资讯描述	1．关闭点火开关，连接解码仪。 2．打开点火开关，读取故障码。 3．读取数据流。
对学生的要求	1．能正确连接解码仪。 2．能正确读取故障码。 3．能正确读取数据流。
参考资料	《检修汽车发动机电控系统》配套微课。

2. 读取故障码的计划单

<table>
<tr><td>学习场</td><td colspan="6">检修冷却系统</td></tr>
<tr><td>学习情境五</td><td colspan="6">检测水温传感器</td></tr>
<tr><td>学时</td><td colspan="6">0.05 学时</td></tr>
<tr><td>典型工作过程描述</td><td colspan="6">1．准备工作—2．确定故障并分析原因—3．读取故障码—4．查阅资料并制订检测方案—5．实施检测方案—6．排除故障并验证结果</td></tr>
<tr><td>计划制订的方式</td><td colspan="6">小组讨论。</td></tr>
<tr><td>序　　号</td><td colspan="2">工 作 步 骤</td><td colspan="4">注 意 事 项</td></tr>
<tr><td>1</td><td colspan="2">关闭点火开关，连接解码仪。</td><td colspan="4">关闭点火开关，正确连接解码仪。</td></tr>
<tr><td>2</td><td colspan="2">打开点火开关，读取故障码。</td><td colspan="4">打开点火开关，正确读取故障码。</td></tr>
<tr><td>3</td><td colspan="2">读取数据流。</td><td colspan="4">正确读取静态和动态数据流。</td></tr>
<tr><td rowspan="3">计划的评价</td><td>班级</td><td></td><td>第　　组</td><td>组长签字</td><td colspan="2"></td></tr>
<tr><td>教师签字</td><td></td><td>日期</td><td colspan="3"></td></tr>
<tr><td colspan="6">评语：</td></tr>
</table>

3．读取故障码的决策单

<table>
<tr><td>学习场</td><td colspan="6">检修冷却系统</td></tr>
<tr><td>学习情境五</td><td colspan="6">检测水温传感器</td></tr>
<tr><td>学时</td><td colspan="6">0.05 学时</td></tr>
<tr><td>典型工作过程描述</td><td colspan="6">1．准备工作—2．确定故障并分析原因—3．读取故障码—4．查阅资料并制订检测方案—5．实施检测方案—6．排除故障并验证结果</td></tr>
<tr><td colspan="7">计 划 对 比</td></tr>
<tr><td>序　　号</td><td>计划的可行性</td><td>计划的经济性</td><td>计划的可操作性</td><td colspan="2">计划的实施难度</td><td>综 合 评 价</td></tr>
<tr><td>1</td><td></td><td></td><td></td><td colspan="2"></td><td></td></tr>
<tr><td>2</td><td></td><td></td><td></td><td colspan="2"></td><td></td></tr>
<tr><td>3</td><td></td><td></td><td></td><td colspan="2"></td><td></td></tr>
<tr><td rowspan="3">决策的评价</td><td>班级</td><td></td><td>第　　组</td><td>组长签字</td><td colspan="2"></td></tr>
<tr><td>教师签字</td><td></td><td>日期</td><td colspan="3"></td></tr>
<tr><td colspan="6">评语：</td></tr>
</table>

4．读取故障码的实施单

<table>
<tr><td>学习场</td><td colspan="5">检修冷却系统</td></tr>
<tr><td>学习情境五</td><td colspan="5">检测水温传感器</td></tr>
<tr><td>学时</td><td colspan="5">0.25 学时</td></tr>
<tr><td>典型工作过程描述</td><td colspan="5">1．准备工作—2．确定故障并分析原因—3．读取故障码—4．查阅资料并制订检测方案—5．实施检测方案—6．排除故障并验证结果</td></tr>
<tr><td>序　　号</td><td colspan="2">实 施 步 骤</td><td colspan="3">注 意 事 项</td></tr>
<tr><td>1</td><td colspan="2">关闭点火开关，连接解码仪。
记录：</td><td colspan="3">关闭点火开关，正确连接解码仪。</td></tr>
<tr><td>2</td><td colspan="2">打开点火开关，读取故障码。
记录：</td><td colspan="3">打开点火开关，正确读取故障码。</td></tr>
<tr><td>3</td><td colspan="2">读取数据流。
记录：</td><td colspan="3">正确读取静态和动态数据流。</td></tr>
<tr><td colspan="6">实施说明：</td></tr>
<tr><td rowspan="3">实施的评价</td><td>班级</td><td></td><td>第　　组</td><td>组长签字</td><td></td></tr>
<tr><td>教师签字</td><td></td><td>日期</td><td colspan="2"></td></tr>
<tr><td colspan="5">评语：</td></tr>
</table>

5．读取故障码的检查单

学习场	检修冷却系统			
学习情境五	检测水温传感器			
学时	0.05 学时			
典型工作过程描述	1．准备工作—2．确定故障并分析原因—**3．读取故障码**—4．查阅资料并制订检测方案—5．实施检测方案—6．排除故障并验证结果			
序号	检查项目	检查标准	学生自查	教师检查
1	关闭点火开关，连接解码仪	关闭点火开关，正确连接解码仪		
2	打开点火开关，读取故障码	打开点火开关，正确读故障码		
3	读取数据流	正确读取静态和动态数据流		
检查的评价	班级		第　组	组长签字
	教师签字		日期	
	评语：			

6．读取故障码的评价单

学习场	检修冷却系统			
学习情境五	检测水温传感器			
学时	0.05 学时			
典型工作过程描述	1．准备工作—2．确定故障并分析原因—**3．读取故障码**—4．查阅资料并制订检测方案—5．实施检测方案—6．排除故障并验证结果			
评价项目	评价子项目	学生自评	组内评价	教师评价
关闭点火开关，连接解码仪	是否关闭点火开关，正确连接解码仪			
打开点火开关，读取故障码	是否打开点火开关，正确读取故障码			
读取数据流	是否正确读取静态和动态数据流			
评价的评价	班级		第　组	组长签字
	教师签字		日期	
	评语：			

任务四　查阅资料并制订检测方案

1. 查阅资料并制订检测方案的资讯单

学习场	检修冷却系统
学习情境五	检测水温传感器
学时	0.1 学时
典型工作过程描述	1．准备工作—2．确定故障并分析原因—3．读取故障码—**4．查阅资料并制订检测方案**—5．实施检测方案—6．排除故障并验证结果
收集资讯的方式	线下书籍及线上资源相结合。
资讯描述	1．查阅维修手册。 2．查阅电路图。 3．根据维修手册、电路图及故障现象和故障码制订检测方案。 4．完善检测方案。
对学生的要求	1．能查阅维修手册，确定水温传感器位置。 2．能查阅电路图，绘制水温传感器电路图。 3．能制订检测方案。 4．能完善检测方案。 5．能养成 6S 规范作业习惯。
参考资料	《检修汽车发动机电控系统》配套微课。

2. 查阅资料并制订检测方案的计划单

<table>
<tr><td>学习场</td><td colspan="5">检修冷却系统</td></tr>
<tr><td>学习情境五</td><td colspan="5">检测水温传感器</td></tr>
<tr><td>学时</td><td colspan="5">0.1 学时</td></tr>
<tr><td>典型工作过程描述</td><td colspan="5">1．准备工作—2．确定故障并分析原因—3．读取故障码—4．查阅资料并制订检测方案—5．实施检测方案—6．排除故障并验证结果</td></tr>
<tr><td>计划制订的方式</td><td colspan="5">小组讨论。</td></tr>
<tr><td>序　号</td><td colspan="3">工 作 步 骤</td><td colspan="2">注 意 事 项</td></tr>
<tr><td>1</td><td colspan="3">查阅维修手册，确定水温传感器位置。</td><td colspan="2">正确确定位置。</td></tr>
<tr><td>2</td><td colspan="3">查阅电路图，绘制水温传感器电路图。</td><td colspan="2">正确绘制电路图。</td></tr>
<tr><td>3</td><td colspan="3">制订检测方案。</td><td colspan="2">符合检测规则。</td></tr>
<tr><td>4</td><td colspan="3">完善检测方案。</td><td colspan="2">符合检测规则。</td></tr>
<tr><td rowspan="3">计划的评价</td><td>班级</td><td></td><td>第　　组</td><td>组长签字</td><td></td></tr>
<tr><td>教师签字</td><td></td><td>日期</td><td colspan="2"></td></tr>
<tr><td colspan="5">评语：</td></tr>
</table>

3. 查阅资料并制订检测方案的决策单

<table>
<tr><td>学习场</td><td colspan="6">检修冷却系统</td></tr>
<tr><td>学习情境五</td><td colspan="6">检测水温传感器</td></tr>
<tr><td>学时</td><td colspan="6">0.1 学时</td></tr>
<tr><td>典型工作过程描述</td><td colspan="6">1．准备工作—2．确定故障并分析原因—3．读取故障码—4．查阅资料并制订检测方案—5．实施检测方案—6．排除故障并验证结果</td></tr>
<tr><td colspan="7">计 划 对 比</td></tr>
<tr><td>序　　号</td><td>计划的可行性</td><td>计划的经济性</td><td>计划的可操作性</td><td colspan="2">计划的实施难度</td><td>综 合 评 价</td></tr>
<tr><td>1</td><td></td><td></td><td></td><td colspan="2"></td><td></td></tr>
<tr><td>2</td><td></td><td></td><td></td><td colspan="2"></td><td></td></tr>
<tr><td>3</td><td></td><td></td><td></td><td colspan="2"></td><td></td></tr>
<tr><td rowspan="3">决策的评价</td><td>班级</td><td></td><td>第　　组</td><td>组长签字</td><td colspan="2"></td></tr>
<tr><td>教师签字</td><td></td><td>日期</td><td colspan="3"></td></tr>
<tr><td colspan="6">评语：</td></tr>
</table>

4. 查阅资料并制订检测方案的实施单

<table>
<tr><td>学习场</td><td colspan="5">检修冷却系统</td></tr>
<tr><td>学习情境五</td><td colspan="5">检测水温传感器</td></tr>
<tr><td>学时</td><td colspan="5">0.5 学时</td></tr>
<tr><td>典型工作过程描述</td><td colspan="5">1．准备工作—2．确定故障并分析原因—3．读取故障码—4．查阅资料并制订检测方案—5．实施检测方案—6．排除故障并验证结果</td></tr>
<tr><td>序　　号</td><td colspan="2">实 施 步 骤</td><td colspan="3">注 意 事 项</td></tr>
<tr><td>1</td><td colspan="2">查阅维修手册，确定水温传感器位置。
记录：</td><td colspan="3">正确确定位置。</td></tr>
<tr><td>2</td><td colspan="2">查阅电路图，绘制水温传感器电路图。
记录：</td><td colspan="3">正确绘制电路图。</td></tr>
<tr><td>3</td><td colspan="2">制订检测方案。
记录：</td><td colspan="3">符合检测规则。</td></tr>
<tr><td>4</td><td colspan="2">完善检测方案。
记录：</td><td colspan="3">符合检测规则。</td></tr>
<tr><td colspan="6">实施说明：</td></tr>
<tr><td rowspan="3">实施的评价</td><td>班级</td><td></td><td>第　　组</td><td>组长签字</td><td></td></tr>
<tr><td>教师签字</td><td></td><td>日期</td><td colspan="2"></td></tr>
<tr><td colspan="5">评语：</td></tr>
</table>

5. 查阅资料并制订检测方案的检查单

学习场	检修冷却系统				
学习情境五	检测水温传感器				
学时	0.1 学时				
典型工作过程描述	1. 准备工作—2. 确定故障并分析原因—3. 读取故障码—**4. 查阅资料并制订检测方案**—5. 实施检测方案—6. 排除故障并验证结果				
序　　号	检查项目		检查标准	学生自查	教师检查
1	查阅维修手册，确定水温传感器位置		正确确定位置		
2	查阅电路图，绘制水温传感器电路图		正确绘制电路图		
3	制订检测方案		符合检测规则		
4	完善检测方案		符合检测规则		
检查的评价	班级		第　　组	组长签字	
	教师签字		日期		
	评语：				

6. 查阅资料并制订检测方案的评价单

学习场	检修冷却系统				
学习情境五	检测水温传感器				
学时	0.1 学时				
典型工作过程描述	1. 准备工作—2. 确定故障并分析原因—3. 读取故障码—**4. 查阅资料并制订检测方案**—5. 实施检测方案—6. 排除故障并验证结果				
评价项目		评价子项目	学生自评	组内评价	教师评价
查阅维修手册，确定水温传感器位置		是否正确确定位置			
查阅电路图，绘制水温传感器电路图		是否正确绘制电路图			
制订检测方案		是否符合检测规则			
完善检测方案		是否符合检测规则			
评价的评价	班级		第　　组	组长签字	
	教师签字		日期		
	评语：				

任务五　实施检测方案

1．实施检测方案的资讯单

学习场	检修冷却系统
学习情境五	检测水温传感器
学时	0.1 学时
典型工作过程描述	1．准备工作—2．确定故障并分析原因—3．读取故障码—4．查阅资料并制订检测方案—**5．实施检测方案**—6．排除故障并验证结果
收集资讯的方式	线下书籍及线上资源相结合。
资讯描述	1．根据制订的检测方案，开始检测。 2．正确记录检测结果，并分析检测结果是否正常。
对学生的要求	1．能正确、全面地按照检测方案进行检测。 2．能正确记录检测结果。 3．能分析检测结果，并得出结论。 4．能养成 6S 规范作业习惯。 5．具有团队意识、工匠精神和职业精神。
参考资料	《检修汽车发动机电控系统》配套微课。

2．实施检测方案的计划单

<table>
<tr><td>学习场</td><td colspan="6">检修冷却系统</td></tr>
<tr><td>学习情境五</td><td colspan="6">检测水温传感器</td></tr>
<tr><td>学时</td><td colspan="6">0.1 学时</td></tr>
<tr><td>典型工作过程描述</td><td colspan="6">1．准备工作—2．确定故障并分析原因—3．读取故障码—4．查阅资料并制订检测方案—5．实施检测方案—6．排除故障并验证结果</td></tr>
<tr><td>计划制订的方式</td><td colspan="6">小组讨论。</td></tr>
<tr><td>序　　号</td><td colspan="3">工 作 步 骤</td><td colspan="3">注 意 事 项</td></tr>
<tr><td>1</td><td colspan="3">根据制订的检测方案，开始检测。</td><td colspan="3">正确、安全地进行检测。</td></tr>
<tr><td>2</td><td colspan="3">车辆防护。</td><td colspan="3">车内车外正确防护。</td></tr>
<tr><td>3</td><td colspan="3">车辆信息记录。</td><td colspan="3">正确记录车辆信息。</td></tr>
<tr><td>4</td><td colspan="3">发动机舱内检测记录。</td><td colspan="3">正确、全面地进行检测并记录。</td></tr>
<tr><td>5</td><td colspan="3">水温传感器检测记录。</td><td colspan="3">正确检测并记录。</td></tr>
<tr><td>6</td><td colspan="3">分析检测结果，得出结论。</td><td colspan="3">正确得出结论。</td></tr>
<tr><td rowspan="3">计划的评价</td><td>班级</td><td></td><td colspan="2">第　　组</td><td>组长签字</td><td></td></tr>
<tr><td>教师签字</td><td></td><td colspan="2">日期</td><td colspan="2"></td></tr>
<tr><td colspan="6">评语：</td></tr>
</table>

3．实施检测方案的决策单

<table>
<tr><td>学习场</td><td colspan="6">检修冷却系统</td></tr>
<tr><td>学习情境五</td><td colspan="6">检测水温传感器</td></tr>
<tr><td>学时</td><td colspan="6">0.1 学时</td></tr>
<tr><td>典型工作过程描述</td><td colspan="6">1．准备工作—2．确定故障并分析原因—3．读取故障码—4．查阅资料并制订检测方案—5．实施检测方案—6．排除故障并验证结果</td></tr>
<tr><td colspan="7">计 划 对 比</td></tr>
<tr><td>序　号</td><td>计划的可行性</td><td>计划的经济性</td><td colspan="2">计划的可操作性</td><td>计划的实施难度</td><td>综 合 评 价</td></tr>
<tr><td>1</td><td></td><td></td><td colspan="2"></td><td></td><td></td></tr>
<tr><td>2</td><td></td><td></td><td colspan="2"></td><td></td><td></td></tr>
<tr><td>3</td><td></td><td></td><td colspan="2"></td><td></td><td></td></tr>
<tr><td rowspan="3">决策的评价</td><td>班级</td><td></td><td>第　　组</td><td colspan="2">组长签字</td><td></td></tr>
<tr><td>教师签字</td><td></td><td>日期</td><td colspan="3"></td></tr>
<tr><td colspan="6">评语：</td></tr>
</table>

4．实施检测方案的实施单

<table>
<tr><td>学习场</td><td colspan="2">检修冷却系统</td></tr>
<tr><td>学习情境五</td><td colspan="2">检测水温传感器</td></tr>
<tr><td>学时</td><td colspan="2">0.5 学时</td></tr>
<tr><td>典型工作过程描述</td><td colspan="2">1．准备工作—2．确定故障并分析原因—3．读取故障码—4．查阅资料并制订检测方案—5．实施检测方案—6．排除故障并验证结果</td></tr>
<tr><td>序　号</td><td>实 施 步 骤</td><td>注 意 事 项</td></tr>
<tr><td>1</td><td>根据制订的检测方案，开始检测。
记录：</td><td>正确、安全地进行检测。</td></tr>
<tr><td>2</td><td>车辆防护。
记录：</td><td>车内车外正确防护。</td></tr>
<tr><td>3</td><td>车辆信息记录。
记录：</td><td>正确记录车辆信息。</td></tr>
<tr><td>4</td><td>发动机舱内检测记录。
记录：</td><td>正确、全面地进行检测并记录。</td></tr>
</table>

5	水温传感器检测记录。 **记录：**	正确检测并记录。
6	分析检测结果，得出结论。 **记录：**	正确得出结论。
实施说明：		

实施的评价	班级		第　　组	组长签字	
	教师签字		日期		
	评语：				

5．实施检测方案的检查单

学习场	检修冷却系统			
学习情境五	检测水温传感器			
学时	0.1 学时			
典型工作过程描述	1．准备工作—2．确定故障并分析原因—3．读取故障码—4．查阅资料并制订检测方案—**5．实施检测方案**—6．排除故障并验证结果			
序　　号	**检 查 项 目**	**检 查 标 准**	**学 生 自 查**	**教 师 检 查**
1	根据制订的检测方案，开始检测	正确、安全地进行检测		
2	车辆防护	车内车外正确防护		
3	车辆信息记录	正确记录车辆信息		
4	发动机舱内检测记录	正确、全面地进行检测并记录		
5	水温传感器检测记录	正确检测并记录		
6	分析检测结果，得出结论	正确得出结论		

检查的评价	班级		第　　组	组长签字	
	教师签字		日期		
	评语：				

6. 实施检测方案的评价单

学习场	检修冷却系统				
学习情境五	检测水温传感器				
学时	0.1 学时				
典型工作过程描述	1．准备工作—2．确定故障并分析原因—3．读取故障码—4．查阅资料并制订检测方案—**5．实施检测方案**—6．排除故障并验证结果				
评 价 项 目	评价子项目		学 生 自 评	组 内 评 价	教 师 评 价
根据制订的检测方案，开始检测	是否正确、安全地进行检测				
车辆防护	是否进行了车内车外的正确防护				
记录车辆信息	是否正确记录车辆信息				
发动机舱内检测记录	是否正确、全面地进行检测并记录				
水温传感器检测记录	是否正确检测并记录				
分析检测结果，得出结论	是否正确得出结论				
评价的评价	班级		第　　组	组长签字	
	教师签字		日期		
	评语：				

任务六　排除故障并验证结果

1. 排除故障并验证结果的资讯单

学习场	检修冷却系统
学习情境五	检测水温传感器
学时	0.05 学时
典型工作过程描述	1．准备工作—2．确定故障并分析原因—3．读取故障码—4．查阅资料并制订检测方案—5．实施检测方案—**6．排除故障并验证结果**
收集资讯的方式	线下书籍及线上资源相结合。
资讯描述	1．根据检测结果确定故障点。 2．排除故障。 3．排除故障后再次验证。 4．确定故障已排除。

对学生的要求	1．能正确确定故障点。 2．能正确排除故障。 3．能正确验证故障。 4．能确定故障已排除。 5．能养成6S规范作业习惯。 6．具有敬业精神。
参考资料	《检修汽车发动机电控系统》配套微课。

2．排除故障并验证结果的计划单

<table>
<tr><td>学习场</td><td colspan="4">检修冷却系统</td></tr>
<tr><td>学习情境五</td><td colspan="4">检测水温传感器</td></tr>
<tr><td>学时</td><td colspan="4">0.05学时</td></tr>
<tr><td>典型工作过程描述</td><td colspan="4">1．准备工作—2．确定故障并分析原因—3．读取故障码—4．查阅资料并制订检测方案—5．实施检测方案—6．排除故障并验证结果</td></tr>
<tr><td>计划制订的方式</td><td colspan="4">小组讨论。</td></tr>
<tr><td>序　号</td><td colspan="2">工作步骤</td><td colspan="2">注意事项</td></tr>
<tr><td>1</td><td colspan="2">根据检测结果，确定故障点。</td><td colspan="2">正确确定故障点。</td></tr>
<tr><td>2</td><td colspan="2">排除故障。</td><td colspan="2">正确排除故障。</td></tr>
<tr><td>3</td><td colspan="2">再次验证故障。</td><td colspan="2">正确验证故障。</td></tr>
<tr><td>4</td><td colspan="2">确定故障已排除。</td><td colspan="2">正确确定故障已排除。</td></tr>
<tr><td rowspan="3">计划的评价</td><td>班级</td><td></td><td>第　组</td><td>组长签字</td></tr>
<tr><td>教师签字</td><td></td><td>日期</td><td></td></tr>
<tr><td colspan="4">评语：</td></tr>
</table>

3．排除故障并验证结果的决策单

<table>
<tr><td>学习场</td><td colspan="5">检修冷却系统</td></tr>
<tr><td>学习情境五</td><td colspan="5">检测水温传感器</td></tr>
<tr><td>学时</td><td colspan="5">0.05学时</td></tr>
<tr><td>典型工作过程描述</td><td colspan="5">1．准备工作—2．确定故障并分析原因—3．读取故障码—4．查阅资料并制订检测方案—5．实施检测方案—6．排除故障并验证结果</td></tr>
<tr><td colspan="6">计划对比</td></tr>
<tr><td>序　号</td><td>计划的可行性</td><td>计划的经济性</td><td>计划的可操作性</td><td>计划的实施难度</td><td>综合评价</td></tr>
<tr><td>1</td><td></td><td></td><td></td><td></td><td></td></tr>
<tr><td>2</td><td></td><td></td><td></td><td></td><td></td></tr>
<tr><td>3</td><td></td><td></td><td></td><td></td><td></td></tr>
</table>

<table>
<tr><td rowspan="3">决策的评价</td><td>班级</td><td></td><td>第　　组</td><td>组长签字</td><td></td></tr>
<tr><td>教师签字</td><td></td><td>日期</td><td colspan="2"></td></tr>
<tr><td colspan="5">评语：</td></tr>
</table>

4．排除故障并验证结果的实施单

<table>
<tr><td>学习场</td><td colspan="2">检修冷却系统</td></tr>
<tr><td>学习情境五</td><td colspan="2">检测水温传感器</td></tr>
<tr><td>学时</td><td colspan="2">0.25 学时</td></tr>
<tr><td>典型工作过程描述</td><td colspan="2">1．准备工作—2．确定故障并分析原因—3．读取故障码—4．查阅资料并制订检测方案—5．实施检测方案—6．排除故障并验证结果</td></tr>
<tr><td>序　　号</td><td>实 施 步 骤</td><td>注 意 事 项</td></tr>
<tr><td>1</td><td>根据检测结果，确定故障点。
记录：</td><td>正确确定故障点。</td></tr>
<tr><td>2</td><td>排除故障。
记录：</td><td>正确排除故障。</td></tr>
<tr><td>3</td><td>再次验证故障。
记录：</td><td>正确验证故障。</td></tr>
<tr><td>4</td><td>确定故障已排除。
记录：</td><td>正确确定故障已排除。</td></tr>
<tr><td colspan="3">实施说明：</td></tr>
</table>

<table>
<tr><td rowspan="3">实施的评价</td><td>班级</td><td></td><td>第　　组</td><td>组长签字</td><td></td></tr>
<tr><td>教师签字</td><td></td><td>日期</td><td colspan="2"></td></tr>
<tr><td colspan="5">评语：</td></tr>
</table>

5. 排除故障并验证结果的检查单

<table>
<tr><td>学习场</td><td colspan="6">检修冷却系统</td></tr>
<tr><td>学习情境五</td><td colspan="6">检测水温传感器</td></tr>
<tr><td>学时</td><td colspan="6">0.05 学时</td></tr>
<tr><td>典型工作过程描述</td><td colspan="6">1．准备工作—2．确定故障并分析原因—3．读取故障码—4．查阅资料并制订检测方案—5．实施检测方案—6．排除故障并验证结果</td></tr>
<tr><td>序　　号</td><td colspan="2">检 查 项 目</td><td colspan="2">检 查 标 准</td><td>学 生 自 查</td><td>教 师 检 查</td></tr>
<tr><td>1</td><td colspan="2">根据检测结果，确定故障点</td><td colspan="2">正确确定故障点</td><td></td><td></td></tr>
<tr><td>2</td><td colspan="2">排除故障</td><td colspan="2">正确排除故障</td><td></td><td></td></tr>
<tr><td>3</td><td colspan="2">再次验证故障</td><td colspan="2">正确验证故障</td><td></td><td></td></tr>
<tr><td>4</td><td colspan="2">确定故障已排除</td><td colspan="2">正确确定故障已排除</td><td></td><td></td></tr>
<tr><td rowspan="3">检查的评价</td><td>班级</td><td></td><td>第　　组</td><td colspan="2">组长签字</td><td></td></tr>
<tr><td>教师签字</td><td></td><td>日期</td><td colspan="3"></td></tr>
<tr><td colspan="6">评语：</td></tr>
</table>

6. 排除故障并验证结果的评价单

<table>
<tr><td>学习场</td><td colspan="6">检修冷却系统</td></tr>
<tr><td>学习情境五</td><td colspan="6">检测水温传感器</td></tr>
<tr><td>学时</td><td colspan="6">0.05 学时</td></tr>
<tr><td>典型工作过程描述</td><td colspan="6">1．准备工作—2．确定故障并分析原因—3．读取故障码—4．查阅资料并制订检测方案—5．实施检测方案—6．排除故障并验证结果</td></tr>
<tr><td colspan="2">评 价 项 目</td><td colspan="2">评价子项目</td><td>学 生 自 评</td><td>组 内 评 价</td><td>教 师 评 价</td></tr>
<tr><td colspan="2">根据检测结果，确定故障点</td><td colspan="2">是否正确确定故障点</td><td></td><td></td><td></td></tr>
<tr><td colspan="2">排除故障</td><td colspan="2">是否正确排除故障</td><td></td><td></td><td></td></tr>
<tr><td colspan="2">再次验证故障</td><td colspan="2">是否正确验证故障</td><td></td><td></td><td></td></tr>
<tr><td colspan="2">确定故障已排除</td><td colspan="2">是否正确确定故障已排除</td><td></td><td></td><td></td></tr>
<tr><td rowspan="3">评价的评价</td><td colspan="2">班级</td><td></td><td>第　　组</td><td>组长签字</td><td></td></tr>
<tr><td colspan="2">教师签字</td><td></td><td>日期</td><td colspan="2"></td></tr>
<tr><td colspan="6">评语：</td></tr>
</table>

学习情境六　检测风扇及控制电路

任务一　检测风扇及控制电路的准备工作

1. 检测风扇及控制电路准备工作的资讯单

学习场	检修冷却系统
学习情境六	检测风扇及控制电路
学时	0.25 学时
典型工作过程描述	**1．准备工作**—2．确定故障并分析原因—3．读取故障码—4．查阅资料并制订检测方案—5．实施检测方案—6．排除故障并验证结果
收集资讯的方式	线下书籍及线上资源相结合。
资讯描述	1．风扇的作用及结构。 2．冷却系统的类型。 3．风扇的控制线路。 4．使用的工具设备。
对学生的要求	1．掌握风扇的作用及结构。 2．掌握风扇的类型。 3．掌握风扇的控制电路。 4．能养成 6S 规范作业习惯。 5．具有团队意识、工匠精神和职业精神。
参考资料	《检修汽车发动机电控系统》配套微课。

2. 检测风扇及控制电路准备工作的计划单

<table>
<tr><td>学习场</td><td colspan="6">检修冷却系统</td></tr>
<tr><td>学习情境六</td><td colspan="6">检测风扇及控制电路</td></tr>
<tr><td>学时</td><td colspan="6">0.05 学时</td></tr>
<tr><td>典型工作过程描述</td><td colspan="6">1．准备工作—2．确定故障并分析原因—3．读取故障码—4．查阅资料并制订检测方案—5．实施检测方案—6．排除故障并验证结果</td></tr>
<tr><td>计划制订的方式</td><td colspan="6">小组讨论。</td></tr>
<tr><td>序　号</td><td colspan="3">工 作 步 骤</td><td colspan="3">注 意 事 项</td></tr>
<tr><td>1</td><td colspan="3">风扇的作用、结构及类型。</td><td colspan="3">分析概括全面。</td></tr>
<tr><td>2</td><td colspan="3">风扇的控制电路及控制原理。</td><td colspan="3">描述清楚。</td></tr>
<tr><td>3</td><td colspan="3">准备工具设备。</td><td colspan="3">准备齐全。</td></tr>
<tr><td rowspan="3">计划的评价</td><td>班级</td><td></td><td>第　　组</td><td>组长签字</td><td colspan="2"></td></tr>
<tr><td>教师签字</td><td></td><td>日期</td><td colspan="3"></td></tr>
<tr><td colspan="6">评语：</td></tr>
</table>

3．检测风扇及控制电路准备工作的决策单

学习场	检修冷却系统					
学习情境六	检测风扇及控制电路					
学时	0.05 学时					
典型工作过程描述	1．准备工作—2．确定故障并分析原因—3．读取故障码—4．查阅资料并制订检测方案—5．实施检测方案—6．排除故障并验证结果					
计划对比						
序号	计划的可行性	计划的经济性	计划的可操作性	计划的实施难度	综合评价	
1						
2						
3						
决策的评价	班级		第　组	组长签字		
	教师签字		日期			
	评语：					

4．检测风扇及控制电路准备工作的实施单

学习场	检修冷却系统				
学习情境六	检测风扇及控制电路				
学时	0.05 学时				
典型工作过程描述	1．准备工作—2．确定故障并分析原因—3．读取故障码—4．查阅资料并制订检测方案—5．实施检测方案—6．排除故障并验证结果				
序号	实施步骤		注意事项		
1	风扇的作用、结构及类型。 记录：		分析概括全面。		
2	风扇的控制电路及控制原理。 记录：		描述清楚。		
3	准备工具设备。 记录：		准备齐全。		
实施说明：					
实施的评价	班级		第　组	组长签字	
	教师签字		日期		
	评语：				

5．检测风扇及控制电路准备工作的检查单

<table>
<tr><td>学习场</td><td colspan="5">检修冷却系统</td></tr>
<tr><td>学习情境六</td><td colspan="5">检测风扇及控制电路</td></tr>
<tr><td>学时</td><td colspan="5">0.05 学时</td></tr>
<tr><td>典型工作过程描述</td><td colspan="5">1．准备工作—2．确定故障并分析原因—3．读取故障码—4．查阅资料并制订检测方案—5．实施检测方案—6．排除故障并验证结果</td></tr>
<tr><td>序　号</td><td colspan="2">检 查 项 目</td><td>检 查 标 准</td><td>学 生 自 查</td><td>教 师 检 查</td></tr>
<tr><td>1</td><td colspan="2">风扇的作用、结构及类型</td><td>分析概括全面</td><td></td><td></td></tr>
<tr><td>2</td><td colspan="2">风扇的控制电路及控制原理</td><td>描述清楚</td><td></td><td></td></tr>
<tr><td>3</td><td colspan="2">准备工具设备</td><td>准备齐全</td><td></td><td></td></tr>
<tr><td rowspan="3">检查的评价</td><td>班级</td><td></td><td>第　组</td><td>组长签字</td><td></td></tr>
<tr><td>教师签字</td><td></td><td>日期</td><td colspan="2"></td></tr>
<tr><td colspan="5">评语：</td></tr>
</table>

6．检测风扇及控制电路准备工作的评价单

<table>
<tr><td>学习场</td><td colspan="5">检修冷却系统</td></tr>
<tr><td>学习情境六</td><td colspan="5">检测风扇及控制电路</td></tr>
<tr><td>学时</td><td colspan="5">0.05 学时</td></tr>
<tr><td>典型工作过程描述</td><td colspan="5">1．准备工作—2．确定故障并分析原因—3．读取故障码—4．查阅资料并制订检测方案—5．实施检测方案—6．排除故障并验证结果</td></tr>
<tr><td colspan="2">评 价 项 目</td><td>评价子项目</td><td>学 生 自 评</td><td>组 内 评 价</td><td>教 师 评 价</td></tr>
<tr><td colspan="2">风扇的作用、结构及类型</td><td>分析概括是否全面</td><td></td><td></td><td></td></tr>
<tr><td colspan="2">风扇的控制电路及控制原理</td><td>描述是否清楚</td><td></td><td></td><td></td></tr>
<tr><td colspan="2">准备工具设备</td><td>准备是否齐全</td><td></td><td></td><td></td></tr>
<tr><td rowspan="3">评价的评价</td><td>班级</td><td></td><td>第　组</td><td>组长签字</td><td></td></tr>
<tr><td>教师签字</td><td></td><td>日期</td><td colspan="2"></td></tr>
<tr><td colspan="5">评语：</td></tr>
</table>

任务二 确定故障并分析原因

1．确定故障并分析原因的资讯单

学习场	检修冷却系统
学习情境六	检测风扇及控制电路
学时	0.25 学时
典型工作过程描述	1．准备工作—**2．确定故障并分析原因**—3．读取故障码—4．查阅资料并制订检测方案—5．实施检测方案—6．排除故障并验证结果
收集资讯的方式	线下书籍及线上资源相结合。
资讯描述	1．故障验证。 2．正确描述故障现象。
对学生的要求	1．能正确进行故障验证。 2．能正确描述故障现象。 3．能正确根据故障现象分析故障原因。 4．能养成 6S 规范作业习惯。 5．具有团队意识、工匠精神和职业精神。
参考资料	《检修汽车发动机电控系统》配套微课。

2．确定故障并分析原因的计划单

<table>
<tr><td>学习场</td><td colspan="6">检修冷却系统</td></tr>
<tr><td>学习情境六</td><td colspan="6">检测风扇及控制电路</td></tr>
<tr><td>学时</td><td colspan="6">0.05 学时</td></tr>
<tr><td>典型工作过程描述</td><td colspan="6">1．准备工作—2．确定故障并分析原因—3．读取故障码—4．查阅资料并制订检测方案—5．实施检测方案—6．排除故障并验证结果</td></tr>
<tr><td>计划制订的方式</td><td colspan="6">小组讨论。</td></tr>
<tr><td>序　号</td><td colspan="3">工 作 步 骤</td><td colspan="3">注 意 事 项</td></tr>
<tr><td>1</td><td colspan="3">打开点火开关，观察仪表。</td><td colspan="3">检查仪表指示是否正常。</td></tr>
<tr><td>2</td><td colspan="3">起动车辆，检查故障现象。</td><td colspan="3">检查仪表指示是否正常，起动后发动机工作是否正常。</td></tr>
<tr><td>3</td><td colspan="3">描述故障现象。</td><td colspan="3">正确描述故障现象。</td></tr>
<tr><td>4</td><td colspan="3">根据故障现象，分析原因。</td><td colspan="3">正确、全面地分析原因。</td></tr>
<tr><td rowspan="3">计划的评价</td><td>班级</td><td></td><td>第　组</td><td>组长签字</td><td colspan="2"></td></tr>
<tr><td>教师签字</td><td></td><td>日期</td><td colspan="3"></td></tr>
<tr><td colspan="6">评语：</td></tr>
</table>

3．确定故障并分析原因的决策单

学习场	检修冷却系统				
学习情境六	检测风扇及控制电路				
学时	0.05 学时				
典型工作过程描述	1．准备工作—**2．确定故障并分析原因**—3．读取故障码—4．查阅资料并制订检测方案—5．实施检测方案—6．排除故障并验证结果				
计 划 对 比					
序　　号	计划的可行性	计划的经济性	计划的可操作性	计划的实施难度	综 合 评 价
1					
2					
3					
决策的评价	班级		第　　组	组长签字	
	教师签字		日期		
	评语：				

4．确定故障并分析原因的实施单

<table>
<tr><td>学习场</td><td colspan="5">检修冷却系统</td></tr>
<tr><td>学习情境六</td><td colspan="5">检测风扇及控制电路</td></tr>
<tr><td>学时</td><td colspan="5">0.05 学时</td></tr>
<tr><td>典型工作过程描述</td><td colspan="5">1．准备工作—2．确定故障并分析原因—3．读取故障码—4．查阅资料并制订检测方案—5．实施检测方案—6．排除故障并验证结果</td></tr>
<tr><td>序　　号</td><td colspan="2">实 施 步 骤</td><td colspan="3">注 意 事 项</td></tr>
<tr><td>1</td><td colspan="2">打开点火开关，观察仪表。
记录：</td><td colspan="3">检查仪表指示是否正常。</td></tr>
<tr><td>2</td><td colspan="2">起动车辆，检查故障现象。
记录：</td><td colspan="3">检查仪表指示是否正常，起动后发动机工作是否正常。</td></tr>
<tr><td>3</td><td colspan="2">描述故障现象。
记录：</td><td colspan="3">正确描述故障现象。</td></tr>
<tr><td>4</td><td colspan="2">根据故障现象，分析原因。
记录：</td><td colspan="3">正确、全面地分析原因。</td></tr>
<tr><td colspan="6">实施说明：</td></tr>
<tr><td rowspan="3">实施的评价</td><td>班级</td><td></td><td>第　　组</td><td>组长签字</td><td></td></tr>
<tr><td>教师签字</td><td></td><td>日期</td><td colspan="2"></td></tr>
<tr><td colspan="5">评语：</td></tr>
</table>

5. 确定故障并分析原因的检查单

学习场	检修冷却系统					
学习情境六	检测风扇及控制电路					
学时	0.05 学时					
典型工作过程描述	1．准备工作—**2．确定故障并分析原因**—3．读取故障码—4．查阅资料并制订检测方案—5．实施检测方案—6．排除故障并验证结果					
序　　号	检 查 项 目	检 查 标 准		学 生 自 查	教 师 检 查	
1	打开点火开关，观察仪表	检查全面				
2	起动车辆，检查故障现象	检查全面				
3	描述故障现象	正确描述故障现象				
4	根据故障现象，分析原因	正确、全面地分析原因				
检查的评价	班级		第　　组		组长签字	
	教师签字		日期			
	评语：					

6. 确定故障并分析原因的评价单

学习场	检修冷却系统					
学习情境六	检测风扇及控制电路					
学时	0.05 学时					
典型工作过程描述	1．准备工作—**2．确定故障并分析原因**—3．读取故障码—4．查阅资料并制订检测方案—5．实施检测方案—6．排除故障并验证结果					
评 价 项 目		评价子项目	学 生 自 评	组 内 评 价	教 师 评 价	
打开点火开关，观察仪表		检查是否全面				
起动车辆，检查故障现象		检查是否全面				
描述故障现象		是否正确描述故障现象				
根据故障现象，分析原因		是否正确、全面地分析原因				
评价的评价	班级		第　　组	组长签字		
	教师签字		日期			
	评语：					

任务三　读取故障码

1．读取故障码的资讯单

学习场	检修冷却系统
学习情境六	检测风扇及控制电路
学时	0.05 学时
典型工作过程描述	1．准备工作—2．确定故障并分析原因—**3．读取故障码**—4．查阅资料并制订检测方案—5．实施检测方案—6．排除故障并验证结果
收集资讯的方式	线下书籍及线上资源相结合。
资讯描述	1．关闭点火开关，连接解码仪。 2．打开点火开关，读取故障码。 3．读取数据流。
对学生的要求	1．能正确连接解码仪。 2．能正确读取故障码。 3．能正确读取数据流。
参考资料	《检修汽车发动机电控系统》配套微课。

2．读取故障码的计划单

<table>
<tr><td>学习场</td><td colspan="6">检修冷却系统</td></tr>
<tr><td>学习情境六</td><td colspan="6">检测风扇及控制电路</td></tr>
<tr><td>学时</td><td colspan="6">0.05 学时</td></tr>
<tr><td>典型工作过程描述</td><td colspan="6">1．准备工作—2．确定故障并分析原因—3．读取故障码—4．查阅资料并制订检测方案—5．实施检测方案—6．排除故障并验证结果</td></tr>
<tr><td>计划制订的方式</td><td colspan="6">小组讨论。</td></tr>
<tr><td>序　　号</td><td colspan="3">工 作 步 骤</td><td colspan="3">注 意 事 项</td></tr>
<tr><td>1</td><td colspan="3">关闭点火开关，连接解码仪。</td><td colspan="3">关闭点火开关，正确连接解码仪。</td></tr>
<tr><td>2</td><td colspan="3">打开点火开关，读取故障码。</td><td colspan="3">打开点火开关，正确读取故障码。</td></tr>
<tr><td>3</td><td colspan="3">读取数据流。</td><td colspan="3">正确读取静态和动态数据流。</td></tr>
<tr><td rowspan="3">计划的评价</td><td>班级</td><td></td><td>第　　组</td><td>组长签字</td><td colspan="2"></td></tr>
<tr><td>教师签字</td><td></td><td>日期</td><td colspan="3"></td></tr>
<tr><td colspan="6">评语：</td></tr>
</table>

3. 读取故障码的决策单

学习场	检修冷却系统				
学习情境六	检测风扇及控制电路				
学时	0.05 学时				
典型工作过程描述	1. 准备工作—2. 确定故障并分析原因—**3. 读取故障码**—4. 查阅资料并制订检测方案—5. 实施检测方案—6. 排除故障并验证结果				
计划对比					
序号	计划的可行性	计划的经济性	计划的可操作性	计划的实施难度	综合评价
1					
2					
3					
决策的评价	班级		第　组	组长签字	
	教师签字		日期		
	评语：				

4. 读取故障码的实施单

学习场	检修冷却系统	
学习情境六	检测风扇及控制电路	
学时	0.25 学时	
典型工作过程描述	1. 准备工作—2. 确定故障并分析原因—**3. 读取故障码**—4. 查阅资料并制订检测方案—5. 实施检测方案—6. 排除故障并验证结果	
序号	实施步骤	注意事项
1	关闭点火开关，连接解码仪。 **记录：**	关闭点火开关，正确连接解码仪。
2	打开点火开关，读取故障码。 **记录：**	打开点火开关，正确读取故障码。
3	读取数据流。 **记录：**	正确读取静态和动态数据流。
实施说明：		

实施的评价	班级		第　组	组长签字	
	教师签字		日期		
	评语：				

5. 读取故障码的检查单

<table>
<tr><td>学习场</td><td colspan="5">检修冷却系统</td></tr>
<tr><td>学习情境六</td><td colspan="5">检测风扇及控制电路</td></tr>
<tr><td>学时</td><td colspan="5">0.05 学时</td></tr>
<tr><td>典型工作过程描述</td><td colspan="5">1．准备工作—2．确定故障并分析原因—3．读取故障码—4．查阅资料并制订检测方案—5．实施检测方案—6．排除故障并验证结果</td></tr>
<tr><td>序　　号</td><td colspan="2">检 查 项 目</td><td colspan="2">检 查 标 准</td><td>学 生 自 查</td><td>教 师 检 查</td></tr>
<tr><td>1</td><td colspan="2">关闭点火开关，连接解码仪</td><td colspan="2">关闭点火开关，正确连接解码仪</td><td></td><td></td></tr>
<tr><td>2</td><td colspan="2">打开点火开关，读取故障码</td><td colspan="2">打开点火开关，正确读取故障码</td><td></td><td></td></tr>
<tr><td>3</td><td colspan="2">读取数据流</td><td colspan="2">正确读取静态和动态数据流</td><td></td><td></td></tr>
<tr><td rowspan="3">检查的评价</td><td>班级</td><td></td><td>第　　组</td><td>组长签字</td><td></td></tr>
<tr><td>教师签字</td><td></td><td>日期</td><td colspan="2"></td></tr>
<tr><td colspan="5">评语：</td></tr>
</table>

6. 读取故障码的评价单

<table>
<tr><td>学习场</td><td colspan="5">检修冷却系统</td></tr>
<tr><td>学习情境六</td><td colspan="5">检测风扇及控制电路</td></tr>
<tr><td>学时</td><td colspan="5">0.05 学时</td></tr>
<tr><td>典型工作过程描述</td><td colspan="5">1．准备工作—2．确定故障并分析原因—3．读取故障码—4．查阅资料并制订检测方案—5．实施检测方案—6．排除故障并验证结果</td></tr>
<tr><td colspan="2">评 价 项 目</td><td>评价子项目</td><td>学 生 自 评</td><td>组 内 评 价</td><td>教 师 评 价</td></tr>
<tr><td colspan="2">关闭点火开关，连接解码仪</td><td>是否关闭点火开关，正确连接解码仪</td><td></td><td></td><td></td></tr>
<tr><td colspan="2">打开点火开关，读取故障码</td><td>是否打开点火开关，正确读取故障码</td><td></td><td></td><td></td></tr>
<tr><td colspan="2">读取数据流</td><td>是否正确读取静态和动态数据流</td><td></td><td></td><td></td></tr>
<tr><td rowspan="3">评价的评价</td><td>班级</td><td></td><td>第　　组</td><td>组长签字</td><td></td></tr>
<tr><td>教师签字</td><td></td><td>日期</td><td colspan="2"></td></tr>
<tr><td colspan="5">评语：</td></tr>
</table>

任务四　查阅资料并制订检测方案

1．查阅资料并制订检测方案的资讯单

学习场	检修冷却系统
学习情境六	检测风扇及控制电路
学时	0.1 学时
典型工作过程描述	1．准备工作—2．确定故障并分析原因—3．读取故障码—**4．查阅资料并制订检测方案**—5．实施检测方案—6．排除故障并验证结果
收集资讯的方式	线下书籍及线上资源相结合。
资讯描述	1．查阅维修手册。 2．查阅电路图。 3．根据维修手册、电路图及故障现象和故障码制订检测方案。 4．完善检测方案。
对学生的要求	1．能查阅维修手册，确定风扇及控制电路的位置。 2．能查阅电路图，绘制风扇的控制电路图。 3．能制订检测方案。 4．能完善检测方案。 5．能养成 6S 规范作业习惯。
参考资料	《检修汽车发动机电控系统》配套微课。

2．查阅资料并制订检测方案的计划单

学习场	检修冷却系统				
学习情境六	检测风扇及控制电路				
学时	0.1 学时				
典型工作过程描述	1．准备工作—2．确定故障并分析原因—3．读取故障码—**4．查阅资料并制订检测方案**—5．实施检测方案—6．排除故障并验证结果				
计划制订的方式	小组讨论。				
序　　号	工 作 步 骤			注 意 事 项	
1	查阅维修手册，确定风扇及控制电路的位置。			正确确定位置。	
2	查阅电路图，绘制风扇控制电路图。			正确绘制电路图。	
3	制订检测方案。			符合检测规则。	
4	完善检测方案。			符合检测规则。	
计划的评价	班级		第　　组	组长签字	
	教师签字		日期		
	评语：				

3. 查阅资料并制订检测方案的决策单

<table>
<tr><td>学习场</td><td colspan="5">检修冷却系统</td></tr>
<tr><td>学习情境六</td><td colspan="5">检测风扇及控制电路</td></tr>
<tr><td>学时</td><td colspan="5">0.1 学时</td></tr>
<tr><td>典型工作过程描述</td><td colspan="5">1．准备工作—2．确定故障并分析原因—3．读取故障码—4．查阅资料并制订检测方案—5．实施检测方案—6．排除故障并验证结果</td></tr>
<tr><td colspan="6">计 划 对 比</td></tr>
<tr><td>序　　号</td><td>计划的可行性</td><td>计划的经济性</td><td>计划的可操作性</td><td>计划的实施难度</td><td>综 合 评 价</td></tr>
<tr><td>1</td><td></td><td></td><td></td><td></td><td></td></tr>
<tr><td>2</td><td></td><td></td><td></td><td></td><td></td></tr>
<tr><td>3</td><td></td><td></td><td></td><td></td><td></td></tr>
<tr><td rowspan="3">决策的评价</td><td>班级</td><td></td><td>第　　组</td><td>组长签字</td><td></td></tr>
<tr><td>教师签字</td><td></td><td>日期</td><td colspan="2"></td></tr>
<tr><td colspan="5">评语：</td></tr>
</table>

4. 查阅资料并制订检测方案的实施单

<table>
<tr><td>学习场</td><td colspan="2">检修冷却系统</td></tr>
<tr><td>学习情境六</td><td colspan="2">检测风扇及控制电路</td></tr>
<tr><td>学时</td><td colspan="2">0.5 学时</td></tr>
<tr><td>典型工作过程描述</td><td colspan="2">1．准备工作—2．确定故障并分析原因—3．读取故障码—4．查阅资料并制订检测方案—5．实施检测方案—6．排除故障并验证结果</td></tr>
<tr><td>序　　号</td><td>实 施 步 骤</td><td>注 意 事 项</td></tr>
<tr><td>1</td><td>能查阅维修手册，确定风扇及控制电路的位置。
记录：</td><td>正确确定位置。</td></tr>
<tr><td>2</td><td>能查阅电路图，绘制风扇控制电路图。
记录：</td><td>正确绘制电路图。</td></tr>
<tr><td>3</td><td>制订检测方案。
记录：</td><td>符合检测规则。</td></tr>
</table>

<table>
<tr><td>4</td><td colspan="5">完善检测方案。
记录：</td><td colspan="2">符合检测规则。</td></tr>
<tr><td colspan="8">实施说明：</td></tr>
<tr><td rowspan="3">**实施的评价**</td><td>班级</td><td colspan="2"></td><td>第　　组</td><td>组长签字</td><td colspan="2"></td></tr>
<tr><td>教师签字</td><td colspan="2"></td><td>日期</td><td colspan="3"></td></tr>
<tr><td colspan="7">评语：</td></tr>
</table>

5. 查阅资料并制订检测方案的检查单

<table>
<tr><td>**学习场**</td><td colspan="5">检修冷却系统</td></tr>
<tr><td>**学习情境六**</td><td colspan="5">检测风扇及控制电路</td></tr>
<tr><td>**学时**</td><td colspan="5">0.1 学时</td></tr>
<tr><td>**典型工作过程描述**</td><td colspan="5">1．准备工作—2．确定故障并分析原因—3．读取故障码—**4．查阅资料并制订检测方案**—5．实施检测方案—6．排除故障并验证结果</td></tr>
<tr><td>**序　　号**</td><td>**检 查 项 目**</td><td>**检 查 标 准**</td><td colspan="2">**学 生 自 查**</td><td>**教 师 检 查**</td></tr>
<tr><td>1</td><td>查阅维修手册，确定风扇及控制电路的位置</td><td>正确确定位置</td><td colspan="2"></td><td></td></tr>
<tr><td>2</td><td>查阅电路图，绘制风扇控制电路图</td><td>正确绘制电路图</td><td colspan="2"></td><td></td></tr>
<tr><td>3</td><td>制订检测方案</td><td>符合检测规则</td><td colspan="2"></td><td></td></tr>
<tr><td>4</td><td>完善检测方案</td><td>符合检测规则</td><td colspan="2"></td><td></td></tr>
<tr><td rowspan="3">**检查的评价**</td><td>班级</td><td></td><td>第　　组</td><td>组长签字</td><td></td></tr>
<tr><td>教师签字</td><td></td><td>日期</td><td colspan="2"></td></tr>
<tr><td colspan="5">评语：</td></tr>
</table>

6．查阅资料并制订检测方案的评价单

<table>
<tr><td>学习场</td><td colspan="5">检修冷却系统</td></tr>
<tr><td>学习情境六</td><td colspan="5">检测风扇及控制电路</td></tr>
<tr><td>学时</td><td colspan="5">0.1 学时</td></tr>
<tr><td>典型工作过程描述</td><td colspan="5">1．准备工作—2．确定故障并分析原因—3．读取故障码—4．查阅资料并制订检测方案—5．实施检测方案—6．排除故障并验证结果</td></tr>
<tr><td colspan="2">评 价 项 目</td><td>评价子项目</td><td>学 生 自 评</td><td>组 内 评 价</td><td>教 师 评 价</td></tr>
<tr><td colspan="2">查阅维修手册，确定风扇及控制电路的位置</td><td>是否正确确定位置</td><td></td><td></td><td></td></tr>
<tr><td colspan="2">查阅电路图，绘制风扇控制电路图</td><td>是否正确绘制电路图</td><td></td><td></td><td></td></tr>
<tr><td colspan="2">制订检测方案</td><td>是否符合检测规则</td><td></td><td></td><td></td></tr>
<tr><td colspan="2">完善检测方案</td><td>是否符合检测规则</td><td></td><td></td><td></td></tr>
<tr><td rowspan="3">评价的评价</td><td>班级</td><td></td><td>第　　组</td><td>组长签字</td><td></td></tr>
<tr><td>教师签字</td><td></td><td>日期</td><td colspan="2"></td></tr>
<tr><td colspan="5">评语：</td></tr>
</table>

任务五　实施检测方案

1．实施检测方案的资讯单

学习场	检修冷却系统
学习情境六	检测风扇及控制电路
学时	0.1 学时
典型工作过程描述	1．准备工作—2．确定故障并分析原因—3．读取故障码—4．查阅资料并制订检测方案—**5．实施检测方案**—6．排除故障并验证结果
收集资讯的方式	线下书籍及线上资源相结合。
资讯描述	1．根据制订的检测方案，开始检测。 2．正确记录检测结果，并分析是否正常。
对学生的要求	1．能正确、全面地按照检测方案进行检测。 2．能正确记录检测结果。 3．能分析检测结果，并得出结论。 4．能养成 6S 规范作业习惯。 5．具有团队意识、工匠精神和职业精神。
参考资料	《检修汽车发动机电控系统》配套微课。

2. 实施检测方案的计划单

学习场	检修冷却系统				
学习情境六	检测风扇及控制电路				
学时	0.1 学时				
典型工作过程描述	1．准备工作—2．确定故障并分析原因—3．读取故障码—4．查阅资料并制订检测方案—**5．实施检测方案**—6．排除故障并验证结果				
计划制订的方式	小组讨论。				
序　　号	工 作 步 骤		注 意 事 项		
1	根据制订的检测方案，开始检测。		正确、安全地进行检测。		
2	车辆防护。		车内车外正确防护。		
3	车辆信息记录。		正确记录车辆信息。		
4	发动机舱内检测记录。		正确、全面地进行检测并记录。		
5	风扇及控制电路检测记录。		正确检测并记录。		
6	分析检测结果，得出结论。		正确得出结论。		
计划的评价	班级		第　　组	组长签字	
	教师签字		日期		
	评语：				

3. 实施检测方案的决策单

学习场	检修冷却系统				
学习情境六	检测风扇及控制电路				
学时	0.1 学时				
典型工作过程描述	1．准备工作—2．确定故障并分析原因—3．读取故障码—4．查阅资料并制订检测方案—**5．实施检测方案**—6．排除故障并验证结果				
计 划 对 比					
序　　号	计划的可行性	计划的经济性	计划的可操作性	计划的实施难度	综 合 评 价
1					
2					
3					
决策的评价	班级		第　　组	组长签字	
	教师签字		日期		
	评语：				

4. 实施检测方案的实施单

<table>
<tr><td>学习场</td><td colspan="6">检修冷却系统</td></tr>
<tr><td>学习情境六</td><td colspan="6">检测风扇及控制电路</td></tr>
<tr><td>学时</td><td colspan="6">0.5 学时</td></tr>
<tr><td>典型工作过程描述</td><td colspan="6">1．准备工作—2．确定故障并分析原因—3．读取故障码—4．查阅资料并制订检测方案—5．实施检测方案—6．排除故障并验证结果</td></tr>
<tr><td>序　　号</td><td colspan="3">实 施 步 骤</td><td colspan="3">注 意 事 项</td></tr>
<tr><td>1</td><td colspan="3">根据制订的检测方案，开始检测。
记录：</td><td colspan="3">正确、安全地进行检测。</td></tr>
<tr><td>2</td><td colspan="3">车辆防护。
记录：</td><td colspan="3">车内车外正确防护。</td></tr>
<tr><td>3</td><td colspan="3">车辆信息记录。
记录：</td><td colspan="3">正确记录车辆信息。</td></tr>
<tr><td>4</td><td colspan="3">发动机舱内检测记录。
记录：</td><td colspan="3">正确、全面地进行检测并记录。</td></tr>
<tr><td>5</td><td colspan="3">风扇及控制电路检测记录。
记录：</td><td colspan="3">正确检测并记录。</td></tr>
<tr><td>6</td><td colspan="3">分析检测结果，得出结论。
记录：</td><td colspan="3">正确得出结论。</td></tr>
<tr><td colspan="7">实施说明：</td></tr>
<tr><td rowspan="3">实施的评价</td><td>班级</td><td></td><td>第　　组</td><td>组长签字</td><td colspan="2"></td></tr>
<tr><td>教师签字</td><td></td><td>日期</td><td colspan="3"></td></tr>
<tr><td colspan="6">评语：</td></tr>
</table>

5. 实施检测方案的检查单

学习场	检修冷却系统
学习情境六	检测风扇及控制电路
学时	0.1 学时
典型工作过程描述	1．准备工作—2．确定故障并分析原因—3．读取故障码—4．查阅资料并制订检测方案—**5．实施检测方案**—6．排除故障并验证结果

<table>
<tr><td>序　号</td><td colspan="2">检 查 项 目</td><td colspan="2">检 查 标 准</td><td>学 生 自 查</td><td>教 师 检 查</td></tr>
<tr><td>1</td><td colspan="2">根据制订的检测方案，开始检测</td><td colspan="2">正确、安全地进行检测</td><td></td><td></td></tr>
<tr><td>2</td><td colspan="2">车辆防护</td><td colspan="2">车内车外正确防护</td><td></td><td></td></tr>
<tr><td>3</td><td colspan="2">车辆信息记录</td><td colspan="2">正确记录车辆信息</td><td></td><td></td></tr>
<tr><td>4</td><td colspan="2">发动机舱内检测记录</td><td colspan="2">正确、全面地进行检测并记录</td><td></td><td></td></tr>
<tr><td>5</td><td colspan="2">风扇及控制电路检测记录</td><td colspan="2">正确检测并记录</td><td></td><td></td></tr>
<tr><td>6</td><td colspan="2">分析检测结果，得出结论</td><td colspan="2">正确得出结论</td><td></td><td></td></tr>
<tr><td rowspan="3">检查的评价</td><td>班级</td><td></td><td>第　　组</td><td></td><td>组长签字</td><td></td></tr>
<tr><td>教师签字</td><td></td><td>日期</td><td colspan="3"></td></tr>
<tr><td colspan="6">评语：</td></tr>
</table>

6．实施检测方案的评价单

<table>
<tr><td>学习场</td><td colspan="4">检修冷却系统</td></tr>
<tr><td>学习情境六</td><td colspan="4">检测风扇及控制电路</td></tr>
<tr><td>学时</td><td colspan="4">0.1 学时</td></tr>
<tr><td>典型工作过程描述</td><td colspan="4">1．准备工作—2．确定故障并分析原因—3．读取故障码—4．查阅资料并制订检测方案—5．实施检测方案—6．排除故障并验证结果</td></tr>
<tr><td>评 价 项 目</td><td>评价子项目</td><td>学 生 自 评</td><td>组 内 评 价</td><td>教 师 评 价</td></tr>
<tr><td>根据制订的检测方案，开始检测</td><td>是否正确、安全地进行检测</td><td></td><td></td><td></td></tr>
<tr><td>车辆防护</td><td>是否进行了车内车外正确防护</td><td></td><td></td><td></td></tr>
<tr><td>车辆信息记录</td><td>是否正确记录车辆信息</td><td></td><td></td><td></td></tr>
<tr><td>发动机舱内检测记录</td><td>是否正确、全面地进行检测并记录</td><td></td><td></td><td></td></tr>
<tr><td>风扇及控制电路检测记录</td><td>是否正确检测并记录</td><td></td><td></td><td></td></tr>
<tr><td>分析检测结果，得出结论</td><td>是否正确得出结论</td><td></td><td></td><td></td></tr>
</table>

<table>
<tr><td rowspan="3">评价的评价</td><td>班级</td><td></td><td>第　　组</td><td>组长签字</td><td></td></tr>
<tr><td>教师签字</td><td></td><td>日期</td><td colspan="2"></td></tr>
<tr><td colspan="5">评语：</td></tr>
</table>

任务六　排除故障并验证结果

1．排除故障并验证结果的资讯单

学习场	检修冷却系统
学习情境六	检测风扇及控制电路
学时	0.05 学时
典型工作过程描述	1．准备工作—2．确定故障并分析原因—3．读取故障码—4．查阅资料并制订检测方案—5．实施检测方案—**6．排除故障并验证结果**
收集资讯的方式	线下书籍及线上资源相结合。
资讯描述	1．根据检测结果确定故障点。 2．排除故障。 3．排除故障后再次验证。 4．确定故障已排除。
对学生的要求	1．能正确确定故障点。 2．能正确排除故障。 3．能正确验证故障。 4．能确定故障已排除。 5．能养成 6S 规范作业习惯。 6．具有敬业精神。
参考资料	《检修汽车发动机电控系统》配套微课。

2．排除故障并验证结果的计划单

学习场	检修冷却系统	
学习情境六	检测风扇及控制电路	
学时	0.05 学时	
典型工作过程描述	1．准备工作—2．确定故障并分析原因—3．读取故障码—4．查阅资料并制订检测方案—5．实施检测方案—**6．排除故障并验证结果**	
计划制订的方式	小组讨论。	
序　　号	**工 作 步 骤**	**注 意 事 项**
1	根据检测结果，确定故障点。	正确确定故障点。
2	排除故障。	正确排除故障。
3	再次验证故障。	正确验证故障。
4	确定故障已排除。	正确确定故障已排除。

计划的评价	班级		第　　组	组长签字	
	教师签字		日期		
	评语：				

3．排除故障并验证结果的决策单

<table>
<tr><td>学习场</td><td colspan="6">检修冷却系统</td></tr>
<tr><td>学习情境六</td><td colspan="6">检测风扇及控制电路</td></tr>
<tr><td>学时</td><td colspan="6">0.05 学时</td></tr>
<tr><td>典型工作
过程描述</td><td colspan="6">1．准备工作—2．确定故障并分析原因—3．读取故障码—4．查阅资料并制订检测方案—5．实施检测方案—6．排除故障并验证结果</td></tr>
<tr><td colspan="7">计 划 对 比</td></tr>
<tr><td>序　　号</td><td>计划的可行性</td><td>计划的经济性</td><td>计划的可操作性</td><td colspan="2">计划的实施难度</td><td>综 合 评 价</td></tr>
<tr><td>1</td><td></td><td></td><td></td><td colspan="2"></td><td></td></tr>
<tr><td>2</td><td></td><td></td><td></td><td colspan="2"></td><td></td></tr>
<tr><td>3</td><td></td><td></td><td></td><td colspan="2"></td><td></td></tr>
<tr><td rowspan="3">决策的评价</td><td>班级</td><td></td><td>第　　组</td><td>组长签字</td><td colspan="2"></td></tr>
<tr><td>教师签字</td><td></td><td>日期</td><td colspan="3"></td></tr>
<tr><td colspan="6">评语：</td></tr>
</table>

4．排除故障并验证结果的实施单

<table>
<tr><td>学习场</td><td colspan="2">检修冷却系统</td></tr>
<tr><td>学习情境六</td><td colspan="2">检测风扇及控制电路</td></tr>
<tr><td>学时</td><td colspan="2">0.25 学时</td></tr>
<tr><td>典型工作
过程描述</td><td colspan="2">1．准备工作—2．确定故障并分析原因—3．读取故障码—4．查阅资料并制订检测方案—5．实施检测方案—6．排除故障并验证结果</td></tr>
<tr><td>序　　号</td><td>实 施 步 骤</td><td>注 意 事 项</td></tr>
<tr><td>1</td><td>根据检测结果，确定故障点。
记录：</td><td>正确确定故障点。</td></tr>
<tr><td>2</td><td>排除故障。
记录：</td><td>正确排除故障。</td></tr>
<tr><td>3</td><td>再次验证故障。
记录：</td><td>正确验证故障。</td></tr>
<tr><td>4</td><td>确定故障已排除。
记录：</td><td>正确确定故障已排除。</td></tr>
<tr><td colspan="3">实施说明：</td></tr>
</table>

<table>
<tr><td rowspan="3">实施的评价</td><td>班级</td><td></td><td>第　　组</td><td>组长签字</td><td></td></tr>
<tr><td>教师签字</td><td></td><td>日期</td><td colspan="2"></td></tr>
<tr><td colspan="5">评语：</td></tr>
</table>

5．排除故障并验证结果的检查单

<table>
<tr><td>学习场</td><td colspan="5">检修冷却系统</td></tr>
<tr><td>学习情境六</td><td colspan="5">检测风扇及控制电路</td></tr>
<tr><td>学时</td><td colspan="5">0.05 学时</td></tr>
<tr><td>典型工作过程描述</td><td colspan="5">1．准备工作—2．确定故障并分析原因—3．读取故障码—4．查阅资料并制订检测方案—5．实施检测方案—6．排除故障并验证结果</td></tr>
<tr><td>序　号</td><td colspan="2">检查项目</td><td>检查标准</td><td>学生自查</td><td>教师检查</td></tr>
<tr><td>1</td><td colspan="2">根据检测结果，确定故障点</td><td>正确确定故障点</td><td></td><td></td></tr>
<tr><td>2</td><td colspan="2">排除故障</td><td>正确排除故障</td><td></td><td></td></tr>
<tr><td>3</td><td colspan="2">再次验证故障</td><td>正确验证故障</td><td></td><td></td></tr>
<tr><td>4</td><td colspan="2">确定故障已排除</td><td>正确确定故障已排除</td><td></td><td></td></tr>
<tr><td rowspan="3">检查的评价</td><td>班级</td><td></td><td>第　　组</td><td>组长签字</td><td></td></tr>
<tr><td>教师签字</td><td></td><td>日期</td><td colspan="2"></td></tr>
<tr><td colspan="5">评语：</td></tr>
</table>

6．排除故障并验证结果的评价单

<table>
<tr><td>学习场</td><td colspan="5">检修冷却系统</td></tr>
<tr><td>学习情境六</td><td colspan="5">检测风扇及控制电路</td></tr>
<tr><td>学时</td><td colspan="5">0.05 学时</td></tr>
<tr><td>典型工作过程描述</td><td colspan="5">1．准备工作—2．确定故障并分析原因—3．读取故障码—4．查阅资料并制订检测方案—5．实施检测方案—6．排除故障并验证结果</td></tr>
<tr><td colspan="2">评价项目</td><td>评价子项目</td><td>学生自评</td><td>组内评价</td><td>教师评价</td></tr>
<tr><td colspan="2">根据检测结果，确定故障点</td><td>是否正确确定故障点</td><td></td><td></td><td></td></tr>
<tr><td colspan="2">排除故障</td><td>是否正确排除故障</td><td></td><td></td><td></td></tr>
<tr><td colspan="2">再次验证故障</td><td>是否正确验证故障</td><td></td><td></td><td></td></tr>
<tr><td colspan="2">确定故障已排除</td><td>是否正确确定故障已排除</td><td></td><td></td><td></td></tr>
<tr><td rowspan="3">评价的评价</td><td>班级</td><td></td><td>第　　组</td><td>组长签字</td><td></td></tr>
<tr><td>教师签字</td><td></td><td>日期</td><td colspan="2"></td></tr>
<tr><td colspan="5">评语：</td></tr>
</table>

学习情境七　检测燃油压力调节阀

任务一　检测燃油压力调节阀的准备工作

1. 检测燃油压力调节阀准备工作的资讯单

学习场	检修燃油系统
学习情境七	检测燃油压力调节阀
学时	0.2 学时
典型工作过程描述	**1. 准备工作**—2. 验证故障—3. 分析故障原因—4. 读取故障码—5. 查阅资料—6. 制订检测方案—7. 实施检测方案—8. 确定并排除故障点—9. 验证结果
收集资讯的方式	线下书籍及线上资源相结合。
资讯描述	1. 燃油系统的作用及结构。 2. 燃油系统的类型。 3. 燃油系统的润滑油路。 4. 使用的工具设备。
对学生的要求	1. 掌握燃油系统的作用及结构。 2. 掌握燃油系统的类型。 3. 掌握燃油系统的润滑油路。 4. 能养成 6S 规范作业习惯。 5. 具有团队意识、工匠精神和职业精神。
参考资料	《检修汽车发动机电控系统》配套微课。

2. 检测燃油压力调节阀准备工作的计划单

学习场	检修燃油系统	
学习情境七	检测燃油压力调节阀	
学时	0.2 学时	
典型工作过程描述	**1. 准备工作**—2. 验证故障—3. 分析故障原因—4. 读取故障码—5. 查阅资料—6. 制订检测方案—7. 实施检测方案—8. 确定并排除故障点—9. 验证结果	
计划制订的方式	小组讨论。	
序　号	工作步骤	注意事项
1	燃油系统的作用及结构。	分析概括全面。
2	燃油系统的类型。	描述清楚。
3	燃油系统的润滑油路。	描述清楚。
4	准备工具设备。	准备齐全。

<table>
<tr><td rowspan="3">计划的评价</td><td>班级</td><td></td><td>第　　组</td><td>组长签字</td><td></td></tr>
<tr><td>教师签字</td><td></td><td>日期</td><td colspan="2"></td></tr>
<tr><td colspan="5">评语：</td></tr>
</table>

3．检测燃油压力调节阀准备工作的决策单

<table>
<tr><td>学习场</td><td colspan="5">检修燃油系统</td></tr>
<tr><td>学习情境七</td><td colspan="5">检测燃油压力调节阀</td></tr>
<tr><td>学时</td><td colspan="5">0.2 学时</td></tr>
<tr><td>典型工作过程描述</td><td colspan="5">1．准备工作—2．验证故障—3．分析故障原因—4．读取故障码—5．查阅资料—6．制订检测方案—7．实施检测方案—8．确定并排除故障点—9．验证结果</td></tr>
<tr><td colspan="6">计 划 对 比</td></tr>
<tr><td>序　　号</td><td>计划的可行性</td><td>计划的经济性</td><td>计划的可操作性</td><td>计划的实施难度</td><td>综 合 评 价</td></tr>
<tr><td>1</td><td></td><td></td><td></td><td></td><td></td></tr>
<tr><td>2</td><td></td><td></td><td></td><td></td><td></td></tr>
<tr><td>3</td><td></td><td></td><td></td><td></td><td></td></tr>
<tr><td rowspan="3">决策的评价</td><td>班级</td><td></td><td>第　　组</td><td>组长签字</td><td></td></tr>
<tr><td>教师签字</td><td></td><td>日期</td><td colspan="2"></td></tr>
<tr><td colspan="5">评语：</td></tr>
</table>

4．检测燃油压力调节阀准备工作的实施单

<table>
<tr><td>学习场</td><td colspan="2">检修燃油系统</td></tr>
<tr><td>学习情境七</td><td colspan="2">检测燃油压力调节阀</td></tr>
<tr><td>学时</td><td colspan="2">0.2 学时</td></tr>
<tr><td>典型工作过程描述</td><td colspan="2">1．准备工作—2．验证故障—3．分析故障原因—4．读取故障码—5．查阅资料—6．制订检测方案—7．实施检测方案—8．确定并排除故障点—9．验证结果</td></tr>
<tr><td>序　　号</td><td>实 施 步 骤</td><td>注 意 事 项</td></tr>
<tr><td>1</td><td>燃油系统的作用及结构。
记录：</td><td>分析概括全面。</td></tr>
<tr><td>2</td><td>燃油系统的类型。
记录：</td><td>描述清楚。</td></tr>
</table>

<table>
<tr><td>3</td><td>燃油系统的润滑油路。
记录：</td><td>描述清楚。</td></tr>
<tr><td>4</td><td>准备工具设备。
记录：</td><td>准备齐全。</td></tr>
<tr><td colspan="3">实施说明：</td></tr>
</table>

<table>
<tr><td rowspan="3">**实施的评价**</td><td>班级</td><td></td><td>第　　组</td><td>组长签字</td><td></td></tr>
<tr><td>教师签字</td><td></td><td>日期</td><td colspan="2"></td></tr>
<tr><td colspan="5">评语：</td></tr>
</table>

5. 检测燃油压力调节阀准备工作的检查单

<table>
<tr><td>**学习场**</td><td colspan="4">检修燃油系统</td></tr>
<tr><td>**学习情境七**</td><td colspan="4">检测燃油压力调节阀</td></tr>
<tr><td>**学时**</td><td colspan="4">0.2 学时</td></tr>
<tr><td>**典型工作过程描述**</td><td colspan="4">**1．准备工作**—2．验证故障—3．分析故障原因—4．读取故障码—5．查阅资料—6．制订检测方案—7．实施检测方案—8．确定并排除故障点—9．验证结果</td></tr>
<tr><td>**序　号**</td><td>**检 查 项 目**</td><td>**检 查 标 准**</td><td>**学 生 自 查**</td><td>**教 师 检 查**</td></tr>
<tr><td>1</td><td>燃油系统的作用及结构</td><td>分析概括全面</td><td></td><td></td></tr>
<tr><td>2</td><td>燃油系统的类型</td><td>描述清楚</td><td></td><td></td></tr>
<tr><td>3</td><td>燃油系统的润滑油路</td><td>描述清楚</td><td></td><td></td></tr>
<tr><td>4</td><td>准备工具设备</td><td>准备齐全</td><td></td><td></td></tr>
</table>

<table>
<tr><td rowspan="3">**检查的评价**</td><td>班级</td><td></td><td>第　　组</td><td>组长签字</td><td></td></tr>
<tr><td>教师签字</td><td></td><td>日期</td><td colspan="2"></td></tr>
<tr><td colspan="5">评语：</td></tr>
</table>

6. 检测燃油压力调节阀准备工作的评价单

<table>
<tr><td>学习场</td><td colspan="5">检修燃油系统</td></tr>
<tr><td>学习情境七</td><td colspan="5">检测燃油压力调节阀</td></tr>
<tr><td>学时</td><td colspan="5">0.2 学时</td></tr>
<tr><td>典型工作过程描述</td><td colspan="5">1. 准备工作—2. 验证故障—3. 分析故障原因—4. 读取故障码—5. 查阅资料—6. 制订检测方案—7. 实施检测方案—8. 确定并排除故障点—9. 验证结果</td></tr>
<tr><td colspan="2">评 价 项 目</td><td>评价子项目</td><td>学 生 自 评</td><td>组 内 评 价</td><td>教 师 评 价</td></tr>
<tr><td colspan="2">燃油系统的作用及结构</td><td>分析概括是否全面</td><td></td><td></td><td></td></tr>
<tr><td colspan="2">燃油系统的类型</td><td>描述是否清楚</td><td></td><td></td><td></td></tr>
<tr><td colspan="2">燃油系统的润滑油路</td><td>描述是否清楚</td><td></td><td></td><td></td></tr>
<tr><td colspan="2">准备工具设备</td><td>准备是否齐全</td><td></td><td></td><td></td></tr>
<tr><td rowspan="3">评价的评价</td><td>班级</td><td></td><td>第　　组</td><td>组长签字</td><td></td></tr>
<tr><td>教师签字</td><td></td><td>日期</td><td colspan="2"></td></tr>
<tr><td colspan="5">评语：</td></tr>
</table>

任务二　验证故障

1. 验证故障的资讯单

<table>
<tr><td>学习场</td><td>检修燃油系统</td></tr>
<tr><td>学习情境七</td><td>检测燃油压力调节阀</td></tr>
<tr><td>学时</td><td>0.1 学时</td></tr>
<tr><td>典型工作过程描述</td><td>1. 准备工作—2. 验证故障—3. 分析故障原因—4. 读取故障码—5. 查阅资料—6. 制订检测方案—7. 实施检测方案—8. 确定并排除故障点—9. 验证结果</td></tr>
<tr><td>收集资讯的方式</td><td>线下书籍及线上资源相结合。</td></tr>
<tr><td>资讯描述</td><td>1. 故障验证。
2. 正确描述故障现象。</td></tr>
<tr><td>对学生的要求</td><td>1. 能正确进行故障验证。
2. 能正确描述故障现象。
3. 能养成 6S 规范作业习惯。
4. 具有团队意识、工匠精神和职业精神。</td></tr>
<tr><td>参考资料</td><td>《检修汽车发动机电控系统》配套微课。</td></tr>
</table>

2. 验证故障的计划单

学习场	检修燃油系统				
学习情境七	检测燃油压力调节阀				
学时	0.1 学时				
典型工作过程描述	1. 准备工作—**2. 验证故障**—3. 分析故障原因—4. 读取故障码—5. 查阅资料—6. 制订检测方案—7. 实施检测方案—8. 确定并排除故障点—9. 验证结果				
计划制订的方式	小组讨论。				
序号	工作步骤		注意事项		
1	打开点火开关，观察仪表。		检查仪表指示是否正常。		
2	起动车辆，检查故障现象。		检查仪表指示是否正常，起动后发动机工作是否正常。		
3	描述故障现象。		正确描述故障现象。		
计划的评价	班级		第　组	组长签字	
	教师签字		日期		
	评语：				

3. 验证故障的决策单

学习场	检修燃油系统				
学习情境七	检测燃油压力调节阀				
学时	0.1 学时				
典型工作过程描述	1. 准备工作—**2. 验证故障**—3. 分析故障原因—4. 读取故障码—5. 查阅资料—6. 制订检测方案—7. 实施检测方案—8. 确定并排除故障点—9. 验证结果				
计划对比					
序号	计划的可行性	计划的经济性	计划的可操作性	计划的实施难度	综合评价
1					
2					
3					
决策的评价	班级		第　组	组长签字	
	教师签字		日期		
	评语：				

4. 验证故障的实施单

<table>
<tr><td>学习场</td><td colspan="6">检修燃油系统</td></tr>
<tr><td>学习情境七</td><td colspan="6">检测燃油压力调节阀</td></tr>
<tr><td>学时</td><td colspan="6">0.1 学时</td></tr>
<tr><td>典型工作过程描述</td><td colspan="6">1．准备工作—2．验证故障—3．分析故障原因—4．读取故障码—5．查阅资料—6．制订检测方案—7．实施检测方案—8．确定并排除故障点—9．验证结果</td></tr>
<tr><td>序　　号</td><td colspan="2">实 施 步 骤</td><td colspan="4">注 意 事 项</td></tr>
<tr><td>1</td><td colspan="2">打开点火开关，观察仪表。
记录：</td><td colspan="4">检查仪表指示是否正常。</td></tr>
<tr><td>2</td><td colspan="2">起动车辆，检查故障现象。
记录：</td><td colspan="4">检查仪表指示是否正常，起动后发动机工作是否正常。</td></tr>
<tr><td>3</td><td colspan="2">描述故障现象。
记录：</td><td colspan="4">正确描述故障现象。</td></tr>
<tr><td colspan="7">实施的说明：</td></tr>
<tr><td rowspan="3">实施的评价</td><td>班级</td><td></td><td>第　　组</td><td>组长签字</td><td colspan="2"></td></tr>
<tr><td>教师签字</td><td></td><td>日期</td><td colspan="3"></td></tr>
<tr><td colspan="6">评语：</td></tr>
</table>

5. 验证故障的检查单

<table>
<tr><td>学习场</td><td colspan="6">检修燃油系统</td></tr>
<tr><td>学习情境七</td><td colspan="6">检测燃油压力调节阀</td></tr>
<tr><td>学时</td><td colspan="6">0.1 学时</td></tr>
<tr><td>典型工作过程描述</td><td colspan="6">1．准备工作—2．验证故障—3．分析故障原因—4．读取故障码—5．查阅资料—6．制订检测方案—7．实施检测方案—8．确定并排除故障点—9．验证结果</td></tr>
<tr><td>序　　号</td><td>检 查 项 目</td><td>检 查 标 准</td><td>学 生 自 查</td><td colspan="3">教 师 检 查</td></tr>
<tr><td>1</td><td>打开点火开关，观察仪表</td><td>检查全面</td><td></td><td colspan="3"></td></tr>
<tr><td>2</td><td>起动车辆，检查故障现象</td><td>检查全面</td><td></td><td colspan="3"></td></tr>
<tr><td>3</td><td>描述故障现象</td><td>正确描述故障现象</td><td></td><td colspan="3"></td></tr>
<tr><td rowspan="3">检查的评价</td><td>班级</td><td></td><td>第　　组</td><td>组长签字</td><td colspan="2"></td></tr>
<tr><td>教师签字</td><td></td><td>日期</td><td colspan="3"></td></tr>
<tr><td colspan="6">评语：</td></tr>
</table>

6. 验证故障的评价单

学习场	检修燃油系统				
学习情境七	检测燃油压力调节阀				
学时	0.1 学时				
典型工作过程描述	1. 准备工作—**2. 验证故障**—3. 分析故障原因—4. 读取故障码—5. 查阅资料—6. 制订检测方案—7. 实施检测方案—8. 确定并排除故障点—9. 验证结果				
评 价 项 目		评价子项目	学 生 自 评	组 内 评 价	教 师 评 价
打开点火开关，观察仪表		检查是否全面			
起动车辆，检查故障现象		检查是否全面			
描述故障现象		是否正确描述故障现象			
评价的评价	班级		第　　组	组长签字	
	教师签字		日期		
	评语：				

任务三　分析故障原因

1. 分析故障原因的资讯单

学习场	检修燃油系统
学习情境七	检测燃油压力调节阀
学时	0.2 学时
典型工作过程描述	1. 准备工作—2. 验证故障—**3. 分析故障原因**—4. 读取故障码—5. 查阅资料—6. 制订检测方案—7. 实施检测方案—8. 确定并排除故障点—9. 验证结果
收集资讯的方式	线下书籍及线上资源相结合。
资讯描述	根据故障现象，分析故障原因。
对学生的要求	1. 能根据故障现象分析故障原因。 2. 能养成 6S 规范作业习惯。 3. 具有团队意识、工匠精神和职业精神。
参考资料	《检修汽车发动机电控系统》配套微课。

2. 分析故障原因的计划单

学习场	检修燃油系统
学习情境七	检测燃油压力调节阀
学时	0.2 学时
典型工作过程描述	1. 准备工作—2. 验证故障—**3. 分析故障原因**—4. 读取故障码—5. 查阅资料—6. 制订检测方案—7. 实施检测方案—8. 确定并排除故障点—9. 验证结果
计划制订的方式	小组讨论。

<table>
<tr><th>序　　号</th><th colspan="4">工 作 步 骤</th><th colspan="2">注 意 事 项</th></tr>
<tr><td>1</td><td colspan="4">根据故障现象，分析原因。</td><td colspan="2">正确、全面地分析原因。</td></tr>
<tr><td rowspan="3">计划的评价</td><td>班级</td><td></td><td>第　　组</td><td>组长签字</td><td colspan="2"></td></tr>
<tr><td>教师签字</td><td></td><td>日期</td><td colspan="3"></td></tr>
<tr><td colspan="6">评语：</td></tr>
</table>

3．分析故障原因的决策单

<table>
<tr><td>学习场</td><td colspan="6">检修燃油系统</td></tr>
<tr><td>学习情境七</td><td colspan="6">检测燃油压力调节阀</td></tr>
<tr><td>学时</td><td colspan="6">0.2 学时</td></tr>
<tr><td>典型工作过程描述</td><td colspan="6">1．准备工作—2．验证故障—3．分析故障原因—4．读取故障码—5．查阅资料—6．制订检测方案—7．实施检测方案—8．确定并排除故障点—9．验证结果</td></tr>
<tr><td colspan="7">计 划 对 比</td></tr>
<tr><td>序　　号</td><td>计划的可行性</td><td>计划的经济性</td><td>计划的可操作性</td><td>计划的实施难度</td><td colspan="2">综 合 评 价</td></tr>
<tr><td>1</td><td></td><td></td><td></td><td></td><td colspan="2"></td></tr>
<tr><td>2</td><td></td><td></td><td></td><td></td><td colspan="2"></td></tr>
<tr><td>3</td><td></td><td></td><td></td><td></td><td colspan="2"></td></tr>
<tr><td rowspan="3">决策的评价</td><td>班级</td><td></td><td>第　　组</td><td>组长签字</td><td colspan="2"></td></tr>
<tr><td>教师签字</td><td></td><td>日期</td><td colspan="3"></td></tr>
<tr><td colspan="6">评语：</td></tr>
</table>

4．分析故障原因的实施单

<table>
<tr><td>学习场</td><td colspan="2">检修燃油系统</td></tr>
<tr><td>学习情境七</td><td colspan="2">检测燃油压力调节阀</td></tr>
<tr><td>学时</td><td colspan="2">0.2 学时</td></tr>
<tr><td>典型工作过程描述</td><td colspan="2">1．准备工作—2．验证故障—3．分析故障原因—4．读取故障码—5．查阅资料—6．制订检测方案—7．实施检测方案—8．确定并排除故障点—9．验证结果</td></tr>
<tr><td>序　　号</td><td>实 施 步 骤</td><td>注 意 事 项</td></tr>
<tr><td>1</td><td>根据故障现象，分析原因。
记录：</td><td>正确、全面地分析原因。</td></tr>
<tr><td colspan="3">实施说明：</td></tr>
</table>

<table>
<tr><td rowspan="3">实施的评价</td><td>班级</td><td></td><td>第　　组</td><td>组长签字</td><td></td></tr>
<tr><td>教师签字</td><td></td><td>日期</td><td colspan="2"></td></tr>
<tr><td colspan="5">评语：</td></tr>
</table>

5. 分析故障原因的检查单

<table>
<tr><td>学习场</td><td colspan="5">检修燃油系统</td></tr>
<tr><td>学习情境七</td><td colspan="5">检测燃油压力调节阀</td></tr>
<tr><td>学时</td><td colspan="5">0.2 学时</td></tr>
<tr><td>典型工作过程描述</td><td colspan="5">1. 准备工作—2. 验证故障—3. 分析故障原因—4. 读取故障码—5. 查阅资料—6. 制订检测方案—7. 实施检测方案—8. 确定并排除故障点—9. 验证结果</td></tr>
<tr><td>序　　号</td><td colspan="2">检 查 项 目</td><td>检 查 标 准</td><td>学 生 自 查</td><td>教 师 检 查</td></tr>
<tr><td>1</td><td colspan="2">根据故障现象，分析原因</td><td>正确、全面地分析原因</td><td></td><td></td></tr>
<tr><td rowspan="3">检查的评价</td><td>班级</td><td></td><td>第　　组</td><td>组长签字</td><td></td></tr>
<tr><td>教师签字</td><td></td><td>日期</td><td colspan="2"></td></tr>
<tr><td colspan="5">评语：</td></tr>
</table>

6. 分析故障原因的评价单

<table>
<tr><td>学习场</td><td colspan="5">检修燃油系统</td></tr>
<tr><td>学习情境七</td><td colspan="5">检测燃油压力调节阀</td></tr>
<tr><td>学时</td><td colspan="5">0.2 学时</td></tr>
<tr><td>典型工作过程描述</td><td colspan="5">1. 准备工作—2. 验证故障—3. 分析故障原因—4. 读取故障码—5. 查阅资料—6. 制订检测方案—7. 实施检测方案—8. 确定并排除故障点—9. 验证结果</td></tr>
<tr><td>评 价 项 目</td><td colspan="2">评价子项目</td><td>学 生 自 评</td><td>组 内 评 价</td><td>教 师 评 价</td></tr>
<tr><td>根据故障现象，分析原因</td><td colspan="2">是否正确、全面地分析原因</td><td></td><td></td><td></td></tr>
<tr><td rowspan="3">评价的评价</td><td>班级</td><td></td><td>第　　组</td><td>组长签字</td><td></td></tr>
<tr><td>教师签字</td><td></td><td>日期</td><td colspan="2"></td></tr>
<tr><td colspan="5">评语：</td></tr>
</table>

任务四　读取故障码

1．读取故障码的资讯单

学习场	检修燃油系统
学习情境七	检测燃油压力调节阀
学时	0.2 学时
典型工作过程描述	1．准备工作—2．验证故障—3．分析故障原因—**4．读取故障码**—5．查阅资料—6．制订检测方案—7．实施检测方案—8．确定并排除故障点—9．验证结果
收集资讯的方式	线下书籍及线上资源相结合。
资讯描述	1．关闭点火开关，连接解码仪。 2．打开点火开关，读取故障码。 3．读取数据流。
对学生的要求	1．能正确连接解码仪。 2．能正确读取故障码。 3．能正确读取数据流。
参考资料	《检修汽车发动机电控系统》配套微课。

2．读取故障码的计划单

学习场	检修燃油系统				
学习情境七	检测燃油压力调节阀				
学时	0.2 学时				
典型工作过程描述	1．准备工作—2．验证故障—3．分析故障原因—**4．读取故障码**—5．查阅资料—6．制订检测方案—7．实施检测方案—8．确定并排除故障点—9．验证结果				
计划制订的方式	小组讨论。				
序　号	工 作 步 骤		注 意 事 项		
1	关闭点火开关，连接解码仪。		关闭点火开关，正确连接解码仪。		
2	打开点火开关，读取故障码。		打开点火开关，正确读取故障码。		
3	读取数据流。		正确读取静态和动态数据流。		
计划的评价	班级		第　组	组长签字	
	教师签字		日期		
	评语：				

3. 读取故障码的决策单

学习场	检修燃油系统				
学习情境七	检测燃油压力调节阀				
学时	0.2 学时				
典型工作过程描述	1. 准备工作—2. 验证故障—3. 分析故障原因—**4. 读取故障码**—5. 查阅资料—6. 制订检测方案—7. 实施检测方案—8. 确定并排除故障点—9. 验证结果				
计划对比					
序号	计划的可行性	计划的经济性	计划的可操作性	计划的实施难度	综合评价
1					
2					
3					
决策的评价	班级		第　组	组长签字	
	教师签字		日期		
	评语：				

4. 读取故障码的实施单

学习场	检修燃油系统	
学习情境七	检测燃油压力调节阀	
学时	0.2 学时	
典型工作过程描述	1. 准备工作—2. 验证故障—3. 分析故障原因—**4. 读取故障码**—5. 查阅资料—6. 制订检测方案—7. 实施检测方案—8. 确定并排除故障点—9. 验证结果	
序号	实施步骤	注意事项
1	关闭点火开关，连接解码仪。 **记录：**	关闭点火开关，正确连接解码仪。
2	打开点火开关，读取故障码。 **记录：**	打开点火开关，正确读取故障码。
3	读取数据流。 **记录：**	正确读取静态和动态数据流。
实施说明：		

实施的评价	班级		第　组	组长签字	
	教师签字		日期		
	评语：				

5. 读取故障码的检查单

<table>
<tr><td>学习场</td><td colspan="5">检修燃油系统</td></tr>
<tr><td>学习情境七</td><td colspan="5">检测燃油压力调节阀</td></tr>
<tr><td>学时</td><td colspan="5">0.2 学时</td></tr>
<tr><td>典型工作过程描述</td><td colspan="5">1．准备工作—2．验证故障—3．分析故障原因—4．读取故障码—5．查阅资料—6．制订检测方案—7．实施检测方案—8．确定并排除故障点—9．验证结果</td></tr>
<tr><td>序　号</td><td colspan="2">检查项目</td><td>检查标准</td><td>学生自查</td><td>教师检查</td></tr>
<tr><td>1</td><td colspan="2">关闭点火开关，连接解码仪</td><td>关闭点火开关，正确连接解码仪</td><td></td><td></td></tr>
<tr><td>2</td><td colspan="2">打开点火开关，读取故障码</td><td>打开点火开关，正确读取故障码</td><td></td><td></td></tr>
<tr><td>3</td><td colspan="2">读取数据流</td><td>正确读取静态和动态数据流</td><td></td><td></td></tr>
<tr><td rowspan="3">检查的评价</td><td>班级</td><td></td><td>第　组</td><td>组长签字</td><td></td></tr>
<tr><td>教师签字</td><td></td><td>日期</td><td colspan="2"></td></tr>
<tr><td colspan="5">评语：</td></tr>
</table>

6. 读取故障码的评价单

<table>
<tr><td>学习场</td><td colspan="5">检修燃油系统</td></tr>
<tr><td>学习情境七</td><td colspan="5">检测燃油压力调节阀</td></tr>
<tr><td>学时</td><td colspan="5">0.2 学时</td></tr>
<tr><td>典型工作过程描述</td><td colspan="5">1．准备工作—2．验证故障—3．分析故障原因—4．读取故障码—5．查阅资料—6．制订检测方案—7．实施检测方案—8．确定并排除故障点—9．验证结果</td></tr>
<tr><td colspan="2">评价项目</td><td>评价子项目</td><td>学生自评</td><td>组内评价</td><td>教师评价</td></tr>
<tr><td colspan="2">关闭点火开关，连接解码仪</td><td>是否关闭点火开关，正确连接解码仪</td><td></td><td></td><td></td></tr>
<tr><td colspan="2">打开点火开关，读取故障码</td><td>是否打开点火开关，正确读取故障码</td><td></td><td></td><td></td></tr>
<tr><td colspan="2">读取数据流</td><td>是否正确读取静态和动态数据流</td><td></td><td></td><td></td></tr>
<tr><td rowspan="3">评价的评价</td><td>班级</td><td></td><td>第　组</td><td>组长签字</td><td></td></tr>
<tr><td>教师签字</td><td></td><td>日期</td><td colspan="2"></td></tr>
<tr><td colspan="5">评语：</td></tr>
</table>

任务五　查阅资料

1. 查阅资料的资讯单

学习场	检修燃油系统
学习情境七	检测燃油压力调节阀
学时	0.2 学时
典型工作过程描述	1. 准备工作—2. 验证故障—3. 分析故障原因—4. 读取故障码—**5. 查阅资料**—6. 制订检测方案—7. 实施检测方案—8. 确定并排除故障点—9. 验证结果
收集资讯的方式	线下书籍及线上资源相结合。
资讯描述	1. 查阅维修手册。 2. 查阅电路图。
对学生的要求	1. 能查阅维修手册，确定燃油压力调节阀的位置。 2. 能查阅电路图，绘制燃油压力调节阀电路图。 3. 能养成 6S 规范作业习惯。
参考资料	《检修汽车发动机电控系统》配套微课。

2. 查阅资料的计划单

<table>
<tr><td>学习场</td><td colspan="5">检修燃油系统</td></tr>
<tr><td>学习情境七</td><td colspan="5">检测燃油压力调节阀</td></tr>
<tr><td>学时</td><td colspan="5">0.2 学时</td></tr>
<tr><td>典型工作过程描述</td><td colspan="5">1. 准备工作—2. 验证故障—3. 分析故障原因—4. 读取故障码—5. 查阅资料—6. 制订检测方案—7. 实施检测方案—8. 确定并排除故障点—9. 验证结果</td></tr>
<tr><td>计划制订的方式</td><td colspan="5">小组讨论。</td></tr>
<tr><td>序　　号</td><td colspan="3">工 作 步 骤</td><td colspan="2">注 意 事 项</td></tr>
<tr><td>1</td><td colspan="3">查阅维修手册，确定燃油压力调节阀的位置。</td><td colspan="2">正确确定位置。</td></tr>
<tr><td>2</td><td colspan="3">查阅电路图，绘制燃油压力调节阀电路图。</td><td colspan="2">正确绘制电路图。</td></tr>
<tr><td rowspan="3">计划的评价</td><td>班级</td><td></td><td>第　　组</td><td>组长签字</td><td></td></tr>
<tr><td>教师签字</td><td></td><td>日期</td><td colspan="2"></td></tr>
<tr><td colspan="5">评语：</td></tr>
</table>

3. 查阅资料的决策单

学习场	检修燃油系统
学习情境七	检测燃油压力调节阀
学时	0.2 学时
典型工作过程描述	1. 准备工作—2. 验证故障—3. 分析故障原因—4. 读取故障码—**5. 查阅资料**—6. 制订检测方案—7. 实施检测方案—8. 确定并排除故障点—9. 验证结果

计划对比					
序　　号	计划的可行性	计划的经济性	计划的可操作性	计划的实施难度	综合评价
1					
2					
3					
决策的评价	班级		第　　组	组长签字	
	教师签字		日期		
	评语：				

4. 查阅资料的实施单

学习场	检修燃油系统	
学习情境七	检测燃油压力调节阀	
学时	0.2 学时	
典型工作过程描述	1．准备工作—2．验证故障—3．分析故障原因—4．读取故障码—**5．查阅资料**—6．制订检测方案—7．实施检测方案—8．确定并排除故障点—9．验证结果	
序　　号	实施步骤	注意事项
1	查阅维修手册，确定燃油压力调节阀的位置。 **记录：**	正确确定位置。
2	查阅电路图，绘制燃油压力调节阀电路图。 **记录：**	正确绘制电路图。
实施说明：		

实施的评价	班级		第　　组	组长签字	
	教师签字		日期		
	评语：				

5．查阅资料的检查单

<table>
<tr><td>学习场</td><td colspan="6">检修燃油系统</td></tr>
<tr><td>学习情境七</td><td colspan="6">检测燃油压力调节阀</td></tr>
<tr><td>学时</td><td colspan="6">0.2 学时</td></tr>
<tr><td>典型工作过程描述</td><td colspan="6">1．准备工作—2．验证故障—3．分析故障原因—4．读取故障码—5．查阅资料—6．制订检测方案—7．实施检测方案—8．确定并排除故障点—9．验证结果</td></tr>
<tr><td>序　　号</td><td colspan="2">检 查 项 目</td><td colspan="2">检 查 标 准</td><td>学 生 自 查</td><td>教 师 检 查</td></tr>
<tr><td>1</td><td colspan="2">查阅维修手册，确定燃油压力调节阀的位置</td><td colspan="2">正确确定位置</td><td></td><td></td></tr>
<tr><td>2</td><td colspan="2">查阅电路图，绘制燃油压力调节阀电路图</td><td colspan="2">正确绘制电路图</td><td></td><td></td></tr>
<tr><td rowspan="3">检查的评价</td><td>班级</td><td></td><td>第　　组</td><td></td><td>组长签字</td><td></td></tr>
<tr><td>教师签字</td><td></td><td>日期</td><td colspan="3"></td></tr>
<tr><td colspan="6">评语：</td></tr>
</table>

6．查阅资料的评价单

<table>
<tr><td>学习场</td><td colspan="6">检修燃油系统</td></tr>
<tr><td>学习情境七</td><td colspan="6">检测燃油压力调节阀</td></tr>
<tr><td>学时</td><td colspan="6">0.2 学时</td></tr>
<tr><td>典型工作过程描述</td><td colspan="6">1．准备工作—2．验证故障—3．分析故障原因—4．读取故障码—5．查阅资料—6．制订检测方案—7．实施检测方案—8．确定并排除故障点—9．验证结果</td></tr>
<tr><td colspan="2">评 价 项 目</td><td colspan="2">评价子项目</td><td>学 生 自 评</td><td>组 内 评 价</td><td>教 师 评 价</td></tr>
<tr><td colspan="2">查阅维修手册，确定燃油压力调节阀的位置</td><td colspan="2">是否正确确定位置</td><td></td><td></td><td></td></tr>
<tr><td colspan="2">查阅电路图，绘制燃油压力调节阀电路图</td><td colspan="2">是否正确绘制电路图</td><td></td><td></td><td></td></tr>
<tr><td rowspan="3">评价的评价</td><td>班级</td><td></td><td>第　　组</td><td></td><td>组长签字</td><td></td></tr>
<tr><td>教师签字</td><td></td><td>日期</td><td colspan="3"></td></tr>
<tr><td colspan="6">评语：</td></tr>
</table>

任务六　制订检测方案

1. 制订检测方案的资讯单

学习场	检修燃油系统
学习情境七	检测燃油压力调节阀
学时	0.8 学时
典型工作过程描述	1. 准备工作—2. 验证故障—3. 分析故障原因—4. 读取故障码—5. 查阅资料—**6. 制订检测方案**—7. 实施检测方案—8. 确定并排除故障点—9. 验证结果
收集资讯的方式	线下书籍及线上资源相结合。
资讯描述	1. 根据维修手册、电路图及故障现象和故障码制订检测方案。 2. 完善检测方案。
对学生的要求	1. 能制订检测方案。 2. 能完善检测方案。
参考资料	《检修汽车发动机电控系统》配套微课。

2. 制订检测方案的计划单

学习场	检修燃油系统				
学习情境七	检测燃油压力调节阀				
学时	0.8 学时				
典型工作过程描述	1. 准备工作—2. 验证故障—3. 分析故障原因—4. 读取故障码—5. 查阅资料—**6. 制订检测方案**—7. 实施检测方案—8. 确定并排除故障点—9. 验证结果				
计划制订的方式	小组讨论。				
序　　号	工 作 步 骤		注 意 事 项		
1	制订检测方案。		符合检测规则。		
2	完善检测方案。		符合检测规则。		
计划的评价	班级		第　　组	组长签字	
	教师签字		日期		
	评语：				

3. 制订检测方案的决策单

学习场	检修燃油系统
学习情境七	检测燃油压力调节阀
学时	0.8 学时

典型工作过程描述	1．准备工作—2．验证故障—3．分析故障原因—4．读取故障码—5．查阅资料—**6．制订检测方案**—7．实施检测方案—8．确定并排除故障点—9．验证结果					
计 划 对 比						
序　　号	计划的可行性	计划的经济性	计划的可操作性	计划的实施难度	综 合 评 价	
1						
2						
3						
决策的评价	班级		第　　组	组长签字		
	教师签字		日期			
	评语：					

4．制订检测方案的实施单

学习场	检修燃油系统
学习情境七	检测燃油压力调节阀
学时	0.8 学时
典型工作过程描述	1．准备工作—2．验证故障—3．分析故障原因—4．读取故障码—5．查阅资料—**6．制订检测方案**—7．实施检测方案—8．确定并排除故障点—9．验证结果

序　　号	实 施 步 骤	注 意 事 项
1	制订检测方案。 **记录：**	符合检测规则。
2	完善检测方案。 **记录：**	符合检测规则。
实施说明：		

实施的评价	班级		第　　组	组长签字	
	教师签字		日期		
	评语：				

5. 制订检测方案的检查单

<table>
<tr><td>学习场</td><td colspan="6">检修燃油系统</td></tr>
<tr><td>学习情境七</td><td colspan="6">检测燃油压力调节阀</td></tr>
<tr><td>学时</td><td colspan="6">0.8 学时</td></tr>
<tr><td>典型工作过程描述</td><td colspan="6">1．准备工作—2．验证故障—3．分析故障原因—4．读取故障码—5．查阅资料—6．制订检测方案—7．实施检测方案—8．确定并排除故障点—9．验证结果</td></tr>
<tr><td>序　　号</td><td>检查项目</td><td>检查标准</td><td colspan="2">学生自查</td><td colspan="2">教师检查</td></tr>
<tr><td>1</td><td>制订检测方案</td><td>符合检测规则</td><td colspan="2"></td><td colspan="2"></td></tr>
<tr><td>2</td><td>完善检测方案</td><td>符合检测规则</td><td colspan="2"></td><td colspan="2"></td></tr>
<tr><td rowspan="3">检查的评价</td><td>班级</td><td></td><td>第　　组</td><td>组长签字</td><td colspan="2"></td></tr>
<tr><td>教师签字</td><td></td><td>日期</td><td colspan="3"></td></tr>
<tr><td colspan="6">评语：</td></tr>
</table>

6. 制订检测方案的评价单

<table>
<tr><td>学习场</td><td colspan="6">检修燃油系统</td></tr>
<tr><td>学习情境七</td><td colspan="6">检测燃油压力调节阀</td></tr>
<tr><td>学时</td><td colspan="6">0.8 学时</td></tr>
<tr><td>典型工作过程描述</td><td colspan="6">1．准备工作—2．验证故障—3．分析故障原因—4．读取故障码—5．查阅资料—6．制订检测方案—7．实施检测方案—8．确定并排除故障点—9．验证结果</td></tr>
<tr><td>评价项目</td><td>评价子项目</td><td>学生自评</td><td colspan="2">组内评价</td><td colspan="2">教师评价</td></tr>
<tr><td>制订检测方案</td><td>是否符合检测规则</td><td></td><td colspan="2"></td><td colspan="2"></td></tr>
<tr><td>完善检测方案</td><td>是否符合检测规则</td><td></td><td colspan="2"></td><td colspan="2"></td></tr>
<tr><td rowspan="3">评价的评价</td><td>班级</td><td></td><td>第　　组</td><td>组长签字</td><td colspan="2"></td></tr>
<tr><td>教师签字</td><td></td><td>日期</td><td colspan="3"></td></tr>
<tr><td colspan="6">评语：</td></tr>
</table>

任务七　实施检测方案

1. 实施检测方案的资讯单

学习场	检修燃油系统
学习情境七	检测燃油压力调节阀
学时	1 学时
典型工作过程描述	1. 准备工作—2. 验证故障—3. 分析故障原因—4. 读取故障码—5. 查阅资料—6. 制订检测方案—**7. 实施检测方案**—8. 确定并排除故障点—9. 验证结果
收集资讯的方式	线下书籍及线上资源相结合。
资讯描述	1. 根据制订的检测方案，开始检测。 2. 正确记录检测结果，并分析检测结果是否正常。
对学生的要求	1. 能正确、全面地按照检测方案进行检测。 2. 能正确记录检测结果。 3. 能分析检测结果，并得出结论。 4. 能养成 6S 规范作业习惯。 5. 具有团队意识、工匠精神和职业精神。
参考资料	《检修汽车发动机电控系统》配套微课。

2. 实施检测方案的计划单

学习场	检修燃油系统					
学习情境七	检测燃油压力调节阀					
学时	1 学时					
典型工作过程描述	1. 准备工作—2. 验证故障—3. 分析故障原因—4. 读取故障码—5. 查阅资料—6. 制订检测方案—**7. 实施检测方案**—8. 确定并排除故障点—9. 验证结果					
计划制订的方式	小组讨论。					
序　　号	工 作 步 骤			注 意 事 项		
1	根据制订的检测方案，开始检测。			正确、安全地进行检测。		
2	车辆防护。			车内车外正确防护。		
3	车辆信息记录。			正确记录车辆信息。		
4	发动机舱内检测记录。			正确、全面地进行检测并记录。		
5	燃油压力调节阀检测记录。			正确检测并记录。		
6	分析检测结果，得出结论。			正确得出结论。		
计划的评价	班级		第　　组		组长签字	
	教师签字		日期			
	评语：					

3．实施检测方案的决策单

<table>
<tr><td>学习场</td><td colspan="6">检修燃油系统</td></tr>
<tr><td>学习情境七</td><td colspan="6">检测燃油压力调节阀</td></tr>
<tr><td>学时</td><td colspan="6">1 学时</td></tr>
<tr><td>典型工作过程描述</td><td colspan="6">1．准备工作—2．验证故障—3．分析故障原因—4．读取故障码—5．查阅资料—6．制订检测方案—7．实施检测方案—8．确定并排除故障点—9．验证结果</td></tr>
<tr><td colspan="7">计 划 对 比</td></tr>
<tr><td>序　号</td><td>计划的可行性</td><td>计划的经济性</td><td>计划的可操作性</td><td colspan="2">计划的实施难度</td><td>综 合 评 价</td></tr>
<tr><td>1</td><td></td><td></td><td></td><td colspan="2"></td><td></td></tr>
<tr><td>2</td><td></td><td></td><td></td><td colspan="2"></td><td></td></tr>
<tr><td>3</td><td></td><td></td><td></td><td colspan="2"></td><td></td></tr>
<tr><td rowspan="3">决策的评价</td><td>班级</td><td></td><td>第　组</td><td>组长签字</td><td colspan="2"></td></tr>
<tr><td>教师签字</td><td></td><td>日期</td><td colspan="3"></td></tr>
<tr><td colspan="6">评语：</td></tr>
</table>

4．实施检测方案的实施单

<table>
<tr><td>学习场</td><td colspan="2">检修燃油系统</td></tr>
<tr><td>学习情境七</td><td colspan="2">检测燃油压力调节阀</td></tr>
<tr><td>学　时</td><td colspan="2">1 学时</td></tr>
<tr><td>典型工作过程描述</td><td colspan="2">1．准备工作—2．验证故障—3．分析故障原因—4．读取故障码—5．查阅资料—6．制订检测方案—7．实施检测方案—8．确定并排除故障点—9．验证结果</td></tr>
<tr><td>序　号</td><td>实 施 步 骤</td><td>注 意 事 项</td></tr>
<tr><td>1</td><td>根据制订的检测方案，开始检测。
记录：</td><td>正确、安全地进行检测。</td></tr>
<tr><td>2</td><td>车辆防护。
记录：</td><td>车内车外正确防护。</td></tr>
<tr><td>3</td><td>车辆信息记录。
记录：</td><td>正确记录车辆信息。</td></tr>
<tr><td>4</td><td>发动机舱内检测记录。
记录：</td><td>正确、全面地检测并记录。</td></tr>
</table>

5	燃油压力调节阀检测记录。 **记录：**	正确检测并记录。
6	分析检测结果，得出结论。 **记录：**	正确得出结论。
实施说明：		

实施的评价	班级		第　　组	组长签字	
	教师签字		日期		
	评语：				

5. 实施检测方案的检查单

学习场	检修燃油系统			
学习情境七	检测燃油压力调节阀			
学时	1 学时			
典型工作过程描述	1. 准备工作—2. 验证故障—3. 分析故障原因—4. 读取故障码—5. 查阅资料—6. 制订检测方案—**7. 实施检测方案**—8. 确定并排除故障点—9. 验证结果			
序　　号	**检 查 项 目**	**检 查 标 准**	**学 生 自 查**	**教 师 检 查**
1	根据制订的检测方案，开始检测	正确、安全地进行检测		
2	车辆防护	车内车外正确防护		
3	车辆信息记录	正确记录车辆信息		
4	发动机舱内检测记录	正确、全面地进行检测并记录		
5	燃油压力调节阀检测记录	正确检测并记录		
6	分析检测结果，得出结论	正确得出结论		

检查的评价	班级		第　　组	组长签字	
	教师签字		日期		
	评语：				

6. 实施检测方案的评价单

<table>
<tr><td>学习场</td><td colspan="5">检修燃油系统</td></tr>
<tr><td>学习情境七</td><td colspan="5">检测燃油压力调节阀</td></tr>
<tr><td>学时</td><td colspan="5">1 学时</td></tr>
<tr><td>典型工作过程描述</td><td colspan="5">1. 准备工作—2. 验证故障—3. 分析故障原因—4. 读取故障码—5. 查阅资料—6. 制订检测方案—7. 实施检测方案—8. 确定并排除故障点—9. 验证结果</td></tr>
<tr><td>评 价 项 目</td><td colspan="2">评价子项目</td><td>学 生 自 评</td><td>组 内 评 价</td><td>教 师 评 价</td></tr>
<tr><td>根据制订的检测方案，开始检测</td><td colspan="2">是否正确、安全地进行检测</td><td></td><td></td><td></td></tr>
<tr><td>车辆防护</td><td colspan="2">是否进行了车内车外正确防护</td><td></td><td></td><td></td></tr>
<tr><td>车辆信息记录</td><td colspan="2">是否正确记录车辆信息</td><td></td><td></td><td></td></tr>
<tr><td>发动机舱内检测记录</td><td colspan="2">是否正确、全面地进行检测并记录</td><td></td><td></td><td></td></tr>
<tr><td>燃油压力调节阀检测记录</td><td colspan="2">是否正确检测并记录</td><td></td><td></td><td></td></tr>
<tr><td>分析检测结果，得出结论</td><td colspan="2">是否正确得出结论</td><td></td><td></td><td></td></tr>
<tr><td rowspan="3">评价的评价</td><td>班级</td><td></td><td>第　　组</td><td>组长签字</td><td></td></tr>
<tr><td>教师签字</td><td></td><td>日期</td><td colspan="2"></td></tr>
<tr><td colspan="5">评语：</td></tr>
</table>

任务八　确定并排除故障点

1. 确定并排除故障点的资讯单

学习场	检修燃油系统
学习情境七	检测燃油压力调节阀
学时	0.2 学时
典型工作过程描述	1. 准备工作—2. 验证故障—3. 分析故障原因—4. 读取故障码—5. 查阅资料—6. 制订检测方案—7. 实施检测方案—**8. 确定并排除故障点**—9. 验证结果
收集资讯的方式	线下书籍及线上资源相结合。
资讯描述	1. 根据检测结果确定故障点。 2. 排除故障。
对学生的要求	1. 能正确确定故障点。 2. 能正确排除故障。 3. 能养成 6S 规范作业习惯。 4. 具有敬业精神。
参考资料	《检修汽车发动机电控系统》配套微课。

2. 确定并排除故障点的计划单

<table>
<tr><td>学习场</td><td colspan="5">检修燃油系统</td></tr>
<tr><td>学习情境七</td><td colspan="5">检测燃油压力调节阀</td></tr>
<tr><td>学时</td><td colspan="5">0.2 学时</td></tr>
<tr><td>典型工作过程描述</td><td colspan="5">1. 准备工作—2. 验证故障—3. 分析故障原因—4. 读取故障码—5. 查阅资料—6. 制订检测方案—7. 实施检测方案—8. 确定并排除故障点—9. 验证结果</td></tr>
<tr><td>计划制订的方式</td><td colspan="5">小组讨论。</td></tr>
<tr><td>序　　号</td><td colspan="2">工 作 步 骤</td><td colspan="3">注 意 事 项</td></tr>
<tr><td>1</td><td colspan="2">根据检测结果，确定故障点。</td><td colspan="3">正确确定故障点。</td></tr>
<tr><td>2</td><td colspan="2">排除故障。</td><td colspan="3">正确排除故障。</td></tr>
<tr><td rowspan="3">计划的评价</td><td>班级</td><td></td><td>第　　组</td><td>组长签字</td><td></td></tr>
<tr><td>教师签字</td><td></td><td>日期</td><td colspan="2"></td></tr>
<tr><td colspan="5">评语：</td></tr>
</table>

3. 确定并排除故障点的决策单

<table>
<tr><td>学习场</td><td colspan="6">检修燃油系统</td></tr>
<tr><td>学习情境七</td><td colspan="6">检测燃油压力调节阀</td></tr>
<tr><td>学时</td><td colspan="6">0.2 学时</td></tr>
<tr><td>典型工作过程描述</td><td colspan="6">1. 准备工作—2. 验证故障—3. 分析故障原因—4. 读取故障码—5. 查阅资料—6. 制订检测方案—7. 实施检测方案—8. 确定并排除故障点—9. 验证结果</td></tr>
<tr><td colspan="7">计 划 对 比</td></tr>
<tr><td>序　　号</td><td>计划的可行性</td><td>计划的经济性</td><td>计划的可操作性</td><td colspan="2">计划的实施难度</td><td>综 合 评 价</td></tr>
<tr><td>1</td><td></td><td></td><td></td><td colspan="2"></td><td></td></tr>
<tr><td>2</td><td></td><td></td><td></td><td colspan="2"></td><td></td></tr>
<tr><td>3</td><td></td><td></td><td></td><td colspan="2"></td><td></td></tr>
<tr><td rowspan="3">决策的评价</td><td>班级</td><td></td><td>第　　组</td><td>组长签字</td><td colspan="2"></td></tr>
<tr><td>教师签字</td><td></td><td>日期</td><td colspan="3"></td></tr>
<tr><td colspan="6">评语：</td></tr>
</table>

4．确定并排除故障点的实施单

<table>
<tr><td>学习场</td><td colspan="5">检修燃油系统</td></tr>
<tr><td>学习情境七</td><td colspan="5">检测燃油压力调节阀</td></tr>
<tr><td>学时</td><td colspan="5">0.2 学时</td></tr>
<tr><td>典型工作过程描述</td><td colspan="5">1．准备工作—2．验证故障—3．分析故障原因—4．读取故障码—5．查阅资料—6．制订检测方案—7．实施检测方案—8．确定并排除故障点—9．验证结果</td></tr>
<tr><td>序　　号</td><td colspan="2">实施步骤</td><td colspan="3">注意事项</td></tr>
<tr><td>1</td><td colspan="2">根据检测结果，确定故障点。
记录：</td><td colspan="3">正确确定故障点。</td></tr>
<tr><td>2</td><td colspan="2">排除故障。
记录：</td><td colspan="3">正确排除故障。</td></tr>
<tr><td colspan="6">实施说明：</td></tr>
<tr><td rowspan="3">实施的评价</td><td>班级</td><td></td><td>第　　组</td><td>组长签字</td><td></td></tr>
<tr><td>教师签字</td><td></td><td>日期</td><td colspan="2"></td></tr>
<tr><td colspan="5">评语：</td></tr>
</table>

5．确定并排除故障点的检查单

<table>
<tr><td>学习场</td><td colspan="5">检修燃油系统</td></tr>
<tr><td>学习情境七</td><td colspan="5">检测燃油压力调节阀</td></tr>
<tr><td>学时</td><td colspan="5">0.2 学时</td></tr>
<tr><td>典型工作过程描述</td><td colspan="5">1．准备工作—2．验证故障—3．分析故障原因—4．读取故障码—5．查阅资料—6．制订检测方案—7．实施检测方案—8．确定并排除故障点—9．验证结果</td></tr>
<tr><td>序　　号</td><td colspan="2">检查项目</td><td>检查标准</td><td>学生自查</td><td>教师检查</td></tr>
<tr><td>1</td><td colspan="2">根据检测结果，确定故障点</td><td>正确确定故障点</td><td></td><td></td></tr>
<tr><td>2</td><td colspan="2">排除故障</td><td>正确排除故障</td><td></td><td></td></tr>
<tr><td rowspan="3">检查的评价</td><td>班级</td><td></td><td>第　　组</td><td>组长签字</td><td></td></tr>
<tr><td>教师签字</td><td></td><td>日期</td><td colspan="2"></td></tr>
<tr><td colspan="5">评语：</td></tr>
</table>

6. 确定并排除故障点的评价单

学习场	检修燃油系统			
学习情境七	检测燃油压力调节阀			
学时	0.2 学时			
典型工作过程描述	1. 准备工作—2. 验证故障—3. 分析故障原因—4. 读取故障码—5. 查阅资料—6. 制订检测方案—7. 实施检测方案—**8. 确定并排除故障点**—9. 验证结果			
评价项目	评价子项目	学生自评	组内评价	教师评价
根据检测结果，确定故障点	是否正确确定故障点			
排除故障	是否正确排除故障			
评价的评价	班级		第　组	组长签字
	教师签字		日期	
	评语：			

任务九　验证结果

1. 验证结果的资讯单

学习场	检修燃油系统
学习情境七	检测燃油压力调节阀
学时	0.1 学时
典型工作过程描述	1. 准备工作—2. 验证故障—3. 分析故障原因—4. 读取故障码—5. 查阅资料—6. 制订检测方案—7. 实施检测方案—8. 确定并排除故障点—**9. 验证结果**
收集资讯的方式	线下书籍及线上资源相结合。
资讯描述	1. 排除故障后再次验证。 2. 确定故障已排除。
对学生的要求	1. 能正确验证故障。 2. 能确定故障已排除。
参考资料	《检修汽车发动机电控系统》配套微课。

2. 验证结果的计划单

学习场	检修燃油系统
学习情境七	检测燃油压力调节阀
学时	0.1 学时
典型工作过程描述	1. 准备工作—2. 验证故障—3. 分析故障原因—4. 读取故障码—5. 查阅资料—6. 制订检测方案—7. 实施检测方案—8. 确定并排除故障点—**9. 验证结果**

<table>
<tr><td>计划制订的方式</td><td colspan="4">小组讨论。</td></tr>
<tr><td>序　　号</td><td colspan="2">工 作 步 骤</td><td colspan="2">注 意 事 项</td></tr>
<tr><td>1</td><td colspan="2">再次验证故障。</td><td colspan="2">正确验证故障。</td></tr>
<tr><td>2</td><td colspan="2">确定故障已排除。</td><td colspan="2">正确确定故障已排除。</td></tr>
<tr><td rowspan="3">计划的评价</td><td>班级</td><td></td><td>第　　组</td><td>组长签字</td></tr>
<tr><td>教师签字</td><td></td><td>日期</td><td></td></tr>
<tr><td colspan="4">评语：</td></tr>
</table>

3．验证结果的决策单

<table>
<tr><td>学习场</td><td colspan="5">检修燃油系统</td></tr>
<tr><td>学习情境七</td><td colspan="5">检测燃油压力调节阀</td></tr>
<tr><td>学时</td><td colspan="5">0.1 学时</td></tr>
<tr><td>典型工作过程描述</td><td colspan="5">1．准备工作—2．验证故障—3．分析故障原因—4．读取故障码—5．查阅资料—6．制订检测方案—7．实施检测方案—8．确定并排除故障点—9．验证结果</td></tr>
<tr><td colspan="6">计 划 对 比</td></tr>
<tr><td>序　　号</td><td>计划的可行性</td><td>计划的经济性</td><td>计划的可操作性</td><td>计划的实施难度</td><td>综 合 评 价</td></tr>
<tr><td>1</td><td></td><td></td><td></td><td></td><td></td></tr>
<tr><td>2</td><td></td><td></td><td></td><td></td><td></td></tr>
<tr><td>3</td><td></td><td></td><td></td><td></td><td></td></tr>
<tr><td rowspan="3">决策的评价</td><td>班级</td><td></td><td>第　　组</td><td>组长签字</td><td></td></tr>
<tr><td>教师签字</td><td></td><td>日期</td><td colspan="2"></td></tr>
<tr><td colspan="5">评语：</td></tr>
</table>

4．验证结果的实施单

学习场	检修燃油系统
学习情境七	检测燃油压力调节阀
学时	0.1 学时
典型工作过程描述	1．准备工作—2．验证故障—3．分析故障原因—4．读取故障码—5．查阅资料—6．制订检测方案—7．实施检测方案—8．确定并排除故障点—**9．验证结果**

<table>
<tr><th>序　号</th><th colspan="2">实施步骤</th><th colspan="3">注意事项</th></tr>
<tr><td>1</td><td colspan="2">再次验证故障。
记录：</td><td colspan="3">正确验证故障。</td></tr>
<tr><td>2</td><td colspan="2">确定故障已排除。
记录：</td><td colspan="3">正确确定故障已排除。</td></tr>
<tr><td colspan="6">实施说明：</td></tr>
<tr><td rowspan="3">**实施的评价**</td><td>班级</td><td></td><td>第　　组</td><td>组长签字</td><td></td></tr>
<tr><td>教师签字</td><td></td><td>日期</td><td colspan="2"></td></tr>
<tr><td colspan="5">评语：</td></tr>
</table>

5. 验证结果的检查单

<table>
<tr><td>**学习场**</td><td colspan="6">检修燃油系统</td></tr>
<tr><td>**学习情境七**</td><td colspan="6">检测燃油压力调节阀</td></tr>
<tr><td>**学时**</td><td colspan="6">0.1 学时</td></tr>
<tr><td>**典型工作过程描述**</td><td colspan="6">1．准备工作—2．验证故障—3．分析故障原因—4．读取故障码—5．查阅资料—6．制订检测方案—7．实施检测方案—8．确定并排除故障点—**9．验证结果**</td></tr>
<tr><td>**序　号**</td><td>**检查项目**</td><td colspan="2">**检查标准**</td><td colspan="2">**学生自查**</td><td>**教师检查**</td></tr>
<tr><td>1</td><td>再次验证故障</td><td colspan="2">正确验证故障</td><td colspan="2"></td><td></td></tr>
<tr><td>2</td><td>确定故障已排除</td><td colspan="2">正确确定故障已排除</td><td colspan="2"></td><td></td></tr>
<tr><td rowspan="3">**检查的评价**</td><td>班级</td><td></td><td colspan="2">第　　组</td><td>组长签字</td><td></td></tr>
<tr><td>教师签字</td><td></td><td colspan="2">日期</td><td colspan="2"></td></tr>
<tr><td colspan="6">评语：</td></tr>
</table>

6. 验证结果的评价单

<table>
<tr><td>学习场</td><td colspan="6">检修燃油系统</td></tr>
<tr><td>学习情境七</td><td colspan="6">检测燃油压力调节阀</td></tr>
<tr><td>学时</td><td colspan="6">0.1 学时</td></tr>
<tr><td>典型工作过程描述</td><td colspan="6">1. 准备工作—2. 验证故障—3. 分析故障原因—4. 读取故障码—5. 查阅资料—6. 制订检测方案—7. 实施检测方案—8. 确定并排除故障点—9. 验证结果</td></tr>
<tr><td colspan="2">评 价 项 目</td><td colspan="2">评价子项目</td><td>学 生 自 评</td><td>组 内 评 价</td><td>教 师 评 价</td></tr>
<tr><td colspan="2">再次验证故障</td><td colspan="2">是否正确验证故障</td><td></td><td></td><td></td></tr>
<tr><td colspan="2">确定故障已排除</td><td colspan="2">是否正确确定故障已排除</td><td></td><td></td><td></td></tr>
<tr><td rowspan="3">评价的评价</td><td colspan="2">班级</td><td></td><td>第　　组</td><td>组长签字</td><td></td></tr>
<tr><td colspan="2">教师签字</td><td></td><td>日期</td><td colspan="2"></td></tr>
<tr><td colspan="6">评语：</td></tr>
</table>

学习情境八　检测燃油压力传感器

任务一　检测燃油压力传感器的准备工作

1．检测燃油压力传感器准备工作的资讯单

学习场	检修燃油系统
学习情境八	检测燃油压力传感器
学时	0.25 学时
典型工作过程描述	**1．准备工作**—2．确定故障并分析原因—3．读取故障码—4．查阅资料并制订检测方案—5．实施检测方案—6．排除故障并验证结果
收集资讯的方式	线下书籍及线上资源相结合。
资讯描述	1．燃油系统的作用、结构及类型。 2．燃油系统的油路。 3．使用的工具设备。
对学生的要求	1．掌握燃油系统的作用、结构及类型。 2．掌握燃油系统的油路。 3．能养成 6S 规范作业习惯。 4．具有团队意识、工匠精神和职业精神。
参考资料	《检修汽车发动机电控系统》配套微课。

2．检测燃油压力传感器准备工作的计划单

<table>
<tr><td>学习场</td><td colspan="6">检修燃油系统</td></tr>
<tr><td>学习情境八</td><td colspan="6">检测燃油压力传感器</td></tr>
<tr><td>学时</td><td colspan="6">0.05 学时</td></tr>
<tr><td>典型工作过程描述</td><td colspan="6">1．准备工作—2．确定故障并分析原因—3．读取故障码—4．查阅资料并制订检测方案—5．实施检测方案—6．排除故障并验证结果</td></tr>
<tr><td>计划制订的方式</td><td colspan="6">小组讨论。</td></tr>
<tr><td>序　　号</td><td colspan="3">工 作 步 骤</td><td colspan="3">注 意 事 项</td></tr>
<tr><td>1</td><td colspan="3">燃油系统的作用及结构。</td><td colspan="3">分析、概括全面。</td></tr>
<tr><td>2</td><td colspan="3">燃油系统的类型。</td><td colspan="3">描述清楚。</td></tr>
<tr><td>3</td><td colspan="3">燃油系统的油路。</td><td colspan="3">描述清楚。</td></tr>
<tr><td>4</td><td colspan="3">准备工具设备。</td><td colspan="3">准备齐全。</td></tr>
<tr><td rowspan="3">计划的评价</td><td>班级</td><td></td><td>第　　组</td><td>组长签字</td><td colspan="2"></td></tr>
<tr><td>教师签字</td><td></td><td>日期</td><td colspan="3"></td></tr>
<tr><td colspan="6">评语：</td></tr>
</table>

3．检测燃油压力传感器准备工作的决策单

学习场	检修燃油系统				
学习情境八	检测燃油压力传感器				
学时	0.05 学时				
典型工作过程描述	**1．准备工作**—2．确定故障并分析原因—3．读取故障码—4．查阅资料并制订检测方案—5．实施检测方案—6．排除故障并验证结果				
计 划 对 比					
序　　号	计划的可行性	计划的经济性	计划的可操作性	计划的实施难度	综 合 评 价
1					
2					
3					
决策的评价	班级		第　　组	组长签字	
	教师签字		日期		
	评语：				

4．检测燃油压力传感器准备工作的实施单

学习场	检修燃油系统	
学习情境八	检测燃油压力传感器	
学时	0.05 学时	
典型工作过程描述	**1．准备工作**—2．确定故障并分析原因—3．读取故障码—4．查阅资料并制订检测方案—5．实施检测方案—6．排除故障并验证结果	
序　　号	实 施 步 骤	注 意 事 项
1	燃油系统的作用及结构。 **记录：**	分析概括全面。
2	燃油系统的类型。 **记录：**	描述清楚。
3	燃油系统的油路。 **记录：**	描述清楚。
4	准备工具设备。 **记录：**	准备齐全。
实施说明：		

<table>
<tr><td rowspan="3">实施的评价</td><td>班级</td><td></td><td>第　　组</td><td>组长签字</td><td></td></tr>
<tr><td>教师签字</td><td></td><td>日期</td><td colspan="2"></td></tr>
<tr><td colspan="5">评语：</td></tr>
</table>

5. 检测燃油压力传感器准备工作的检查单

<table>
<tr><td>学习场</td><td colspan="5">检修燃油系统</td></tr>
<tr><td>学习情境八</td><td colspan="5">检测燃油压力传感器</td></tr>
<tr><td>学时</td><td colspan="5">0.05 学时</td></tr>
<tr><td>典型工作过程描述</td><td colspan="5">1. 准备工作—2. 确定故障并分析原因—3. 读取故障码—4. 查阅资料并制订检测方案—5. 实施检测方案—6. 排除故障并验证结果</td></tr>
<tr><td>序　　号</td><td colspan="2">检 查 项 目</td><td>检 查 标 准</td><td>学 生 自 查</td><td>教 师 检 查</td></tr>
<tr><td>1</td><td colspan="2">燃油系统的作用及结构</td><td>分析概括全面</td><td></td><td></td></tr>
<tr><td>2</td><td colspan="2">燃油系统的类型</td><td>描述清楚</td><td></td><td></td></tr>
<tr><td>3</td><td colspan="2">燃油系统的油路</td><td>描述清楚</td><td></td><td></td></tr>
<tr><td>4</td><td colspan="2">准备工具设备</td><td>准备齐全</td><td></td><td></td></tr>
<tr><td rowspan="3">检查的评价</td><td>班级</td><td></td><td>第　　组</td><td>组长签字</td><td></td></tr>
<tr><td>教师签字</td><td></td><td>日期</td><td colspan="2"></td></tr>
<tr><td colspan="5">评语：</td></tr>
</table>

6. 检测燃油压力传感器准备工作的评价单

<table>
<tr><td>学习场</td><td colspan="5">检修燃油系统</td></tr>
<tr><td>学习情境八</td><td colspan="5">检测燃油压力传感器</td></tr>
<tr><td>学时</td><td colspan="5">0.05 学时</td></tr>
<tr><td>典型工作过程描述</td><td colspan="5">1. 准备工作—2. 确定故障并分析原因—3. 读取故障码—4. 查阅资料并制订检测方案—5. 实施检测方案—6. 排除故障并验证结果</td></tr>
<tr><td colspan="2">评 价 项 目</td><td>评价子项目</td><td>学 生 自 评</td><td>组 内 评 价</td><td>教 师 评 价</td></tr>
<tr><td colspan="2">燃油系统的作用及结构</td><td>分析概括是否全面</td><td></td><td></td><td></td></tr>
<tr><td colspan="2">燃油系统的类型</td><td>描述是否清楚</td><td></td><td></td><td></td></tr>
<tr><td colspan="2">燃油系统的油路</td><td>描述是否清楚</td><td></td><td></td><td></td></tr>
<tr><td colspan="2">准备工具设备</td><td>准备是否齐全</td><td></td><td></td><td></td></tr>
<tr><td rowspan="3">评价的评价</td><td>班级</td><td></td><td>第　　组</td><td>组长签字</td><td></td></tr>
<tr><td>教师签字</td><td></td><td>日期</td><td colspan="2"></td></tr>
<tr><td colspan="5">评语：</td></tr>
</table>

任务二　确定故障并分析原因

1．确定故障并分析原因的资讯单

学习场	检修燃油系统
学习情境八	检测燃油压力传感器
学时	0.25 学时
典型工作过程描述	1．准备工作—**2．确定故障并分析原因**—3．读取故障码—4．查阅资料并制订检测方案—5．实施检测方案—6．排除故障并验证结果
收集资讯的方式	线下书籍及线上资源相结合。
资讯描述	1．故障验证。 2．正确描述故障现象。
对学生的要求	1．能正确进行故障验证。 2．能正确描述故障现象。 3．能正确根据故障现象分析故障原因。 4．能养成 6S 规范作业习惯。 5．具有团队意识、工匠精神和职业精神。
参考资料	《检修汽车发动机电控系统》配套微课。

2．确定故障并分析原因的计划单

学习场	检修燃油系统					
学习情境八	检测燃油压力传感器					
学时	0.05 学时					
典型工作过程描述	1．准备工作—**2．确定故障并分析原因**—3．读取故障码—4．查阅资料并制订检测方案—5．实施检测方案—6．排除故障并验证结果					
计划制订的方式	小组讨论。					
序　号	工 作 步 骤		注 意 事 项			
1	打开点火开关，观察仪表。		检查仪表指示是否正常。			
2	起动车辆，检查故障现象。		检查仪表指示是否正常，起动后发动机工作是否正常。			
3	描述故障现象。		正确描述故障现象。			
4	根据故障现象，分析原因。		正确、全面地分析原因。			
计划的评价	班级		第　组		组长签字	
	教师签字		日期			
	评语：					

3. 确定故障并分析原因的决策单

学习场	检修燃油系统					
学习情境八	检测燃油压力传感器					
学时	0.05 学时					
典型工作过程描述	1．准备工作—**2．确定故障并分析原因**—3．读取故障码—4．查阅资料并制订检测方案—5．实施检测方案—6．排除故障并验证结果					
计 划 对 比						
序　　号	计划的可行性	计划的经济性	计划的可操作性	计划的实施难度	综 合 评 价	
1						
2						
3						
决策的评价	班级		第　　组	组长签字		
	教师签字		日期			
	评语：					

4. 确定故障并分析原因的实施单

学习场	检修燃油系统				
学习情境八	检测燃油压力传感器				
学时	0.05 学时				
典型工作过程描述	1．准备工作—**2．确定故障并分析原因**—3．读取故障码—4．查阅资料并制订检测方案—5．实施检测方案—6．排除故障并验证结果				
序　　号	实 施 步 骤		注 意 事 项		
1	打开点火开关，观察仪表。 **记录：**		检查仪表指示是否正常。		
2	起动车辆，检查故障现象。 **记录：**		检查仪表指示是否正常，起动后发动机工作是否正常。		
3	描述故障现象。 **记录：**		正确描述故障现象。		
4	根据故障现象，分析原因。 **记录：**		正确、全面地分析原因。		
实施说明：					
实施的评价	班级		第　　组	组长签字	
	教师签字		日期		
	评语：				

5. 确定故障并分析原因的检查单

<table>
<tr><td>学习场</td><td colspan="6">检修燃油系统</td></tr>
<tr><td>学习情境八</td><td colspan="6">检测燃油压力传感器</td></tr>
<tr><td>学时</td><td colspan="6">0.05 学时</td></tr>
<tr><td>典型工作过程描述</td><td colspan="6">1．准备工作—2．确定故障并分析原因—3．读取故障码—4．查阅资料并制订检测方案—5．实施检测方案—6．排除故障并验证结果</td></tr>
<tr><td>序　　号</td><td colspan="2">检 查 项 目</td><td colspan="2">检 查 标 准</td><td>学 生 自 查</td><td>教 师 检 查</td></tr>
<tr><td>1</td><td colspan="2">打开点火开关，观察仪表</td><td colspan="2">检查全面</td><td></td><td></td></tr>
<tr><td>2</td><td colspan="2">起动车辆，检查故障现象</td><td colspan="2">检查全面</td><td></td><td></td></tr>
<tr><td>3</td><td colspan="2">描述故障现象</td><td colspan="2">正确描述故障现象</td><td></td><td></td></tr>
<tr><td>4</td><td colspan="2">根据故障现象，分析原因</td><td colspan="2">正确、全面地分析原因</td><td></td><td></td></tr>
<tr><td rowspan="3">检查的评价</td><td>班级</td><td></td><td>第　　组</td><td>组长签字</td><td colspan="2"></td></tr>
<tr><td>教师签字</td><td></td><td>日期</td><td colspan="3"></td></tr>
<tr><td colspan="6">评语：</td></tr>
</table>

6. 确定故障并分析原因的评价单

<table>
<tr><td>学习场</td><td colspan="5">检修燃油系统</td></tr>
<tr><td>学习情境八</td><td colspan="5">检测燃油压力传感器</td></tr>
<tr><td>学时</td><td colspan="5">0.05 学时</td></tr>
<tr><td>典型工作过程描述</td><td colspan="5">1．准备工作—2．确定故障并分析原因—3．读取故障码—4．查阅资料并制订检测方案—5．实施检测方案—6．排除故障并验证结果</td></tr>
<tr><td>评价项目</td><td colspan="2">评价子项目</td><td>学 生 自 评</td><td>组 内 评 价</td><td>教 师 评 价</td></tr>
<tr><td>打开点火开关，观察仪表</td><td colspan="2">检查是否全面</td><td></td><td></td><td></td></tr>
<tr><td>起动车辆，检查故障现象</td><td colspan="2">检查是否全面</td><td></td><td></td><td></td></tr>
<tr><td>描述故障现象</td><td colspan="2">是否正确描述故障现象</td><td></td><td></td><td></td></tr>
<tr><td>根据故障现象，分析原因</td><td colspan="2">是否正确、全面地分析原因</td><td></td><td></td><td></td></tr>
<tr><td rowspan="3">评价的评价</td><td>班级</td><td></td><td>第　　组</td><td>组长签字</td><td></td></tr>
<tr><td>教师签字</td><td></td><td>日期</td><td colspan="2"></td></tr>
<tr><td colspan="5">评语：</td></tr>
</table>

任务三　读取故障码

1．读取故障码的资讯单

学习场	检修燃油系统
学习情境八	检测燃油压力传感器
学时	0.05 学时
典型工作过程描述	1．准备工作—2．确定故障并分析原因—**3．读取故障码**—4．查阅资料并制订检测方案—5．实施检测方案—6．排除故障并验证结果
收集资讯的方式	线下书籍及线上资源相结合。
资讯描述	1．关闭点火开关，连接解码仪。 2．打开点火开关，读取故障码。 3．读取数据流。
对学生的要求	1．能正确连接解码仪。 2．能正确读取故障码。 3．能正确读取数据流。
参考资料	《检修汽车发动机电控系统》配套微课。

2．读取故障码的计划单

<table>
<tr><td>学习场</td><td colspan="4">检修燃油系统</td></tr>
<tr><td>学习情境八</td><td colspan="4">检测燃油压力传感器</td></tr>
<tr><td>学时</td><td colspan="4">0.05 学时</td></tr>
<tr><td>典型工作过程描述</td><td colspan="4">1．准备工作—2．确定故障并分析原因—3．读取故障码—4．查阅资料并制订检测方案—5．实施检测方案—6．排除故障并验证结果</td></tr>
<tr><td>计划制订的方式</td><td colspan="4">小组讨论。</td></tr>
<tr><td>序　　号</td><td colspan="2">工 作 步 骤</td><td colspan="2">注 意 事 项</td></tr>
<tr><td>1</td><td colspan="2">关闭点火开关，连接解码仪。</td><td colspan="2">关闭点火开关，正确连接解码仪。</td></tr>
<tr><td>2</td><td colspan="2">打开点火开关，读取故障码。</td><td colspan="2">打开点火开关，正确读取故障码。</td></tr>
<tr><td>3</td><td colspan="2">读取数据流。</td><td colspan="2">正确读取静态和动态数据流。</td></tr>
<tr><td rowspan="3">计划的评价</td><td>班级</td><td></td><td>第　　组</td><td>组长签字</td></tr>
<tr><td>教师签字</td><td></td><td>日期</td><td></td></tr>
<tr><td colspan="4">评语：</td></tr>
</table>

3．读取故障码的决策单

<table>
<tr><td>学习场</td><td colspan="6">检修燃油系统</td></tr>
<tr><td>学习情境八</td><td colspan="6">检测燃油压力传感器</td></tr>
<tr><td>学时</td><td colspan="6">0.05 学时</td></tr>
<tr><td>典型工作过程描述</td><td colspan="6">1．准备工作—2．确定故障并分析原因—3．读取故障码—4．查阅资料并制订检测方案—5．实施检测方案—6．排除故障并验证结果</td></tr>
<tr><td colspan="7">计 划 对 比</td></tr>
<tr><td>序　　号</td><td>计划的可行性</td><td>计划的经济性</td><td>计划的可操作性</td><td colspan="2">计划的实施难度</td><td>综 合 评 价</td></tr>
<tr><td>1</td><td></td><td></td><td></td><td colspan="2"></td><td></td></tr>
<tr><td>2</td><td></td><td></td><td></td><td colspan="2"></td><td></td></tr>
<tr><td>3</td><td></td><td></td><td></td><td colspan="2"></td><td></td></tr>
<tr><td rowspan="3">决策的评价</td><td>班级</td><td></td><td>第　　组</td><td>组长签字</td><td colspan="2"></td></tr>
<tr><td>教师签字</td><td></td><td>日期</td><td colspan="3"></td></tr>
<tr><td colspan="6">评语：</td></tr>
</table>

4．读取故障码的实施单

<table>
<tr><td>学习场</td><td colspan="5">检修燃油系统</td></tr>
<tr><td>学习情境八</td><td colspan="5">检测燃油压力传感器</td></tr>
<tr><td>学时</td><td colspan="5">0.25 学时</td></tr>
<tr><td>典型工作过程描述</td><td colspan="5">1．准备工作—2．确定故障并分析原因—3．读取故障码—4．查阅资料并制订检测方案—5．实施检测方案—6．排除故障并验证结果</td></tr>
<tr><td>序　　号</td><td colspan="2">实 施 步 骤</td><td colspan="3">注 意 事 项</td></tr>
<tr><td>1</td><td colspan="2">关闭点火开关，连接解码仪。
记录：</td><td colspan="3">关闭点火开关，正确连接解码仪。</td></tr>
<tr><td>2</td><td colspan="2">打开点火开关，读取故障码。
记录：</td><td colspan="3">打开点火开关，正确读取故障码。</td></tr>
<tr><td>3</td><td colspan="2">读取数据流。
记录：</td><td colspan="3">正确读取静态和动态数据流。</td></tr>
<tr><td colspan="6">实施说明：</td></tr>
<tr><td rowspan="3">实施的评价</td><td>班级</td><td></td><td>第　　组</td><td>组长签字</td><td></td></tr>
<tr><td>教师签字</td><td></td><td>日期</td><td colspan="2"></td></tr>
<tr><td colspan="5">评语：</td></tr>
</table>

5．读取故障码的检查单

<table>
<tr><td>学习场</td><td colspan="6">检修燃油系统</td></tr>
<tr><td>学习情境八</td><td colspan="6">检测燃油压力传感器</td></tr>
<tr><td>学时</td><td colspan="6">0.05 学时</td></tr>
<tr><td>典型工作过程描述</td><td colspan="6">1．准备工作—2．确定故障并分析原因—3．读取故障码—4．查阅资料并制订检测方案—5．实施检测方案—6．排除故障并验证结果</td></tr>
<tr><td>序　　号</td><td colspan="2">检 查 项 目</td><td colspan="2">检 查 标 准</td><td>学 生 自 查</td><td>教 师 检 查</td></tr>
<tr><td>1</td><td colspan="2">关闭点火开关，连接解码仪</td><td colspan="2">关闭点火开关，正确连接解码仪</td><td></td><td></td></tr>
<tr><td>2</td><td colspan="2">打开点火开关，读取故障码</td><td colspan="2">打开点火开关，正确读取故障码</td><td></td><td></td></tr>
<tr><td>3</td><td colspan="2">读取数据流</td><td colspan="2">正确读取静态和动态数据流</td><td></td><td></td></tr>
<tr><td rowspan="3">检查的评价</td><td>班级</td><td colspan="2"></td><td>第　　组</td><td>组长签字</td><td></td></tr>
<tr><td>教师签字</td><td colspan="2"></td><td>日期</td><td colspan="2"></td></tr>
<tr><td colspan="6">评语：</td></tr>
</table>

6．读取故障码的评价单

<table>
<tr><td>学习场</td><td colspan="6">检修燃油系统</td></tr>
<tr><td>学习情境八</td><td colspan="6">检测燃油压力传感器</td></tr>
<tr><td>学时</td><td colspan="6">0.05 学时</td></tr>
<tr><td>典型工作过程描述</td><td colspan="6">1．准备工作—2．确定故障并分析原因—3．读取故障码—4．查阅资料并制订检测方案—5．实施检测方案—6．排除故障并验证结果</td></tr>
<tr><td colspan="2">评 价 项 目</td><td colspan="2">评价子项目</td><td>学 生 自 评</td><td>组 内 评 价</td><td>教 师 评 价</td></tr>
<tr><td colspan="2">关闭点火开关，连接解码仪</td><td colspan="2">是否关闭点火开关，正确连接解码仪</td><td></td><td></td><td></td></tr>
<tr><td colspan="2">打开点火开关，读取故障码</td><td colspan="2">是否打开点火开关，正确读取故障码</td><td></td><td></td><td></td></tr>
<tr><td colspan="2">读取数据流</td><td colspan="2">是否正确读取静态和动态数据流</td><td></td><td></td><td></td></tr>
<tr><td rowspan="3">评价的评价</td><td colspan="2">班级</td><td></td><td>第　　组</td><td>组长签字</td><td></td></tr>
<tr><td colspan="2">教师签字</td><td></td><td>日期</td><td colspan="2"></td></tr>
<tr><td colspan="6">评语：</td></tr>
</table>

任务四　查阅资料并制订检测方案

1．查阅资料并制订检测方案的资讯单

学习场	检修燃油系统
学习情境八	检测燃油压力传感器
学时	0.1 学时
典型工作过程描述	1．准备工作—2．确定故障并分析原因—3．读取故障码—**4．查阅资料并制订检测方案**—5．实施检测方案—6．排除故障并验证结果
收集资讯的方式	线下书籍及线上资源相结合。
资讯描述	1．查阅维修手册。 2．查阅电路图。 3．根据维修手册、电路图及故障现象和故障码制订检测方案。 4．完善检测方案。
对学生的要求	1．能查阅维修手册，确定燃油压力传感器的位置。 2．能查阅电路图，绘制燃油压力传感器电路图。 3．能制订检测方案。 4．能完善检测方案。 5．能养成 6S 规范作业习惯。
参考资料	《检修汽车发动机电控系统》配套微课。

2．查阅资料并制订检测方案的计划单

学习场	检修燃油系统				
学习情境八	检测燃油压力传感器				
学时	0.1 学时				
典型工作过程描述	1．准备工作—2．确定故障并分析原因—3．读取故障码—**4．查阅资料并制订检测方案**—5．实施检测方案—6．排除故障并验证结果				
计划制订的方式	小组讨论。				
序　　号	工 作 步 骤			注 意 事 项	
1	查阅维修手册，确定燃油压力传感器的位置。			正确确定位置。	
2	查阅电路图，绘制燃油压力传感器电路图。			正确绘制电路图。	
3	制订检测方案。			符合检测规则。	
4	完善检测方案。			符合检测规则。	
计划的评价	班级		第　　组	组长签字	
	教师签字		日期		
	评语：				

3. 查阅资料并制订检测方案的决策单

学习场	检修燃油系统				
学习情境八	检测燃油压力传感器				
学时	0.1 学时				
典型工作过程描述	1．准备工作—2．确定故障并分析原因—3．读取故障码—**4．查阅资料并制订检测方案**—5．实施检测方案—6．排除故障并验证结果				
计划对比					
序号	计划的可行性	计划的经济性	计划的可操作性	计划的实施难度	综合评价
1					
2					
3					
决策的评价	班级		第　组	组长签字	
	教师签字		日期		
	评语：				

4. 查阅资料并制订检测方案的实施单

学习场	检修燃油系统	
学习情境八	检测燃油压力传感器	
学时	0.5 学时	
典型工作过程描述	1．准备工作—2．确定故障并分析原因—3．读取故障码—**4．查阅资料并制订检测方案**—5．实施检测方案—6．排除故障并验证结果	
序号	实施步骤	注意事项
1	查阅维修手册，确定燃油压力传感器的位置。 **记录：**	正确确定位置。
2	查阅电路图，绘制燃油压力传感器电路图。 **记录：**	正确绘制电路图。
3	制订检测方案。 **记录：**	符合检测规则。
4	完善检测方案。 **记录：**	符合检测规则。
实施说明：		

实施的评价	班级		第　组	组长签字	
	教师签字		日期		
	评语：				

5．查阅资料并制订检测方案的检查单

<table>
<tr><td>学习场</td><td colspan="5">检修燃油系统</td></tr>
<tr><td>学习情境八</td><td colspan="5">检测燃油压力传感器</td></tr>
<tr><td>学时</td><td colspan="5">0.1 学时</td></tr>
<tr><td>典型工作过程描述</td><td colspan="5">1．准备工作—2．确定故障并分析原因—3．读取故障码—4．查阅资料并制订检测方案—5．实施检测方案—6．排除故障并验证结果</td></tr>
<tr><td>序　号</td><td colspan="2">检 查 项 目</td><td>检 查 标 准</td><td>学 生 自 查</td><td>教 师 检 查</td></tr>
<tr><td>1</td><td colspan="2">查阅维修手册，确定燃油压力传感器的位置</td><td>正确确定位置</td><td></td><td></td></tr>
<tr><td>2</td><td colspan="2">查阅电路图，绘制燃油压力传感器电路图</td><td>正确绘制电路图</td><td></td><td></td></tr>
<tr><td>3</td><td colspan="2">制订检测方案</td><td>符合检测规则</td><td></td><td></td></tr>
<tr><td>4</td><td colspan="2">完善检测方案</td><td>符合检测规则</td><td></td><td></td></tr>
<tr><td rowspan="3">检查的评价</td><td>班级</td><td></td><td>第　　组</td><td>组长签字</td><td></td></tr>
<tr><td>教师签字</td><td></td><td>日期</td><td colspan="2"></td></tr>
<tr><td colspan="5">评语：</td></tr>
</table>

6．查阅资料并制订检测方案的评价单

<table>
<tr><td>学习场</td><td colspan="5">检修燃油系统</td></tr>
<tr><td>学习情境八</td><td colspan="5">检测燃油压力传感器</td></tr>
<tr><td>学时</td><td colspan="5">0.1 学时</td></tr>
<tr><td>典型工作过程描述</td><td colspan="5">1．准备工作—2．确定故障并分析原因—3．读取故障码—4．查阅资料并制订检测方案—5．实施检测方案—6．排除故障并验证结果</td></tr>
<tr><td colspan="2">评 价 项 目</td><td>评价子项目</td><td>学 生 自 评</td><td>组 内 评 价</td><td>教 师 评 价</td></tr>
<tr><td colspan="2">查阅维修手册，确定燃油压力传感器的位置</td><td>是否正确确定位置</td><td></td><td></td><td></td></tr>
<tr><td colspan="2">查阅电路图，绘制燃油压力传感器电路图</td><td>是否正确绘制电路图</td><td></td><td></td><td></td></tr>
<tr><td colspan="2">制订检测方案</td><td>是否符合检测规则</td><td></td><td></td><td></td></tr>
<tr><td colspan="2">完善检测方案</td><td>是否符合检测规则</td><td></td><td></td><td></td></tr>
<tr><td rowspan="3">评价的评价</td><td>班级</td><td></td><td>第　　组</td><td>组长签字</td><td></td></tr>
<tr><td>教师签字</td><td></td><td>日期</td><td colspan="2"></td></tr>
<tr><td colspan="5">评语：</td></tr>
</table>

任务五　实施检测方案

1. 实施检测方案的资讯单

学习场	检修燃油系统
学习情境八	检测燃油压力传感器
学时	0.1 学时
典型工作过程描述	1. 准备工作—2. 确定故障并分析原因—3. 读取故障码—4. 查阅资料并制订检测方案—**5. 实施检测方案**—6. 排除故障并验证结果
收集资讯的方式	线下书籍及线上资源相结合。
资讯描述	1. 根据制订的检测方案，开始检测。 2. 正确记录检测结果，并分析检测结果是否正常。
对学生的要求	1. 能正确、全面地按照检测方案进行检测。 2. 能正确记录检测结果。 3. 能分析检测结果，并得出结论。 4. 能养成 6S 规范作业习惯。 5. 具有团队意识、工匠精神和职业精神。
参考资料	《检修汽车发动机电控系统》配套微课。

2. 实施检测方案的计划单

<table>
<tr><td>学习场</td><td colspan="4">检修燃油系统</td></tr>
<tr><td>学习情境八</td><td colspan="4">检测燃油压力传感器</td></tr>
<tr><td>学时</td><td colspan="4">0.1 学时</td></tr>
<tr><td>典型工作过程描述</td><td colspan="4">1. 准备工作—2. 确定故障并分析原因—3. 读取故障码—4. 查阅资料并制订检测方案—5. 实施检测方案—6. 排除故障并验证结果</td></tr>
<tr><td>计划制订的方式</td><td colspan="4">小组讨论。</td></tr>
<tr><td>序　号</td><td colspan="2">工 作 步 骤</td><td colspan="2">注 意 事 项</td></tr>
<tr><td>1</td><td colspan="2">根据制订的检测方案，开始检测。</td><td colspan="2">正确、安全地进行检测。</td></tr>
<tr><td>2</td><td colspan="2">车辆防护。</td><td colspan="2">车内车外正确防护。</td></tr>
<tr><td>3</td><td colspan="2">车辆信息记录。</td><td colspan="2">正确记录车辆信息。</td></tr>
<tr><td>4</td><td colspan="2">发动机舱内检测记录。</td><td colspan="2">正确、全面地进行检测并记录。</td></tr>
<tr><td>5</td><td colspan="2">燃油压力传感器检测记录。</td><td colspan="2">正确检测并记录。</td></tr>
<tr><td>6</td><td colspan="2">分析检测结果，得出结论。</td><td colspan="2">正确得出结论。</td></tr>
<tr><td rowspan="3">计划的评价</td><td>班级</td><td></td><td>第　　组</td><td>组长签字　</td></tr>
<tr><td>教师签字</td><td></td><td>日期</td><td></td></tr>
<tr><td colspan="4">评语：</td></tr>
</table>

3．实施检测方案的决策单

学习场	检修燃油系统				
学习情境八	检测燃油压力传感器				
学时	0.1 学时				
典型工作过程描述	1．准备工作—2．确定故障并分析原因—3．读取故障码—4．查阅资料并制订检测方案—**5．实施检测方案**—6．排除故障并验证结果				
计 划 对 比					
序　　号	计划的可行性	计划的经济性	计划的可操作性	计划的实施难度	综 合 评 价
1					
2					
3					
决策的评价	班级		第　　组	组长签字	
	教师签字		日期		
	评语：				

4．实施检测方案的实施单

学习场	检修燃油系统	
学习情境八	检测燃油压力传感器	
学时	0.5 学时	
典型工作过程描述	1．准备工作—2．确定故障并分析原因—3．读取故障码—4．查阅资料并制订检测方案—**5．实施检测方案**—6．排除故障并验证结果	
序　　号	实 施 步 骤	注 意 事 项
1	根据制订的检测方案，开始检测。 **记录：**	正确、安全地进行检测。
2	车辆防护。 **记录：**	车内车外正确防护。
3	车辆信息记录。 **记录：**	正确记录车辆信息。

4	发动机舱内检测记录。 **记录：**	正确、全面地进行检测并记录。
5	燃油压力传感器检测记录。 **记录：**	正确检测并记录。
6	分析检测结果，得出结论。 **记录：**	正确得出结论。
实施说明：		

实施的评价	班级		第　　组	组长签字	
	教师签字		日期		
	评语：				

5. 实施检测方案的检查单

学习场	检修燃油系统			
学习情境八	检测燃油压力传感器			
学时	0.1 学时			
典型工作过程描述	1．准备工作—2．确定故障并分析原因—3．读取故障码—4．查阅资料并制订检测方案—**5．实施检测方案**—6．排除故障并验证结果			
序　　号	**检 查 项 目**	**检 查 标 准**	**学 生 自 查**	**教 师 检 查**
1	根据制订的检测方案，开始检测	正确、安全地进行检测		
2	车辆防护	车内车外正确防护		
3	车辆信息记录	正确记录车辆信息		
4	发动机舱内检测记录	正确、全面地进行检测并记录		
5	燃油压力传感器检测记录	正确检测并记录		
6	分析检测结果，得出结论	正确得出结论		

检查的评价	班级		第　　组	组长签字	
	教师签字		日期		
	评语：				

6. 实施检测方案的评价单

<table>
<tr><td>学习场</td><td colspan="5">检修燃油系统</td></tr>
<tr><td>学习情境八</td><td colspan="5">检测燃油压力传感器</td></tr>
<tr><td>学时</td><td colspan="5">0.1 学时</td></tr>
<tr><td>典型工作过程描述</td><td colspan="5">1．准备工作—2．确定故障并分析原因—3．读取故障码—4．查阅资料并制订检测方案—5．实施检测方案—6．排除故障并验证结果</td></tr>
<tr><td>评 价 项 目</td><td>评价子项目</td><td>学 生 自 评</td><td colspan="2">组 内 评 价</td><td>教 师 评 价</td></tr>
<tr><td>根据制订的检测方案，开始检测</td><td>是否正确、安全地进行检测</td><td></td><td colspan="2"></td><td></td></tr>
<tr><td>车辆防护</td><td>是否进行了车内车外正确防护</td><td></td><td colspan="2"></td><td></td></tr>
<tr><td>车辆信息记录</td><td>是否正确记录车辆信息</td><td></td><td colspan="2"></td><td></td></tr>
<tr><td>发动机舱内检测记录</td><td>是否正确、全面地进行检测并记录</td><td></td><td colspan="2"></td><td></td></tr>
<tr><td>燃油压力传感器检测记录</td><td>是否正确检测并记录</td><td></td><td colspan="2"></td><td></td></tr>
<tr><td>分析检测结果，得出结论</td><td>是否正确得出结论</td><td></td><td colspan="2"></td><td></td></tr>
<tr><td rowspan="3">评价的评价</td><td>班级</td><td></td><td>第　　组</td><td>组长签字</td><td></td></tr>
<tr><td>教师签字</td><td></td><td>日期</td><td colspan="2"></td></tr>
<tr><td colspan="5">评语：</td></tr>
</table>

任务六　排除故障并验证结果

1. 排除故障并验证结果的资讯单

<table>
<tr><td>学习场</td><td>检修燃油系统</td></tr>
<tr><td>学习情境八</td><td>检测燃油压力传感器</td></tr>
<tr><td>学时</td><td>0.05 学时</td></tr>
<tr><td>典型工作过程描述</td><td>1．准备工作—2．确定故障并分析原因—3．读取故障码—4．查阅资料并制订检测方案—5．实施检测方案—6．排除故障并验证结果</td></tr>
<tr><td>收集资讯的方式</td><td>线下书籍及线上资源相结合。</td></tr>
<tr><td>资讯描述</td><td>1．根据检测结果确定故障点。
2．排除故障。
3．排除故障后再次验证。
4．确定故障已排除。</td></tr>
<tr><td>对学生的要求</td><td>1．能正确确定故障点。
2．能正确排除故障。
3．能正确验证故障。
4．能确定故障已排除。
5．能养成 6S 规范作业习惯。
6．具有敬业精神。</td></tr>
<tr><td>参考资料</td><td>《检修汽车发动机电控系统》配套微课。</td></tr>
</table>

2．排除故障并验证结果的计划单

学习场	检修燃油系统				
学习情境八	检测燃油压力传感器				
学时	0.05 学时				
典型工作过程描述	1．准备工作—2．确定故障并分析原因—3．读取故障码—4．查阅资料并制订检测方案—5．实施检测方案—**6．排除故障并验证结果**				
计划制订的方式	小组讨论。				
序　　号	工 作 步 骤		注 意 事 项		
1	根据检测结果，确定故障点。		正确确定故障点。		
2	排除故障。		正确排除故障。		
3	再次验证故障。		正确验证故障。		
4	确定故障已排除。		正确确定故障已排除。		
计划的评价	班级		第　　组	组长签字	
	教师签字		日期		
	评语：				

3．排除故障并验证结果的决策单

学习场	检修燃油系统				
学习情境八	检测燃油压力传感器				
学时	0.05 学时				
典型工作过程描述	1．准备工作—2．确定故障并分析原因—3．读取故障码—4．查阅资料并制订检测方案—5．实施检测方案—**6．排除故障并验证结果**				
计 划 对 比					
序　　号	计划的可行性	计划的经济性	计划的可操作性	计划的实施难度	综 合 评 价
1					
2					
3					
决策的评价	班级		第　　组	组长签字	
	教师签字		日期		
	评语：				

4. 排除故障并验证结果的实施单

<table>
<tr><td>学习场</td><td colspan="5">检修燃油系统</td></tr>
<tr><td>学习情境八</td><td colspan="5">检测燃油压力传感器</td></tr>
<tr><td>学时</td><td colspan="5">0.25 学时</td></tr>
<tr><td>典型工作过程描述</td><td colspan="5">1．准备工作—2．确定故障并分析原因—3．读取故障码—4．查阅资料并制订检测方案—5．实施检测方案—6．排除故障并验证结果</td></tr>
<tr><td>序　　号</td><td colspan="2">实 施 步 骤</td><td colspan="3">注 意 事 项</td></tr>
<tr><td>1</td><td colspan="2">根据检测结果，确定故障点。
记录：</td><td colspan="3">正确确定故障点。</td></tr>
<tr><td>2</td><td colspan="2">排除故障。
记录：</td><td colspan="3">正确排除故障。</td></tr>
<tr><td>3</td><td colspan="2">再次验证故障。
记录：</td><td colspan="3">正确验证故障。</td></tr>
<tr><td>4</td><td colspan="2">确定故障已排除。
记录：</td><td colspan="3">正确确定故障已排除。</td></tr>
<tr><td colspan="6">实施说明：</td></tr>
<tr><td rowspan="3">实施的评价</td><td>班级</td><td></td><td>第　　组</td><td>组长签字</td><td></td></tr>
<tr><td>教师签字</td><td></td><td>日期</td><td colspan="2"></td></tr>
<tr><td colspan="5">评语：</td></tr>
</table>

5. 排除故障并验证结果的检查单

<table>
<tr><td>学习场</td><td colspan="5">检修燃油系统</td></tr>
<tr><td>学习情境八</td><td colspan="5">检测燃油压力传感器</td></tr>
<tr><td>学时</td><td colspan="5">0.05 学时</td></tr>
<tr><td>典型工作过程描述</td><td colspan="5">1．准备工作—2．确定故障并分析原因—3．读取故障码—4．查阅资料并制订检测方案—5．实施检测方案—6．排除故障并验证结果</td></tr>
<tr><td>序号</td><td colspan="2">检查项目</td><td>检查标准</td><td>学生自查</td><td>教师检查</td></tr>
<tr><td>1</td><td colspan="2">根据检测结果，确定故障点</td><td>正确确定故障点</td><td></td><td></td></tr>
<tr><td>2</td><td colspan="2">排除故障</td><td>正确排除故障</td><td></td><td></td></tr>
<tr><td>3</td><td colspan="2">再次验证故障</td><td>正确验证故障</td><td></td><td></td></tr>
<tr><td>4</td><td colspan="2">确定故障已排除</td><td>正确确定故障已排除</td><td></td><td></td></tr>
<tr><td rowspan="3">检查的评价</td><td>班级</td><td></td><td>第　组</td><td>组长签字</td><td></td></tr>
<tr><td>教师签字</td><td></td><td>日期</td><td colspan="2"></td></tr>
<tr><td colspan="5">评语：</td></tr>
</table>

6. 排除故障并验证结果的评价单

<table>
<tr><td>学习场</td><td colspan="5">检修燃油系统</td></tr>
<tr><td>学习情境八</td><td colspan="5">检测燃油压力传感器</td></tr>
<tr><td>学时</td><td colspan="5">0.05 学时</td></tr>
<tr><td>典型工作过程描述</td><td colspan="5">1．准备工作—2．确定故障并分析原因—3．读取故障码—4．查阅资料并制订检测方案—5．实施检测方案—6．排除故障并验证结果</td></tr>
<tr><td colspan="2">评价项目</td><td>评价子项目</td><td>学生自评</td><td>组内评价</td><td>教师评价</td></tr>
<tr><td colspan="2">根据检测结果，确定故障点</td><td>是否正确确定故障点</td><td></td><td></td><td></td></tr>
<tr><td colspan="2">排除故障</td><td>是否正确排除故障</td><td></td><td></td><td></td></tr>
<tr><td colspan="2">再次验证故障</td><td>是否正确验证故障</td><td></td><td></td><td></td></tr>
<tr><td colspan="2">确定故障已排除</td><td>是否正确确定故障已排除</td><td></td><td></td><td></td></tr>
<tr><td rowspan="3">评价的评价</td><td>班级</td><td></td><td>第　组</td><td>组长签字</td><td></td></tr>
<tr><td>教师签字</td><td></td><td>日期</td><td colspan="2"></td></tr>
<tr><td colspan="5">评语：</td></tr>
</table>

学习情境九　检测进气压力传感器

任务一　检测进气压力传感器的准备工作

1. 检测进气压力传感器准备工作的资讯单

学习场	检修进气系统
学习情境九	检测进气压力传感器
学时	0.2 学时
典型工作过程描述	**1. 准备工作**—2. 验证故障—3. 分析故障原因—4. 读取故障码—5. 查阅资料—6. 制订检测方案—7. 实施检测方案—8. 确定并排除故障点—9. 验证结果
收集资讯的方式	线下书籍及线上资源相结合。
资讯描述	1. 进气系统的作用及结构。 2. 进气系统的类型。 3. 进气系统的进气通道。 4. 使用的工具设备。
对学生的要求	1. 掌握进气系统的作用及结构。 2. 掌握进气系统的类型。 3. 掌握进气系统的进气通道。 4. 能养成 6S 规范作业习惯。 5. 具有团队意识、工匠精神和职业精神。
参考资料	《检修汽车发动机电控系统》配套微课。

2. 检测进气压力传感器准备工作的计划单

学习场	检修进气系统	
学习情境九	检测进气压力传感器	
学时	0.2 学时	
典型工作过程描述	**1. 准备工作**—2. 验证故障—3. 分析故障原因—4. 读取故障码—5. 查阅资料—6. 制订检测方案—7. 实施检测方案—8. 确定并排除故障点—9. 验证结果	
计划制订的方式	小组讨论。	
序　　号	**工 作 步 骤**	**注 意 事 项**
1	进气系统的作用及结构。	分析概括全面。
2	进气系统的类型。	描述清楚。
3	进气系统的进气通道。	描述清楚。
4	准备工具设备。	准备齐全。

<table>
<tr><td rowspan="3">计划的评价</td><td>班级</td><td></td><td>第　　组</td><td>组长签字</td><td></td></tr>
<tr><td>教师签字</td><td></td><td>日期</td><td colspan="2"></td></tr>
<tr><td colspan="5">评语：</td></tr>
</table>

3. 检测进气压力传感器准备工作的决策单

<table>
<tr><td>学习场</td><td colspan="5">检修进气系统</td></tr>
<tr><td>学习情境九</td><td colspan="5">检测进气压力传感器</td></tr>
<tr><td>学时</td><td colspan="5">0.2 学时</td></tr>
<tr><td>典型工作过程描述</td><td colspan="5">1．准备工作—2．验证故障—3．分析故障原因—4．读取故障码—5．查阅资料—6．制订检测方案—7．实施检测方案—8．确定并排除故障点—9．验证结果</td></tr>
<tr><td colspan="6">计 划 对 比</td></tr>
<tr><td>序　　号</td><td>计划的可行性</td><td>计划的经济性</td><td>计划的可操作性</td><td>计划的实施难度</td><td>综 合 评 价</td></tr>
<tr><td>1</td><td></td><td></td><td></td><td></td><td></td></tr>
<tr><td>2</td><td></td><td></td><td></td><td></td><td></td></tr>
<tr><td>3</td><td></td><td></td><td></td><td></td><td></td></tr>
<tr><td rowspan="3">决策的评价</td><td>班级</td><td></td><td>第　　组</td><td>组长签字</td><td></td></tr>
<tr><td>教师签字</td><td></td><td>日期</td><td colspan="2"></td></tr>
<tr><td colspan="5">评语：</td></tr>
</table>

4. 检测进气压力传感器准备工作的实施单

<table>
<tr><td>学习场</td><td colspan="2">检修进气系统</td></tr>
<tr><td>学习情境九</td><td colspan="2">检测进气压力传感器</td></tr>
<tr><td>学时</td><td colspan="2">0.2 学时</td></tr>
<tr><td>典型工作过程描述</td><td colspan="2">1．准备工作—2．验证故障—3．分析故障原因—4．读取故障码—5．查阅资料—6．制订检测方案—7．实施检测方案—8．确定并排除故障点—9．验证结果</td></tr>
<tr><td>序　　号</td><td>实 施 步 骤</td><td>注 意 事 项</td></tr>
<tr><td>1</td><td>进气系统的作用及结构。
记录：</td><td>分析概括全面。</td></tr>
<tr><td>2</td><td>进气系统的类型。
记录：</td><td>描述清楚。</td></tr>
</table>

3	进气系统的进气通道。 **记录：**	描述清楚。
4	准备工具设备。 **记录：**	准备齐全。

<table>
<tr><td colspan="6">实施说明：</td></tr>
<tr><td rowspan="3">实施的评价</td><td>班级</td><td></td><td>第　组</td><td>组长签字</td><td></td></tr>
<tr><td>教师签字</td><td></td><td>日期</td><td colspan="2"></td></tr>
<tr><td colspan="5">评语：</td></tr>
</table>

5．检测进气压力传感器准备工作的检查单

<table>
<tr><td>学习场</td><td colspan="5">检修进气系统</td></tr>
<tr><td>学习情境九</td><td colspan="5">检测进气压力传感器</td></tr>
<tr><td>学时</td><td colspan="5">0.2 学时</td></tr>
<tr><td>典型工作过程描述</td><td colspan="5">1．准备工作—2．验证故障—3．分析故障原因—4．读取故障码—5．查阅资料—6．制订检测方案—7．实施检测方案—8．确定并排除故障点—9．验证结果</td></tr>
<tr><td>序　号</td><td>检查项目</td><td>检查标准</td><td colspan="2">学生自查</td><td>教师检查</td></tr>
<tr><td>1</td><td>进气系统的作用及结构</td><td>分析概括全面</td><td colspan="2"></td><td></td></tr>
<tr><td>2</td><td>进气系统的类型</td><td>描述清楚</td><td colspan="2"></td><td></td></tr>
<tr><td>3</td><td>进气系统的进气通道</td><td>描述清楚</td><td colspan="2"></td><td></td></tr>
<tr><td>4</td><td>准备工具设备</td><td>准备齐全</td><td colspan="2"></td><td></td></tr>
<tr><td rowspan="3">检查的评价</td><td>班级</td><td></td><td>第　组</td><td>组长签字</td><td></td></tr>
<tr><td>教师签字</td><td></td><td>日期</td><td colspan="2"></td></tr>
<tr><td colspan="5">评语：</td></tr>
</table>

6. 检测进气压力传感器准备工作的评价单

<table>
<tr><td>学习场</td><td colspan="6">检修进气系统</td></tr>
<tr><td>学习情境九</td><td colspan="6">检测进气压力传感器</td></tr>
<tr><td>学时</td><td colspan="6">0.2 学时</td></tr>
<tr><td>典型工作过程描述</td><td colspan="6">1. 准备工作—2. 验证故障—3. 分析故障原因—4. 读取故障码—5. 查阅资料—6. 制订检测方案—7. 实施检测方案—8. 确定并排除故障点—9. 验证结果</td></tr>
<tr><td colspan="2">评 价 项 目</td><td colspan="2">评价子项目</td><td>学 生 自 评</td><td>组 内 评 价</td><td>教 师 评 价</td></tr>
<tr><td colspan="2">进气系统的作用及结构</td><td colspan="2">分析概括是否全面</td><td></td><td></td><td></td></tr>
<tr><td colspan="2">进气系统的类型</td><td colspan="2">描述是否清楚</td><td></td><td></td><td></td></tr>
<tr><td colspan="2">进气系统的进气通道</td><td colspan="2">描述是否清楚</td><td></td><td></td><td></td></tr>
<tr><td colspan="2">准备工具设备</td><td colspan="2">准备是否齐全</td><td></td><td></td><td></td></tr>
<tr><td rowspan="3">评价的评价</td><td colspan="2">班级</td><td></td><td>第　　组</td><td>组长签字</td><td></td></tr>
<tr><td colspan="2">教师签字</td><td></td><td>日期</td><td colspan="2"></td></tr>
<tr><td colspan="6">评语：</td></tr>
</table>

任务二　验证故障

1. 验证故障的资讯单

学习场	检修进气系统
学习情境九	检测进气压力传感器
学时	0.1 学时
典型工作过程描述	1. 准备工作—**2. 验证故障**—3. 分析故障原因—4. 读取故障码—5. 查阅资料—6. 制订检测方案—7. 实施检测方案—8. 确定并排除故障点—9. 验证结果
收集资讯的方式	线下书籍及线上资源相结合。
资讯描述	1. 故障验证。 2. 正确描述故障现象。
对学生的要求	1. 能正确进行故障验证。 2. 能正确描述故障现象。 3. 能养成 6S 规范作业习惯。 4. 具有团队意识、工匠精神和职业精神。
参考资料	《检修汽车发动机电控系统》配套微课。

2. 验证故障的计划单

学习场	检修进气系统
学习情境九	检测进气压力传感器
学时	0.1 学时

<table>
<tr><td>典型工作过程描述</td><td colspan="6">1．准备工作—2．验证故障—3．分析故障原因—4．读取故障码—5．查阅资料—6．制订检测方案—7．实施检测方案—8．确定并排除故障点—9．验证结果</td></tr>
<tr><td>计划制订的方式</td><td colspan="6">小组讨论。</td></tr>
<tr><td>序　号</td><td colspan="3">工 作 步 骤</td><td colspan="3">注 意 事 项</td></tr>
<tr><td>1</td><td colspan="3">打开点火开关，观察仪表。</td><td colspan="3">检查仪表指示是否正常。</td></tr>
<tr><td>2</td><td colspan="3">起动车辆，检查故障现象。</td><td colspan="3">检查仪表指示是否正常，起动后发动机工作是否正常。</td></tr>
<tr><td>3</td><td colspan="3">描述故障现象。</td><td colspan="3">正确描述故障现象。</td></tr>
<tr><td rowspan="3">计划的评价</td><td>班级</td><td></td><td>第　　组</td><td>组长签字</td><td colspan="2"></td></tr>
<tr><td>教师签字</td><td></td><td>日期</td><td colspan="3"></td></tr>
<tr><td colspan="6">评语：</td></tr>
</table>

3．验证故障的决策单

<table>
<tr><td>学习场</td><td colspan="5">检修进气系统</td></tr>
<tr><td>学习情境九</td><td colspan="5">检测进气压力传感器</td></tr>
<tr><td>学时</td><td colspan="5">0.1 学时</td></tr>
<tr><td>典型工作过程描述</td><td colspan="5">1．准备工作—2．验证故障—3．分析故障原因—4．读取故障码—5．查阅资料—6．制订检测方案—7．实施检测方案—8．确定并排除故障点—9．验证结果</td></tr>
<tr><td colspan="6">计 划 对 比</td></tr>
<tr><td>序　号</td><td>计划的可行性</td><td>计划的经济性</td><td>计划的可操作性</td><td>计划的实施难度</td><td>综 合 评 价</td></tr>
<tr><td>1</td><td></td><td></td><td></td><td></td><td></td></tr>
<tr><td>2</td><td></td><td></td><td></td><td></td><td></td></tr>
<tr><td>3</td><td></td><td></td><td></td><td></td><td></td></tr>
<tr><td rowspan="3">决策的评价</td><td>班级</td><td></td><td>第　　组</td><td>组长签字</td><td></td></tr>
<tr><td>教师签字</td><td></td><td>日期</td><td colspan="2"></td></tr>
<tr><td colspan="5">评语：</td></tr>
</table>

4．验证故障的实施单

<table>
<tr><td>学习场</td><td>检修进气系统</td></tr>
<tr><td>学习情境九</td><td>检测进气压力传感器</td></tr>
<tr><td>学时</td><td>0.1 学时</td></tr>
<tr><td>典型工作过程描述</td><td>1．准备工作—2．验证故障—3．分析故障原因—4．读取故障码—5．查阅资料—6．制订检测方案—7．实施检测方案—8．确定并排除故障点—9．验证结果</td></tr>
</table>

序　号	实 施 步 骤	注 意 事 项			
1	打开点火开关，观察仪表。 **记录：**	检查仪表指示是否正常。			
2	起动车辆，检查故障现象。 **记录：**	检查仪表指示是否正常，起动后发动机工作是否正常。			
3	描述故障现象。 **记录：**	正确描述故障现象。			
实施说明：					
实施的评价	班级		第　组	组长签字	
	教师签字		日期		
	评语：				

5．验证故障的检查单

学习场	检修进气系统			
学习情境九	检测进气压力传感器			
学时	0.1 学时			
典型工作过程描述	1．准备工作—**2．验证故障**—3．分析故障原因—4．读取故障码—5．查阅资料—6．制订检测方案—7．实施检测方案—8．确定并排除故障点—9．验证结果			
序　号	**检 查 项 目**	**检 查 标 准**	**学 生 自 查**	**教 师 检 查**
1	打开点火开关，观察仪表	检查全面		
2	起动车辆，检查故障现象	检查全面		
3	描述故障现象	正确描述故障现象		

检查的评价	班级		第　组	组长签字	
	教师签字		日期		
	评语：				

6. 验证故障的评价单

<table>
<tr><td>学习场</td><td colspan="6">检修进气系统</td></tr>
<tr><td>学习情境九</td><td colspan="6">检测进气压力传感器</td></tr>
<tr><td>学时</td><td colspan="6">0.1 学时</td></tr>
<tr><td>典型工作过程描述</td><td colspan="6">1. 准备工作—2. 验证故障—3. 分析故障原因—4. 读取故障码—5. 查阅资料—6. 制订检测方案—7. 实施检测方案—8. 确定并排除故障点—9. 验证结果</td></tr>
<tr><td colspan="2">评 价 项 目</td><td colspan="2">评价子项目</td><td>学 生 自 评</td><td>组 内 评 价</td><td>教 师 评 价</td></tr>
<tr><td colspan="2">打开点火开关，观察仪表</td><td colspan="2">检查是否全面</td><td></td><td></td><td></td></tr>
<tr><td colspan="2">起动车辆，检查故障现象</td><td colspan="2">检查是否全面</td><td></td><td></td><td></td></tr>
<tr><td colspan="2">描述故障现象</td><td colspan="2">是否正确描述故障现象</td><td></td><td></td><td></td></tr>
<tr><td rowspan="3">评价的评价</td><td>班级</td><td colspan="2"></td><td>第　　组</td><td>组长签字</td><td></td></tr>
<tr><td>教师签字</td><td colspan="2"></td><td>日期</td><td colspan="2"></td></tr>
<tr><td colspan="6">评语：</td></tr>
</table>

任务三　分析故障原因

1. 分析故障原因的资讯单

学习场	检修进气系统
学习情境九	检测进气压力传感器
学时	0.2 学时
典型工作过程描述	1. 准备工作—2. 验证故障—**3. 分析故障原因**—4. 读取故障码—5. 查阅资料—6. 制订检测方案—7. 实施检测方案—8. 确定并排除故障点—9. 验证结果
收集资讯的方式	线下书籍及线上资源相结合。
资讯描述	根据故障现象，分析故障原因。
对学生的要求	1. 能根据故障现象分析故障原因。 2. 能养成 6S 规范作业习惯。 3. 具有团队意识、工匠精神和职业精神。
参考资料	《检修汽车发动机电控系统》配套微课。

2. 分析故障原因的计划单

学习场	检修进气系统
学习情境九	检测进气压力传感器
学时	0.2 学时
典型工作过程描述	1. 准备工作—2. 验证故障—**3. 分析故障原因**—4. 读取故障码—5. 查阅资料—6. 制订检测方案—7. 实施检测方案—8. 确定并排除故障点—9. 验证结果
计划制订的方式	小组讨论。

序　　号	工 作 步 骤			注 意 事 项	
1	根据故障现象，分析原因。			正确、全面地分析故障原因。	
计划的评价	班级		第　　组	组长签字	
	教师签字		日期		
	评语：				

3. 分析故障原因的决策单

学习场	检修进气系统				
学习情境九	检测进气压力传感器				
学时	0.2 学时				
典型工作过程描述	1．准备工作—2．验证故障—**3．分析故障原因**—4．读取故障码—5．查阅资料—6．制订检测方案—7．实施检测方案—8．确定并排除故障点—9．验证结果				
计 划 对 比					
序　　号	计划的可行性	计划的经济性	计划的可操作性	计划的实施难度	综 合 评 价
1					
2					
3					
决策的评价	班级		第　　组	组长签字	
	教师签字		日期		
	评语：				

4. 分析故障原因的实施单

学习场	检修进气系统	
学习情境九	检测进气压力传感器	
学时	0.2 学时	
典型工作过程描述	1．准备工作—2．验证故障—**3．分析故障原因**—4．读取故障码—5．查阅资料—6．制订检测方案—7．实施检测方案—8．确定并排除故障点—9．验证结果	
序　　号	实 施 步 骤	注 意 事 项
1	根据故障现象，分析原因。 **记录：**	正确、全面地分析原因。
实施说明：		

<table>
<tr><td rowspan="3">实施的评价</td><td>班级</td><td></td><td>第　　组</td><td>组长签字</td><td></td></tr>
<tr><td>教师签字</td><td></td><td>日期</td><td colspan="2"></td></tr>
<tr><td colspan="5">评语：</td></tr>
</table>

5. 分析故障原因的检查单

<table>
<tr><td>学习场</td><td colspan="4">检修进气系统</td></tr>
<tr><td>学习情境九</td><td colspan="4">检测进气压力传感器</td></tr>
<tr><td>学时</td><td colspan="4">0.2 学时</td></tr>
<tr><td>典型工作过程描述</td><td colspan="4">1．准备工作—2．验证故障—3．分析故障原因—4．读取故障码—5．查阅资料—6．制订检测方案—7．实施检测方案—8．确定并排除故障点—9．验证结果</td></tr>
<tr><td>序　　号</td><td>检 查 项 目</td><td>检 查 标 准</td><td>学 生 自 查</td><td>教 师 检 查</td></tr>
<tr><td>1</td><td>根据故障现象，分析原因</td><td>正确、全面地分析原因</td><td></td><td></td></tr>
</table>

<table>
<tr><td rowspan="3">检查的评价</td><td>班级</td><td></td><td>第　　组</td><td>组长签字</td><td></td></tr>
<tr><td>教师签字</td><td></td><td>日期</td><td colspan="2"></td></tr>
<tr><td colspan="5">评语：</td></tr>
</table>

6. 分析故障原因的评价单

<table>
<tr><td>学习场</td><td colspan="5">检修进气系统</td></tr>
<tr><td>学习情境九</td><td colspan="5">检测进气压力传感器</td></tr>
<tr><td>学时</td><td colspan="5">0.2 学时</td></tr>
<tr><td>典型工作过程描述</td><td colspan="5">1．准备工作—2．验证故障—3．分析故障原因—4．读取故障码—5．查阅资料—6．制订检测方案—7．实施检测方案—8．确定并排除故障点—9．验证结果</td></tr>
<tr><td colspan="2">评 价 项 目</td><td>评价子项目</td><td>学 生 自 评</td><td>组 内 评 价</td><td>教 师 评 价</td></tr>
<tr><td colspan="2">根据故障现象，分析原因</td><td>是否正确、全面地分析原因</td><td></td><td></td><td></td></tr>
</table>

<table>
<tr><td rowspan="3">评价的评价</td><td>班级</td><td></td><td>第　　组</td><td>组长签字</td><td></td></tr>
<tr><td>教师签字</td><td></td><td>日期</td><td colspan="2"></td></tr>
<tr><td colspan="5">评语：</td></tr>
</table>

任务四 读取故障码

1. 读取故障码的资讯单

学习场	检修进气系统
学习情境九	检测进气压力传感器
学时	0.2 学时
典型工作过程描述	1．准备工作—2．验证故障—3．分析故障原因—**4．读取故障码**—5．查阅资料—6．制订检测方案—7．实施检测方案—8．确定并排除故障点—9．验证结果
收集资讯的方式	线下书籍及线上资源相结合。
资讯描述	1．关闭点火开关，连接解码仪。 2．打开点火开关，读取故障码。 3．读取数据流。
对学生的要求	1．能正确连接解码仪。 2．能正确读取故障码。 3．能正确读取数据流。
参考资料	《检修汽车发动机电控系统》配套微课。

2. 读取故障码的计划单

学习场	检修进气系统				
学习情境九	检测进气压力传感器				
学时	0.2 学时				
典型工作过程描述	1．准备工作—2．验证故障—3．分析故障原因—**4．读取故障码**—5．查阅资料—6．制订检测方案—7．实施检测方案—8．确定并排除故障点—9．验证结果				
计划制订的方式	小组讨论。				
序　号	工 作 步 骤		注 意 事 项		
1	关闭点火开关，连接解码仪。		关闭点火开关，正确连接解码仪。		
2	打开点火开关，读取故障码。		打开点火开关，正确读取故障码。		
3	读取数据流。		正确读取静态和动态数据流。		
计划的评价	班级		第　组	组长签字	
	教师签字		日期		
	评语：				

3. 读取故障码的决策单

学习场	检修进气系统
学习情境九	检测进气压力传感器
学时	0.2 学时

<table>
<tr><td>典型工作过程描述</td><td colspan="6">1．准备工作—2．验证故障—3．分析故障原因—4．读取故障码—5．查阅资料—6．制订检测方案—7．实施检测方案—8．确定并排除故障点—9．验证结果</td></tr>
<tr><td colspan="7">计 划 对 比</td></tr>
<tr><td>序　　号</td><td>计划的可行性</td><td>计划的经济性</td><td>计划的可操作性</td><td>计划的实施难度</td><td colspan="2">综 合 评 价</td></tr>
<tr><td>1</td><td></td><td></td><td></td><td></td><td colspan="2"></td></tr>
<tr><td>2</td><td></td><td></td><td></td><td></td><td colspan="2"></td></tr>
<tr><td>3</td><td></td><td></td><td></td><td></td><td colspan="2"></td></tr>
<tr><td rowspan="3">决策的评价</td><td>班级</td><td></td><td>第　　组</td><td>组长签字</td><td colspan="2"></td></tr>
<tr><td>教师签字</td><td></td><td>日期</td><td colspan="3"></td></tr>
<tr><td colspan="6">评语：</td></tr>
</table>

4．读取故障码的实施单

<table>
<tr><td>学习场</td><td colspan="5">检修进气系统</td></tr>
<tr><td>学习情境九</td><td colspan="5">检测进气压力传感器</td></tr>
<tr><td>学时</td><td colspan="5">0.2 学时</td></tr>
<tr><td>典型工作过程描述</td><td colspan="5">1．准备工作—2．验证故障—3．分析故障原因—4．读取故障码—5．查阅资料—6．制订检测方案—7．实施检测方案—8．确定并排除故障点—9．验证结果</td></tr>
<tr><td>序　　号</td><td colspan="2">实 施 步 骤</td><td colspan="3">注 意 事 项</td></tr>
<tr><td>1</td><td colspan="2">关闭点火开关，连接解码仪。
记录：</td><td colspan="3">关闭点火开关，正确连接解码仪。</td></tr>
<tr><td>2</td><td colspan="2">打开点火开关，读取故障码。
记录：</td><td colspan="3">打开点火开关，正确读取故障码。</td></tr>
<tr><td>3</td><td colspan="2">读取数据流。
记录：</td><td colspan="3">正确读取静态和动态数据流。</td></tr>
<tr><td colspan="6">实施说明：</td></tr>
<tr><td rowspan="3">实施的评价</td><td>班级</td><td></td><td>第　　组</td><td>组长签字</td><td></td></tr>
<tr><td>教师签字</td><td></td><td>日期</td><td colspan="2"></td></tr>
<tr><td colspan="5">评语：</td></tr>
</table>

5. 读取故障码的检查单

<table>
<tr><td>学习场</td><td colspan="7">检修进气系统</td></tr>
<tr><td>学习情境九</td><td colspan="7">检测进气压力传感器</td></tr>
<tr><td>学时</td><td colspan="7">0.2 学时</td></tr>
<tr><td>典型工作过程描述</td><td colspan="7">1．准备工作—2．验证故障—3．分析故障原因—4．读取故障码—5．查阅资料—6．制订检测方案—7．实施检测方案—8．确定并排除故障点—9．验证结果</td></tr>
<tr><td>序号</td><td colspan="2">检查项目</td><td colspan="2">检查标准</td><td>学生自查</td><td colspan="2">教师检查</td></tr>
<tr><td>1</td><td colspan="2">关闭点火开关，连接解码仪</td><td colspan="2">关闭点火开关，正确连接解码仪</td><td></td><td colspan="2"></td></tr>
<tr><td>2</td><td colspan="2">打开点火开关，读取故障码</td><td colspan="2">打开点火开关，正确读取故障码</td><td></td><td colspan="2"></td></tr>
<tr><td>3</td><td colspan="2">读取数据流</td><td colspan="2">正确读取静态和动态数据流</td><td></td><td colspan="2"></td></tr>
<tr><td rowspan="3">检查的评价</td><td>班级</td><td colspan="2"></td><td>第　　组</td><td>组长签字</td><td colspan="2"></td></tr>
<tr><td>教师签字</td><td colspan="2"></td><td>日期</td><td colspan="3"></td></tr>
<tr><td colspan="7">评语：</td></tr>
</table>

6. 读取故障码的评价单

<table>
<tr><td>学习场</td><td colspan="6">检修进气系统</td></tr>
<tr><td>学习情境九</td><td colspan="6">检测进气压力传感器</td></tr>
<tr><td>学时</td><td colspan="6">0.2 学时</td></tr>
<tr><td>典型工作过程描述</td><td colspan="6">1．准备工作—2．验证故障—3．分析故障原因—4．读取故障码—5．查阅资料—6．制订检测方案—7．实施检测方案—8．确定并排除故障点—9．验证结果</td></tr>
<tr><td colspan="2">评价项目</td><td colspan="2">评价子项目</td><td>学生自评</td><td>组内评价</td><td>教师评价</td></tr>
<tr><td colspan="2">关闭点火开关，连接解码仪</td><td colspan="2">是否关闭点火开关，正确连接解码仪</td><td></td><td></td><td></td></tr>
<tr><td colspan="2">打开点火开关，读取故障码</td><td colspan="2">是否打开点火开关，正确读取故障码</td><td></td><td></td><td></td></tr>
<tr><td colspan="2">读取数据流</td><td colspan="2">是否正确读取静态和动态数据流</td><td></td><td></td><td></td></tr>
<tr><td rowspan="3">评价的评价</td><td colspan="2">班级</td><td></td><td>第　　组</td><td>组长签字</td><td></td></tr>
<tr><td colspan="2">教师签字</td><td></td><td>日期</td><td colspan="2"></td></tr>
<tr><td colspan="6">评语：</td></tr>
</table>

任务五　查阅资料

1. 查阅资料的资讯单

学习场	检修进气系统
学习情境九	检测进气压力传感器
学时	0.2 学时
典型工作过程描述	1. 准备工作—2. 验证故障—3. 分析故障原因—4. 读取故障码—**5. 查阅资料**—6. 制订检测方案—7. 实施检测方案—8. 确定并排除故障点—9. 验证结果
收集资讯的方式	线下书籍及线上资源相结合。
资讯描述	1. 查阅维修手册。 2. 查阅电路图。
对学生的要求	1. 能查阅维修手册，确定进气压力传感器的位置。 2. 能查阅电路图，绘制进气压力传感器电路图。 3. 能养成 6S 规范作业习惯。
参考资料	《检修汽车发动机电控系统》配套微课。

2. 查阅资料的计划单

<table>
<tr><td>学习场</td><td colspan="5">检修进气系统</td></tr>
<tr><td>学习情境九</td><td colspan="5">检测进气压力传感器</td></tr>
<tr><td>学时</td><td colspan="5">0.2 学时</td></tr>
<tr><td>典型工作过程描述</td><td colspan="5">1. 准备工作—2. 验证故障—3. 分析故障原因—4. 读取故障码—5. 查阅资料—6. 制订检测方案—7. 实施检测方案—8. 确定并排除故障点—9. 验证结果</td></tr>
<tr><td>计划制订的方式</td><td colspan="5">小组讨论。</td></tr>
<tr><td>序　　号</td><td colspan="3">工 作 步 骤</td><td colspan="2">注 意 事 项</td></tr>
<tr><td>1</td><td colspan="3">查阅维修手册，确定进气压力传感器的位置。</td><td colspan="2">正确确定位置。</td></tr>
<tr><td>2</td><td colspan="3">查阅电路图，绘制进气压力传感器电路图。</td><td colspan="2">正确绘制电路图。</td></tr>
<tr><td rowspan="3">计划的评价</td><td>班级</td><td></td><td>第　　组</td><td>组长签字</td><td></td></tr>
<tr><td>教师签字</td><td></td><td>日期</td><td colspan="2"></td></tr>
<tr><td colspan="5">评语：</td></tr>
</table>

3. 查阅资料的决策单

学习场	检修进气系统
学习情境九	检测进气压力传感器
学时	0.2 学时
典型工作过程描述	1. 准备工作—2. 验证故障—3. 分析故障原因—4. 读取故障码—**5. 查阅资料**—6. 制订检测方案—7. 实施检测方案—8. 确定并排除故障点—9. 验证结果

计划对比					
序　　号	计划的可行性	计划的经济性	计划的可操作性	计划的实施难度	综合评价
1					
2					
3					
决策的评价	班级		第　　组	组长签字	
	教师签字		日期		
	评语：				

4．查阅资料的实施单

学习场	检修进气系统	
学习情境九	检测进气压力传感器	
学时	0.2 学时	
典型工作过程描述	1．准备工作—2．验证故障—3．分析故障原因—4．读取故障码—**5．查阅资料**—6．制订检测方案—7．实施检测方案—8．确定并排除故障点—9．验证结果	
序　　号	实施步骤	注意事项
1	查阅维修手册，确定进气压力传感器的位置。	正确确定位置。
2	查阅电路图，绘制进气压力传感器电路图。	正确绘制电路图。
实施说明：		

实施的评价	班级		第　　组	组长签字	
	教师签字		日期		
	评语：				

5．查阅资料的检查单

学习场	检修进气系统			
学习情境九	检测进气压力传感器			
学时	0.2 学时			
典型工作过程描述	1．准备工作—2．验证故障—3．分析故障原因—4．读取故障码—**5．查阅资料**—6．制订检测方案—7．实施检测方案—8．确定并排除故障点—9．验证结果			
序　　号	检查项目	检查标准	学生自查	教师检查
1	查阅维修手册，确定进气压力传感器的位置	正确确定位置		
2	查阅电路图，绘制进气压力传感器电路图	正确绘制电路图		

检查的评价	班级		第　　组	组长签字	
	教师签字		日期		
	评语：				

6. 查阅资料的评价单

<table>
<tr><td>学习场</td><td colspan="5">检修进气系统</td></tr>
<tr><td>学习情境九</td><td colspan="5">检测进气压力传感器</td></tr>
<tr><td>学时</td><td colspan="5">0.2 学时</td></tr>
<tr><td>典型工作过程描述</td><td colspan="5">1．准备工作—2．验证故障—3．分析故障原因—4．读取故障码—5．查阅资料—6．制订检测方案—7．实施检测方案—8．确定并排除故障点—9．验证结果</td></tr>
<tr><td colspan="2">评 价 项 目</td><td>评价子项目</td><td>学 生 自 评</td><td>组 内 评 价</td><td>教 师 评 价</td></tr>
<tr><td colspan="2">查阅维修手册，确定进气压力传感器的位置</td><td>是否正确确定位置</td><td></td><td></td><td></td></tr>
<tr><td colspan="2">查阅电路图，绘制进气压力传感器电路图</td><td>是否正确绘制电路图</td><td></td><td></td><td></td></tr>
<tr><td rowspan="3">评价的评价</td><td>班级</td><td></td><td>第　　组</td><td>组长签字</td><td></td></tr>
<tr><td>教师签字</td><td></td><td>日期</td><td colspan="2"></td></tr>
<tr><td colspan="5">评语：</td></tr>
</table>

任务六　制订检测方案

1. 制订检测方案的资讯单

学习场	检修进气系统
学习情境九	检测进气压力传感器
学时	0.8 学时
典型工作过程描述	1．准备工作—2．验证故障—3．分析故障原因—4．读取故障码—5．查阅资料—**6．制订检测方案**—7．实施检测方案—8．确定并排除故障点—9．验证结果
收集资讯的方式	线下书籍及线上资源相结合。
资讯描述	1．根据维修手册、电路图及故障现象和故障码制订检测方案。 2．完善检测方案。
对学生的要求	1．能制订检测方案。 2．能完善检测方案。
参考资料	《检修汽车发动机电控系统》配套微课。

2. 制订检测方案的计划单

学习场	检修进气系统
学习情境九	检测进气压力传感器
学时	0.8 学时
典型工作过程描述	1．准备工作—2．验证故障—3．分析故障原因—4．读取故障码—5．查阅资料—**6．制订检测方案**—7．实施检测方案—8．确定并排除故障点—9．验证结果
计划制订的方式	小组讨论。

序　号	工 作 步 骤			注 意 事 项	
1	制订检测方案。			符合检测规则。	
2	完善检测方案。			符合检测规则。	
计划的评价	班级		第　组	组长签字	
	教师签字		日期		
	评语：				

3. 制订检测方案的决策单

学习场	检修进气系统				
学习情境九	检测进气压力传感器				
学时	0.8 学时				
典型工作过程描述	1．准备工作—2．验证故障—3．分析故障原因—4．读取故障码—5．查阅资料—**6．制订检测方案**—7．实施检测方案—8．确定并排除故障点—9．验证结果				
计 划 对 比					
序　号	计划的可行性	计划的经济性	计划的可操作性	计划的实施难度	综 合 评 价
1					
2					
3					
决策的评价	班级		第　组	组长签字	
	教师签字		日期		
	评语：				

4. 制订检测方案的实施单

学习场	检修进气系统	
学习情境九	检测进气压力传感器	
学时	0.8 学时	
典型工作过程描述	1．准备工作—2．验证故障—3．分析故障原因—4．读取故障码—5．查阅资料—**6．制订检测方案**—7．实施检测方案—8．确定并排除故障点—9．验证结果	
序　号	实 施 步 骤	注 意 事 项
1	制订检测方案。 **记录：**	符合检测规则。
2	完善检测方案。 **记录：**	符合检测规则。

<table>
<tr><td colspan="5">实施说明：</td></tr>
<tr><td rowspan="3">实施的评价</td><td>班级</td><td></td><td>第　　组</td><td>组长签字</td><td></td></tr>
<tr><td>教师签字</td><td></td><td>日期</td><td colspan="2"></td></tr>
<tr><td colspan="5">评语：</td></tr>
</table>

5. 制订检测方案的检查单

<table>
<tr><td>学习场</td><td colspan="4">检修进气系统</td></tr>
<tr><td>学习情境九</td><td colspan="4">检测进气压力传感器</td></tr>
<tr><td>学时</td><td colspan="4">0.8 学时</td></tr>
<tr><td>典型工作过程描述</td><td colspan="4">1．准备工作—2．验证故障—3．分析故障原因—4．读取故障码—5．查阅资料—6．制订检测方案—7．实施检测方案—8．确定并排除故障点—9．验证结果</td></tr>
<tr><td>序　　号</td><td>检 查 项 目</td><td>检 查 标 准</td><td>学 生 自 查</td><td>教 师 检 查</td></tr>
<tr><td>1</td><td>制订检测方案</td><td>符合检测规则</td><td></td><td></td></tr>
<tr><td>2</td><td>完善检测方案</td><td>符合检测规则</td><td></td><td></td></tr>
<tr><td rowspan="3">检查的评价</td><td>班级</td><td></td><td>第　　组</td><td>组长签字</td></tr>
<tr><td>教师签字</td><td></td><td>日期</td><td></td></tr>
<tr><td colspan="4">评语：</td></tr>
</table>

6. 制订检测方案的评价单

<table>
<tr><td>学习场</td><td colspan="4">检修进气系统</td></tr>
<tr><td>学习情境九</td><td colspan="4">检测进气压力传感器</td></tr>
<tr><td>学时</td><td colspan="4">0.8 学时</td></tr>
<tr><td>典型工作过程描述</td><td colspan="4">1．准备工作—2．验证故障—3．分析故障原因—4．读取故障码—5．查阅资料—6．制订检测方案—7．实施检测方案—8．确定并排除故障点—9．验证结果</td></tr>
<tr><td>评 价 项 目</td><td>评价子项目</td><td>学 生 自 评</td><td>组 内 评 价</td><td>教 师 评 价</td></tr>
<tr><td>制订检测方案</td><td>是否符合检测规则</td><td></td><td></td><td></td></tr>
<tr><td>完善检测方案</td><td>是否符合检测规则</td><td></td><td></td><td></td></tr>
<tr><td rowspan="3">评价的评价</td><td>班级</td><td></td><td>第　　组</td><td>组长签字</td></tr>
<tr><td>教师签字</td><td></td><td>日期</td><td></td></tr>
<tr><td colspan="4">评语：</td></tr>
</table>

任务七　实施检测方案

1. 实施检测方案的资讯单

学习场	检修进气系统
学习情境九	检测进气压力传感器
学时	1 学时
典型工作过程描述	1. 准备工作—2. 验证故障—3. 分析故障原因—4. 读取故障码—5. 查阅资料—6. 制订检测方案—**7. 实施检测方案**—8. 确定并排除故障点—9. 验证结果
收集资讯的方式	线下书籍及线上资源相结合。
资讯描述	1. 根据制订的检测方案，开始检测。 2. 正确记录检测结果，并分析检测结果是否正常。
对学生的要求	1. 能正确、全面地按照检测方案进行检测。 2. 能正确记录检测结果。 3. 能分析检测结果，并得出结论。 4. 能养成 6S 规范作业习惯。 5. 具有团队意识、工匠精神和职业精神。
参考资料	《检修汽车发动机电控系统》配套微课。

2. 实施检测方案的计划单

学习场	检修进气系统				
学习情境九	检测进气压力传感器				
学时	1 学时				
典型工作过程描述	1. 准备工作—2. 验证故障—3. 分析故障原因—4. 读取故障码—5. 查阅资料—6. 制订检测方案—**7. 实施检测方案**—8. 确定并排除故障点—9. 验证结果				
计划制订的方式	小组讨论。				
序　　号	工 作 步 骤		注 意 事 项		
1	根据制订的检测方案，开始检测。		正确、安全地进行检测。		
2	车辆防护。		车内车外正确防护。		
3	车辆信息记录。		正确记录车辆信息。		
4	发动机舱内检测记录。		正确、全面地进行检测并记录。		
5	进气压力传感器检测记录。		正确检测并记录。		
6	分析检测结果，得出结论。		正确得出结论。		
计划的评价	班级		第　　组	组长签字	
	教师签字		日期		
	评语：				

3. 实施检测方案的决策单

<table>
<tr><td>学习场</td><td colspan="6">检修进气系统</td></tr>
<tr><td>学习情境九</td><td colspan="6">检测进气压力传感器</td></tr>
<tr><td>学时</td><td colspan="6">1 学时</td></tr>
<tr><td>典型工作过程描述</td><td colspan="6">1．准备工作—2．验证故障—3．分析故障原因—4．读取故障码—5．查阅资料—6．制订检测方案—7．实施检测方案—8．确定并排除故障点—9．验证结果</td></tr>
<tr><td colspan="7">计 划 对 比</td></tr>
<tr><td>序　　号</td><td>计划的可行性</td><td>计划的经济性</td><td>计划的可操作性</td><td>计划的实施难度</td><td colspan="2">综 合 评 价</td></tr>
<tr><td>1</td><td></td><td></td><td></td><td></td><td colspan="2"></td></tr>
<tr><td>2</td><td></td><td></td><td></td><td></td><td colspan="2"></td></tr>
<tr><td>3</td><td></td><td></td><td></td><td></td><td colspan="2"></td></tr>
<tr><td rowspan="3">决策的评价</td><td>班级</td><td></td><td>第　　组</td><td>组长签字</td><td colspan="2"></td></tr>
<tr><td>教师签字</td><td></td><td>日期</td><td colspan="3"></td></tr>
<tr><td colspan="6">评语：</td></tr>
</table>

4. 实施检测方案的实施单

<table>
<tr><td>学习场</td><td colspan="2">检修进气系统</td></tr>
<tr><td>学习情境九</td><td colspan="2">检测进气压力传感器</td></tr>
<tr><td>学时</td><td colspan="2">1 学时</td></tr>
<tr><td>典型工作过程描述</td><td colspan="2">1．准备工作—2．验证故障—3．分析故障原因—4．读取故障码—5．查阅资料—6．制订检测方案—7．实施检测方案—8．确定并排除故障点—9．验证结果</td></tr>
<tr><td>序　　号</td><td>实 施 步 骤</td><td>注 意 事 项</td></tr>
<tr><td>1</td><td>根据制订的检测方案，开始检测。
记录：</td><td>正确、安全地进行检测。</td></tr>
<tr><td>2</td><td>车辆防护。
记录：</td><td>车内车外正确防护。</td></tr>
<tr><td>3</td><td>车辆信息记录。
记录：</td><td>正确记录车辆信息。</td></tr>
<tr><td>4</td><td>发动机舱内检测记录。
记录：</td><td>正确、全面地进行检测并记录。</td></tr>
<tr><td>5</td><td>进气压力传感器检测记录。
记录：</td><td>正确检测并记录。</td></tr>
</table>

<table>
<tr><td>6</td><td>分析检测结果，得出结论。
记录：</td><td colspan="4">正确得出结论。</td></tr>
<tr><td colspan="6">实施说明：</td></tr>
<tr><td rowspan="3">**实施的评价**</td><td>班级</td><td></td><td>第　　组</td><td>组长签字</td><td></td></tr>
<tr><td>教师签字</td><td></td><td>日期</td><td colspan="2"></td></tr>
<tr><td colspan="5">评语：</td></tr>
</table>

5. 实施检测方案的检查单

<table>
<tr><td>**学习场**</td><td colspan="5">检修进气系统</td></tr>
<tr><td>**学习情境九**</td><td colspan="5">检测进气压力传感器</td></tr>
<tr><td>**学时**</td><td colspan="5">1 学时</td></tr>
<tr><td>**典型工作过程描述**</td><td colspan="5">1．准备工作—2．验证故障—3．分析故障原因—4．读取故障码—5．查阅资料—6．制订检测方案—**7．实施检测方案**—8．确定并排除故障点—9．验证结果</td></tr>
<tr><td>**序　　号**</td><td>**检 查 项 目**</td><td colspan="2">**检 查 标 准**</td><td>**学 生 自 查**</td><td>**教 师 检 查**</td></tr>
<tr><td>1</td><td>根据制订的检测方案，开始检测</td><td colspan="2">正确、安全地进行检测</td><td></td><td></td></tr>
<tr><td>2</td><td>车辆防护</td><td colspan="2">车内车外正确防护</td><td></td><td></td></tr>
<tr><td>3</td><td>车辆信息记录</td><td colspan="2">正确记录车辆信息</td><td></td><td></td></tr>
<tr><td>4</td><td>发动机舱内检测记录</td><td colspan="2">正确、全面地进行检测并记录</td><td></td><td></td></tr>
<tr><td>5</td><td>进气压力传感器检测记录</td><td colspan="2">正确检测并记录</td><td></td><td></td></tr>
<tr><td>6</td><td>分析检测结果，得出结论</td><td colspan="2">正确得出结论</td><td></td><td></td></tr>
<tr><td rowspan="3">**检查的评价**</td><td>班级</td><td></td><td>第　　组</td><td>组长签字</td><td></td></tr>
<tr><td>教师签字</td><td></td><td>日期</td><td colspan="2"></td></tr>
<tr><td colspan="5">评语：</td></tr>
</table>

6. 实施检测方案的评价单

学习场	检修进气系统
学习情境九	检测进气压力传感器
学时	1 学时
典型工作过程描述	1．准备工作—2．验证故障—3．分析故障原因—4．读取故障码—5．查阅资料—6．制订检测方案—**7．实施检测方案**—8．确定并排除故障点—9．验证结果

<table>
<tr><th>评 价 项 目</th><th>评价子项目</th><th>学 生 自 评</th><th>组 内 评 价</th><th>教 师 评 价</th></tr>
<tr><td>根据制订的检测方案，开始检测</td><td>是否正确、安全地进行检测</td><td></td><td></td><td></td></tr>
<tr><td>车辆防护</td><td>是否进行了车内车外正确防护</td><td></td><td></td><td></td></tr>
<tr><td>车辆信息记录</td><td>是否正确记录车辆信息</td><td></td><td></td><td></td></tr>
<tr><td>发动机舱内检测记录</td><td>是否正确、全面地进行检测并记录</td><td></td><td></td><td></td></tr>
<tr><td>进气压力传感器检测记录</td><td>是否正确检测并记录</td><td></td><td></td><td></td></tr>
<tr><td>分析检测结果，得出结论</td><td>是否正确得出结论</td><td></td><td></td><td></td></tr>
<tr><td rowspan="3">评价的评价</td><td>班级</td><td></td><td>第　　组</td><td>组长签字</td><td></td></tr>
<tr><td>教师签字</td><td></td><td>日期</td><td colspan="2"></td></tr>
<tr><td colspan="5">评语：</td></tr>
</table>

任务八　确定并排除故障点

1. 确定并排除故障点的资讯单

学习场	检修进气系统
学习情境九	检测进气压力传感器
学时	0.2 学时
典型工作过程描述	1. 准备工作—2. 验证故障—3. 分析故障原因—4. 读取故障码—5. 查阅资料—6. 制订检测方案—7. 实施检测方案—**8. 确定并排除故障点**—9. 验证结果
收集资讯的方式	线下书籍及线上资源相结合。
资讯描述	1. 根据检测结果确定故障点。 2. 排除故障。
对学生的要求	1. 能正确确定故障点。 2. 能正确排除故障。 3. 能养成 6S 规范作业习惯。 4. 具有敬业精神。
参考资料	《检修汽车发动机电控系统》配套微课。

2. 确定并排除故障点的计划单

学习场	检修进气系统
学习情境九	检测进气压力传感器
学时	0.2 学时
典型工作过程描述	1. 准备工作—2. 验证故障—3. 分析故障原因—4. 读取故障码—5. 查阅资料—6. 制订检测方案—7. 实施检测方案—**8. 确定并排除故障点**—9. 验证结果
计划制订的方式	小组讨论。

<table>
<tr><th>序　　号</th><th colspan="2">工 作 步 骤</th><th colspan="2">注 意 事 项</th></tr>
<tr><td>1</td><td colspan="2">根据检测结果，确定故障点。</td><td colspan="2">正确确定故障点。</td></tr>
<tr><td>2</td><td colspan="2">排除故障。</td><td colspan="2">正确排除故障。</td></tr>
<tr><td rowspan="3">计划的评价</td><td>班级</td><td></td><td>第　　组</td><td>组长签字</td></tr>
<tr><td>教师签字</td><td></td><td>日期</td><td></td></tr>
<tr><td colspan="4">评语：</td></tr>
</table>

3. 确定并排除故障点的决策单

<table>
<tr><td>学习场</td><td colspan="5">检修进气系统</td></tr>
<tr><td>学习情境九</td><td colspan="5">检测进气压力传感器</td></tr>
<tr><td>学时</td><td colspan="5">0.2 学时</td></tr>
<tr><td>典型工作过程描述</td><td colspan="5">1．准备工作—2．验证故障—3．分析故障原因—4．读取故障码—5．查阅资料—6．制订检测方案—7．实施检测方案—8．确定并排除故障点—9．验证结果</td></tr>
<tr><td colspan="6">计 划 对 比</td></tr>
<tr><td>序　　号</td><td>计划的可行性</td><td>计划的经济性</td><td>计划的可操作性</td><td>计划的实施难度</td><td>综 合 评 价</td></tr>
<tr><td>1</td><td></td><td></td><td></td><td></td><td></td></tr>
<tr><td>2</td><td></td><td></td><td></td><td></td><td></td></tr>
<tr><td>3</td><td></td><td></td><td></td><td></td><td></td></tr>
<tr><td rowspan="3">决策的评价</td><td>班级</td><td></td><td>第　　组</td><td>组长签字</td><td></td></tr>
<tr><td>教师签字</td><td></td><td>日期</td><td colspan="2"></td></tr>
<tr><td colspan="5">评语：</td></tr>
</table>

4. 确定并排除故障点的实施单

<table>
<tr><td>学习场</td><td colspan="2">检修进气系统</td></tr>
<tr><td>学习情境九</td><td colspan="2">检测进气压力传感器</td></tr>
<tr><td>学时</td><td colspan="2">0.2 学时</td></tr>
<tr><td>典型工作过程描述</td><td colspan="2">1．准备工作—2．验证故障—3．分析故障原因—4．读取故障码—5．查阅资料—6．制订检测方案—7．实施检测方案—8．确定并排除故障点—9．验证结果</td></tr>
<tr><td>序　　号</td><td>实 施 步 骤</td><td>注 意 事 项</td></tr>
<tr><td>1</td><td>根据检测结果，确定故障点。
记录：</td><td>正确确定故障点。</td></tr>
<tr><td>2</td><td>排除故障。
记录：</td><td>正确排除故障。</td></tr>
</table>

<table>
<tr><td colspan="5">实施说明：</td></tr>
<tr><td rowspan="3">实施的评价</td><td>班级</td><td></td><td>第　组</td><td>组长签字</td><td></td></tr>
<tr><td>教师签字</td><td></td><td>日期</td><td colspan="2"></td></tr>
<tr><td colspan="5">评语：</td></tr>
</table>

5. 确定并排除故障点的检查单

<table>
<tr><td>学习场</td><td colspan="4">检修进气系统</td></tr>
<tr><td>学习情境九</td><td colspan="4">检测进气压力传感器</td></tr>
<tr><td>学时</td><td colspan="4">0.2 学时</td></tr>
<tr><td>典型工作过程描述</td><td colspan="4">1．准备工作—2．验证故障—3．分析故障原因—4．读取故障码—5．查阅资料—6．制订检测方案—7．实施检测方案—8．确定并排除故障点—9．验证结果</td></tr>
<tr><td>序　号</td><td>检 查 项 目</td><td>检 查 标 准</td><td>学 生 自 查</td><td>教 师 检 查</td></tr>
<tr><td>1</td><td>根据检测结果，确定故障点</td><td>正确确定故障点</td><td></td><td></td></tr>
<tr><td>2</td><td>排除故障</td><td>正确排除故障</td><td></td><td></td></tr>
</table>

<table>
<tr><td rowspan="3">检查的评价</td><td>班级</td><td></td><td>第　组</td><td>组长签字</td><td></td></tr>
<tr><td>教师签字</td><td></td><td>日期</td><td colspan="2"></td></tr>
<tr><td colspan="5">评语：</td></tr>
</table>

6. 确定并排除故障点的评价单

<table>
<tr><td>学习场</td><td colspan="4">检修进气系统</td></tr>
<tr><td>学习情境九</td><td colspan="4">检测进气压力传感器</td></tr>
<tr><td>学时</td><td colspan="4">0.2 学时</td></tr>
<tr><td>典型工作过程描述</td><td colspan="4">1．准备工作—2．验证故障—3．分析故障原因—4．读取故障码—5．查阅资料—6．制订检测方案—7．实施检测方案—8．确定并排除故障点—9．验证结果</td></tr>
<tr><td>评 价 项 目</td><td>评价子项目</td><td>学 生 自 评</td><td>组 内 评 价</td><td>教 师 评 价</td></tr>
<tr><td>根据检测结果，确定故障点</td><td>是否正确确定故障点</td><td></td><td></td><td></td></tr>
<tr><td>排除故障</td><td>是否正确排除故障</td><td></td><td></td><td></td></tr>
</table>

<table>
<tr><td rowspan="3">评价的评价</td><td>班级</td><td></td><td>第　组</td><td>组长签字</td><td></td></tr>
<tr><td>教师签字</td><td></td><td>日期</td><td colspan="2"></td></tr>
<tr><td colspan="5">评语：</td></tr>
</table>

任务九　验证结果

1．验证结果的资讯单

学习场	检修进气系统
学习情境九	检测进气压力传感器
学时	0.1 学时
典型工作过程描述	1．准备工作—2．验证故障—3．分析故障原因—4．读取故障码—5．查阅资料—6．制订检测方案—7．实施检测方案—8．确定并排除故障点—**9．验证结果**
收集资讯的方式	线下书籍及线上资源相结合。
资讯描述	1．排除故障后再次验证。 2．确定故障已排除。
对学生的要求	1．能正确验证故障。 2．能确定故障已排除。
参考资料	《检修汽车发动机电控系统》配套微课。

2．验证结果的计划单

<table>
<tr><td>学习场</td><td colspan="6">检修进气系统</td></tr>
<tr><td>学习情境九</td><td colspan="6">检测进气压力传感器</td></tr>
<tr><td>学时</td><td colspan="6">0.1 学时</td></tr>
<tr><td>典型工作过程描述</td><td colspan="6">1．准备工作—2．验证故障—3．分析故障原因—4．读取故障码—5．查阅资料—6．制订检测方案—7．实施检测方案—8．确定并排除故障点—9．验证结果</td></tr>
<tr><td>计划制订的方式</td><td colspan="6">小组讨论。</td></tr>
<tr><td>序　　号</td><td colspan="3">工 作 步 骤</td><td colspan="3">注 意 事 项</td></tr>
<tr><td>1</td><td colspan="3">再次验证故障。</td><td colspan="3">正确验证故障。</td></tr>
<tr><td>2</td><td colspan="3">确定故障已排除。</td><td colspan="3">正确确定故障已排除。</td></tr>
<tr><td rowspan="3">计划的评价</td><td>班级</td><td></td><td>第　　组</td><td>组长签字</td><td colspan="2"></td></tr>
<tr><td>教师签字</td><td></td><td>日期</td><td colspan="3"></td></tr>
<tr><td colspan="6">评语：</td></tr>
</table>

3．验证结果的决策单

学习场	检修进气系统
学习情境九	检测进气压力传感器
学时	0.1 学时
典型工作过程描述	1．准备工作—2．验证故障—3．分析故障原因—4．读取故障码—5．查阅资料—6．制订检测方案—7．实施检测方案—8．确定并排除故障点—**9．验证结果**

<table>
<tr><th colspan="7">计 划 对 比</th></tr>
<tr><th>序　　号</th><th>计划的可行性</th><th>计划的经济性</th><th>计划的可操作性</th><th colspan="2">计划的实施难度</th><th>综 合 评 价</th></tr>
<tr><td>1</td><td></td><td></td><td></td><td colspan="2"></td><td></td></tr>
<tr><td>2</td><td></td><td></td><td></td><td colspan="2"></td><td></td></tr>
<tr><td>3</td><td></td><td></td><td></td><td colspan="2"></td><td></td></tr>
<tr><td rowspan="3">决策的评价</td><td>班级</td><td></td><td>第　　组</td><td>组长签字</td><td colspan="2"></td></tr>
<tr><td>教师签字</td><td></td><td>日期</td><td colspan="3"></td></tr>
<tr><td colspan="6">评语：</td></tr>
</table>

4．验证结果的实施单

<table>
<tr><td>学习场</td><td colspan="2">检修进气系统</td></tr>
<tr><td>学习情境九</td><td colspan="2">检测进气压力传感器</td></tr>
<tr><td>学时</td><td colspan="2">0.1 学时</td></tr>
<tr><td>典型工作过程描述</td><td colspan="2">1．准备工作—2．验证故障—3．分析故障原因—4．读取故障码—5．查阅资料—6．制订检测方案—7．实施检测方案—8．确定并排除故障点—9．验证结果</td></tr>
<tr><th>序　　号</th><th>实 施 步 骤</th><th>注 意 事 项</th></tr>
<tr><td>1</td><td>再次验证故障。
记录：</td><td>正确验证故障。</td></tr>
<tr><td>2</td><td>确定故障已排除。
记录：</td><td>正确确定故障已排除。</td></tr>
<tr><td colspan="3">实施说明：</td></tr>
</table>

<table>
<tr><td rowspan="3">实施的评价</td><td>班级</td><td></td><td>第　　组</td><td>组长签字</td><td></td></tr>
<tr><td>教师签字</td><td></td><td>日期</td><td colspan="2"></td></tr>
<tr><td colspan="5">评语：</td></tr>
</table>

5．验证结果的检查单

<table>
<tr><td>学习场</td><td>检修进气系统</td></tr>
<tr><td>学习情境九</td><td>检测进气压力传感器</td></tr>
<tr><td>学时</td><td>0.1 学时</td></tr>
<tr><td>典型工作过程描述</td><td>1．准备工作—2．验证故障—3．分析故障原因—4．读取故障码—5．查阅资料—6．制订检测方案—7．实施检测方案—8．确定并排除故障点—9．验证结果</td></tr>
</table>

<table>
<tr><td>序　　号</td><td colspan="2">检 查 项 目</td><td>检 查 标 准</td><td colspan="2">学 生 自 查</td><td>教 师 检 查</td></tr>
<tr><td>1</td><td colspan="2">再次验证故障</td><td>正确验证故障</td><td colspan="2"></td><td></td></tr>
<tr><td>2</td><td colspan="2">确定故障已排除</td><td>正确确定故障已排除</td><td colspan="2"></td><td></td></tr>
<tr><td rowspan="3">检查的评价</td><td>班级</td><td></td><td>第　　组</td><td>组长签字</td><td colspan="2"></td></tr>
<tr><td>教师签字</td><td></td><td>日期</td><td colspan="3"></td></tr>
<tr><td colspan="6">评语：</td></tr>
</table>

6．验证结果的评价单

<table>
<tr><td>学习场</td><td colspan="6">检修进气系统</td></tr>
<tr><td>学习情境九</td><td colspan="6">检测进气压力传感器</td></tr>
<tr><td>学时</td><td colspan="6">0.1 学时</td></tr>
<tr><td>典型工作过程描述</td><td colspan="6">1．准备工作—2．验证故障—3．分析故障原因—4．读取故障码—5．查阅资料—6．制订检测方案—7．实施检测方案—8．确定并排除故障点—9．验证结果</td></tr>
<tr><td colspan="2">评 价 项 目</td><td colspan="2">评价子项目</td><td>学 生 自 评</td><td>组 内 评 价</td><td>教 师 评 价</td></tr>
<tr><td colspan="2">再次验证故障</td><td colspan="2">是否正确验证故障</td><td></td><td></td><td></td></tr>
<tr><td colspan="2">确定故障已排除</td><td colspan="2">是否正确确定故障已排除</td><td></td><td></td><td></td></tr>
<tr><td rowspan="3">评价的评价</td><td colspan="2">班级</td><td></td><td>第　　组</td><td>组长签字</td><td></td></tr>
<tr><td colspan="2">教师签字</td><td></td><td>日期</td><td colspan="2"></td></tr>
<tr><td colspan="6">评语：</td></tr>
</table>

学习情境十　检测空气流量传感器

任务一　检测空气流量传感器的准备工作

1．检测空气流量传感器准备工作的资讯单

学习场	检修进气系统
学习情境十	检测空气流量传感器
学时	0.2 学时
典型工作过程描述	**1．准备工作**—2．验证故障—3．分析故障原因—4．读取故障码—5．查阅资料—6．制订检测方案—7．实施检测方案—8．确定并排除故障点—9．验证结果
收集资讯的方式	线下书籍及线上资源相结合。
资讯描述	1．进气系统的作用及结构。 2．进气系统的类型。 3．进气系统的进气通道。 4．使用的工具设备。
对学生的要求	1．掌握进气系统的作用及结构。 2．掌握进气系统的类型。 3．掌握进气系统的进气通道。 4．能养成 6S 规范作业习惯。 5．具有团队意识、工匠精神和职业精神。
参考资料	《检修汽车发动机电控系统》配套微课。

2．检测空气流量传感器准备工作的计划单

学习场	检修进气系统	
学习情境十	检测空气流量传感器	
学时	0.2 学时	
典型工作过程描述	**1．准备工作**—2．验证故障—3．分析故障原因—4．读取故障码—5．查阅资料—6．制订检测方案—7．实施检测方案—8．确定并排除故障点—9．验证结果	
计划制订的方式	小组讨论。	
序　　号	工 作 步 骤	注 意 事 项
1	进气系统的作用及结构。	分析概括全面。
2	进气系统的类型。	描述清楚。
3	进气系统的进气通道。	描述清楚。
4	准备工具设备。	准备齐全。

计划的评价	班级		第　　组	组长签字	
	教师签字		日期		
	评语：				

3. 检测空气流量传感器准备工作的决策单

学习场	检修进气系统				
学习情境十	检测空气流量传感器				
学时	0.2 学时				
典型工作过程描述	**1．准备工作**—2．验证故障—3．分析故障原因—4．读取故障码—5．查阅资料—6．制订检测方案—7．实施检测方案—8．确定并排除故障点—9．验证结果				
计划对比					
序　　号	计划的可行性	计划的经济性	计划的可操作性	计划的实施难度	综合评价
1					
2					
3					
决策的评价	班级		第　　组	组长签字	
	教师签字		日期		
	评语：				

4. 检测空气流量传感器准备工作的实施单

学习场	检修进气系统	
学习情境十	检测空气流量传感器	
学时	0.2 学时	
典型工作过程描述	**1．准备工作**—2．验证故障—3．分析故障原因—4．读取故障码—5．查阅资料—6．制订检测方案—7．实施检测方案—8．确定并排除故障点—9．验证结果	
序　　号	实施步骤	注意事项
1	进气系统的作用及结构。 **记录：**	分析概括全面。
2	进气系统的类型。 **记录：**	描述清楚。

<table>
<tr><td>3</td><td>进气系统的进气通道。
记录：</td><td>描述清楚。</td></tr>
<tr><td>4</td><td>准备工具设备。
记录：</td><td>准备齐全。</td></tr>
<tr><td colspan="3">实施说明：</td></tr>
</table>

<table>
<tr><td rowspan="3">**实施的评价**</td><td>班级</td><td></td><td>第　　组</td><td>组长签字</td><td></td></tr>
<tr><td>教师签字</td><td></td><td>日期</td><td colspan="2"></td></tr>
<tr><td colspan="5">评语：</td></tr>
</table>

5. 检测空气流量传感器准备工作的检查单

<table>
<tr><td>**学习场**</td><td colspan="5">检修进气系统</td></tr>
<tr><td>**学习情境十**</td><td colspan="5">检测空气流量传感器</td></tr>
<tr><td>**学时**</td><td colspan="5">0.2 学时</td></tr>
<tr><td>**典型工作过程描述**</td><td colspan="5">**1．准备工作**—2．验证故障—3．分析故障原因—4．读取故障码—5．查阅资料—6．制订检测方案—7．实施检测方案—8．确定并排除故障点—9．验证结果</td></tr>
<tr><td>**序　　号**</td><td>**检 查 项 目**</td><td>**检 查 标 准**</td><td colspan="2">**学 生 自 查**</td><td>**教 师 检 查**</td></tr>
<tr><td>1</td><td>进气系统的作用及结构</td><td>分析概括全面</td><td colspan="2"></td><td></td></tr>
<tr><td>2</td><td>进气系统的类型</td><td>描述清楚</td><td colspan="2"></td><td></td></tr>
<tr><td>3</td><td>进气系统的进气通道</td><td>描述清楚</td><td colspan="2"></td><td></td></tr>
<tr><td>4</td><td>准备工具设备</td><td>准备齐全</td><td colspan="2"></td><td></td></tr>
<tr><td rowspan="3">**检查的评价**</td><td>班级</td><td></td><td>第　　组</td><td>组长签字</td><td></td></tr>
<tr><td>教师签字</td><td></td><td>日期</td><td colspan="2"></td></tr>
<tr><td colspan="5">评语：</td></tr>
</table>

6. 检测空气流量传感器准备工作的评价单

<table>
<tr><td>学习场</td><td colspan="5">检修进气系统</td></tr>
<tr><td>学习情境十</td><td colspan="5">检测空气流量传感器</td></tr>
<tr><td>学时</td><td colspan="5">0.2 学时</td></tr>
<tr><td>典型工作过程描述</td><td colspan="5">1. 准备工作—2. 验证故障—3. 分析故障原因—4. 读取故障码—5. 查阅资料—6. 制订检测方案—7. 实施检测方案—8. 确定并排除故障点—9. 验证结果</td></tr>
<tr><td colspan="2">评 价 项 目</td><td>评价子项目</td><td>学 生 自 评</td><td>组 内 评 价</td><td>教 师 评 价</td></tr>
<tr><td colspan="2">进气系统的作用及结构</td><td>分析概括是否全面</td><td></td><td></td><td></td></tr>
<tr><td colspan="2">进气系统的类型</td><td>描述是否清楚</td><td></td><td></td><td></td></tr>
<tr><td colspan="2">进气系统的进气通道</td><td>描述是否清楚</td><td></td><td></td><td></td></tr>
<tr><td colspan="2">准备工具设备</td><td>准备是否齐全</td><td></td><td></td><td></td></tr>
<tr><td rowspan="3">评价的评价</td><td>班级</td><td></td><td>第　　组</td><td>组长签字</td><td></td></tr>
<tr><td>教师签字</td><td></td><td>日期</td><td colspan="2"></td></tr>
<tr><td colspan="5">评语：</td></tr>
</table>

任务二　验证故障

1. 验证故障的资讯单

<table>
<tr><td>学习场</td><td>检修进气系统</td></tr>
<tr><td>学习情境十</td><td>检测空气流量传感器</td></tr>
<tr><td>学时</td><td>0.1 学时</td></tr>
<tr><td>典型工作过程描述</td><td>1. 准备工作—2. 验证故障—3. 分析故障原因—4. 读取故障码—5. 查阅资料—6. 制订检测方案—7. 实施检测方案—8. 确定并排除故障点—9. 验证结果</td></tr>
<tr><td>收集资讯的方式</td><td>线下书籍及线上资源相结合。</td></tr>
<tr><td>资讯描述</td><td>1. 故障验证。
2. 正确描述故障现象。</td></tr>
<tr><td>对学生的要求</td><td>1. 能正确进行故障验证。
2. 能正确描述故障现象。
3. 能养成 6S 规范作业习惯。
4. 具有团队意识、工匠精神和职业精神。</td></tr>
<tr><td>参考资料</td><td>《检修汽车发动机电控系统》配套微课。</td></tr>
</table>

2. 验证故障的计划单

<table>
<tr><td>学习场</td><td colspan="5">检修进气系统</td></tr>
<tr><td>学习情境十</td><td colspan="5">检测空气流量传感器</td></tr>
<tr><td>学时</td><td colspan="5">0.1 学时</td></tr>
<tr><td>典型工作过程描述</td><td colspan="5">1．准备工作—2．验证故障—3．分析故障原因—4．读取故障码—5．查阅资料—6．制订检测方案—7．实施检测方案—8．确定并排除故障点—9．验证结果</td></tr>
<tr><td>计划制订的方式</td><td colspan="5">小组讨论。</td></tr>
<tr><td>序　号</td><td colspan="2">工作步骤</td><td colspan="3">注意事项</td></tr>
<tr><td>1</td><td colspan="2">打开点火开关，观察仪表。</td><td colspan="3">检查仪表指示是否正常。</td></tr>
<tr><td>2</td><td colspan="2">起动车辆，检查故障现象。</td><td colspan="3">检查仪表指示是否正常，起动后发动机工作是否正常。</td></tr>
<tr><td>3</td><td colspan="2">描述故障现象。</td><td colspan="3">正确描述故障现象。</td></tr>
<tr><td rowspan="3">计划的评价</td><td>班级</td><td></td><td>第　　组</td><td>组长签字</td><td></td></tr>
<tr><td>教师签字</td><td></td><td>日期</td><td colspan="2"></td></tr>
<tr><td colspan="5">评语：</td></tr>
</table>

3. 验证故障的决策单

<table>
<tr><td>学习场</td><td colspan="6">检修进气系统</td></tr>
<tr><td>学习情境十</td><td colspan="6">检测空气流量传感器</td></tr>
<tr><td>学时</td><td colspan="6">0.1 学时</td></tr>
<tr><td>典型工作过程描述</td><td colspan="6">1．准备工作—2．验证故障—3．分析故障原因—4．读取故障码—5．查阅资料—6．制订检测方案—7．实施检测方案—8．确定并排除故障点—9．验证结果</td></tr>
<tr><td colspan="7">计划对比</td></tr>
<tr><td>序　号</td><td>计划的可行性</td><td>计划的经济性</td><td>计划的可操作性</td><td colspan="2">计划的实施难度</td><td>综合评价</td></tr>
<tr><td>1</td><td></td><td></td><td></td><td colspan="2"></td><td></td></tr>
<tr><td>2</td><td></td><td></td><td></td><td colspan="2"></td><td></td></tr>
<tr><td>3</td><td></td><td></td><td></td><td colspan="2"></td><td></td></tr>
<tr><td rowspan="3">决策的评价</td><td>班级</td><td></td><td>第　　组</td><td>组长签字</td><td colspan="2"></td></tr>
<tr><td>教师签字</td><td></td><td>日期</td><td colspan="3"></td></tr>
<tr><td colspan="6">评语：</td></tr>
</table>

4. 验证故障的实施单

学习场	检修进气系统	
学习情境十	检测空气流量传感器	
学时	0.1 学时	
典型工作过程描述	1．准备工作—**2．验证故障**—3．分析故障原因—4．读取故障码—5．查阅资料—6．制订检测方案—7．实施检测方案—8．确定并排除故障点—9．验证结果	
序　　号	**实 施 步 骤**	**注 意 事 项**
1	打开点火开关，观察仪表。 **记录：**	检查仪表指示是否正常。
2	起动车辆，检查故障现象。 **记录：**	检查仪表指示是否正常，起动后发动机工作是否正常。
3	描述故障现象。 **记录：**	正确描述故障现象。
实施说明：		

实施的评价	班级		第　　组		组长签字	
	教师签字		日期			
	评语：					

5. 验证故障的检查单

学习场	检修进气系统			
学习情境十	检测空气流量传感器			
学时	0.1 学时			
典型工作过程描述	1．准备工作—**2．验证故障**—3．分析故障原因—4．读取故障码—5．查阅资料—6．制订检测方案—7．实施检测方案—8．确定并排除故障点—9．验证结果			
序　　号	**检 查 项 目**	**检 查 标 准**	**学 生 自 查**	**教 师 检 查**
1	打开点火开关，观察仪表	检查全面		
2	起动车辆，检查故障现象	检查全面		
3	描述故障现象	正确描述故障现象		

检查的评价	班级		第　　组		组长签字	
	教师签字		日期			
	评语：					

6．验证故障的评价单

<table>
<tr><td>学习场</td><td colspan="6">检修进气系统</td></tr>
<tr><td>学习情境十</td><td colspan="6">检测空气流量传感器</td></tr>
<tr><td>学时</td><td colspan="6">0.1 学时</td></tr>
<tr><td>典型工作过程描述</td><td colspan="6">1．准备工作—2．验证故障—3．分析故障原因—4．读取故障码—5．查阅资料—6．制订检测方案—7．实施检测方案—8．确定并排除故障点—9．验证结果</td></tr>
<tr><td colspan="2">评 价 项 目</td><td colspan="2">评价子项目</td><td>学 生 自 评</td><td>组 内 评 价</td><td>教 师 评 价</td></tr>
<tr><td colspan="2">打开点火开关，观察仪表</td><td colspan="2">检查是否全面</td><td></td><td></td><td></td></tr>
<tr><td colspan="2">起动车辆，检查故障现象</td><td colspan="2">检查是否全面</td><td></td><td></td><td></td></tr>
<tr><td colspan="2">描述故障现象</td><td colspan="2">是否正确描述故障现象</td><td></td><td></td><td></td></tr>
<tr><td rowspan="3">评价的评价</td><td colspan="2">班级</td><td></td><td>第　　组</td><td>组长签字</td><td></td></tr>
<tr><td colspan="2">教师签字</td><td></td><td>日期</td><td colspan="2"></td></tr>
<tr><td colspan="6">评语：</td></tr>
</table>

任务三　分析故障原因

1．分析故障原因的资讯单

学习场	检修进气系统
学习情境十	检测空气流量传感器
学时	0.2 学时
典型工作过程描述	1．准备工作—2．验证故障—**3．分析故障原因**—4．读取故障码—5．查阅资料—6．制订检测方案—7．实施检测方案—8．确定并排除故障点—9．验证结果
收集资讯的方式	线下书籍及线上资源相结合。
资讯描述	根据故障现象，分析故障原因。
对学生的要求	1．能根据故障现象分析故障原因。 2．能养成 6S 规范作业习惯。 3．具有团队意识、工匠精神和职业精神。
参考资料	《检修汽车发动机电控系统》配套微课。

2．分析故障原因的计划单

学习场	检修进气系统
学习情境十	检测空气流量传感器
学时	0.2 学时
典型工作过程描述	1．准备工作—2．验证故障—**3．分析故障原因**—4．读取故障码—5．查阅资料—6．制订检测方案—7．实施检测方案—8．确定并排除故障点—9．验证结果
计划制订的方式	小组讨论。

<table>
<tr><th>序　号</th><th colspan="4">工 作 步 骤</th><th colspan="2">注 意 事 项</th></tr>
<tr><td>1</td><td colspan="4">根据故障现象，分析原因。</td><td colspan="2">正确、全面地分析原因。</td></tr>
<tr><td rowspan="3">计划的评价</td><td>班级</td><td></td><td>第　　组</td><td>组长签字</td><td colspan="2"></td></tr>
<tr><td>教师签字</td><td></td><td>日期</td><td colspan="3"></td></tr>
<tr><td colspan="6">评语：</td></tr>
</table>

3. 分析故障原因的决策单

<table>
<tr><td>学习场</td><td colspan="5">检修进气系统</td></tr>
<tr><td>学习情境十</td><td colspan="5">检测空气流量传感器</td></tr>
<tr><td>学时</td><td colspan="5">0.2 学时</td></tr>
<tr><td>典型工作过程描述</td><td colspan="5">1．准备工作—2．验证故障—3．分析故障原因—4．读取故障码—5．查阅资料—6．制订检测方案—7．实施检测方案—8．确定并排除故障点—9．验证结果</td></tr>
<tr><td colspan="6">计 划 对 比</td></tr>
<tr><td>序　　号</td><td>计划的可行性</td><td>计划的经济性</td><td>计划的可操作性</td><td>计划的实施难度</td><td>综 合 评 价</td></tr>
<tr><td>1</td><td></td><td></td><td></td><td></td><td></td></tr>
<tr><td>2</td><td></td><td></td><td></td><td></td><td></td></tr>
<tr><td>3</td><td></td><td></td><td></td><td></td><td></td></tr>
<tr><td rowspan="3">决策的评价</td><td>班级</td><td></td><td>第　　组</td><td>组长签字</td><td></td></tr>
<tr><td>教师签字</td><td></td><td>日期</td><td colspan="2"></td></tr>
<tr><td colspan="5">评语：</td></tr>
</table>

4. 分析故障原因的实施单

<table>
<tr><td>学习场</td><td colspan="2">检修进气系统</td></tr>
<tr><td>学习情境十</td><td colspan="2">检测空气流量传感器</td></tr>
<tr><td>学时</td><td colspan="2">0.2 学时</td></tr>
<tr><td>典型工作过程描述</td><td colspan="2">1．准备工作—2．验证故障—3．分析故障原因—4．读取故障码—5．查阅资料—6．制订检测方案—7．实施检测方案—8．确定并排除故障点—9．验证结果</td></tr>
<tr><td>序　　号</td><td>实 施 步 骤</td><td>注 意 事 项</td></tr>
<tr><td>1</td><td>根据故障现象，分析原因。
记录：</td><td>正确、全面地分析原因。</td></tr>
<tr><td colspan="3">实施说明：</td></tr>
</table>

<table>
<tr><td rowspan="3">实施的评价</td><td>班级</td><td></td><td>第　组</td><td>组长签字</td><td></td></tr>
<tr><td>教师签字</td><td></td><td>日期</td><td colspan="2"></td></tr>
<tr><td colspan="5">评语：</td></tr>
</table>

5. 分析故障原因的检查单

<table>
<tr><td>学习场</td><td colspan="5">检修进气系统</td></tr>
<tr><td>学习情境十</td><td colspan="5">检测空气流量传感器</td></tr>
<tr><td>学时</td><td colspan="5">0.2 学时</td></tr>
<tr><td>典型工作过程描述</td><td colspan="5">1．准备工作—2．验证故障—3．分析故障原因—4．读取故障码—5．查阅资料—6．制订检测方案—7．实施检测方案—8．确定并排除故障点—9．验证结果</td></tr>
<tr><td>序　号</td><td>检查项目</td><td colspan="2">检查标准</td><td>学生自查</td><td>教师检查</td></tr>
<tr><td>1</td><td>根据故障现象，分析原因</td><td colspan="2">正确、全面地分析原因</td><td></td><td></td></tr>
<tr><td rowspan="3">检查的评价</td><td>班级</td><td></td><td>第　组</td><td>组长签字</td><td></td></tr>
<tr><td>教师签字</td><td></td><td>日期</td><td colspan="2"></td></tr>
<tr><td colspan="5">评语：</td></tr>
</table>

6. 分析故障原因的评价单

<table>
<tr><td>学习场</td><td colspan="5">检修进气系统</td></tr>
<tr><td>学习情境十</td><td colspan="5">检测空气流量传感器</td></tr>
<tr><td>学时</td><td colspan="5">0.2 学时</td></tr>
<tr><td>典型工作过程描述</td><td colspan="5">1．准备工作—2．验证故障—3．分析故障原因—4．读取故障码—5．查阅资料—6．制订检测方案—7．实施检测方案—8．确定并排除故障点—9．验证结果</td></tr>
<tr><td colspan="2">评价项目</td><td>评价子项目</td><td>学生自评</td><td>组内评价</td><td>教师评价</td></tr>
<tr><td colspan="2">根据故障现象，分析原因</td><td>是否正确、全面地分析原因</td><td></td><td></td><td></td></tr>
<tr><td rowspan="3">评价的评价</td><td>班级</td><td></td><td>第　组</td><td>组长签字</td><td></td></tr>
<tr><td>教师签字</td><td></td><td>日期</td><td colspan="2"></td></tr>
<tr><td colspan="5">评语：</td></tr>
</table>

任务四 读取故障码

1. 读取故障码的资讯单

学习场	检修进气系统
学习情境十	检测空气流量传感器
学时	0.2 学时
典型工作过程描述	1. 准备工作—2. 验证故障—3. 分析故障原因—**4. 读取故障码**—5. 查阅资料—6. 制订检测方案—7. 实施检测方案—8. 确定并排除故障点—9. 验证结果
收集资讯的方式	线下书籍及线上资源相结合。
资讯描述	1. 关闭点火开关，连接解码仪。 2. 打开点火开关，读取故障码。 3. 读取数据流。
对学生的要求	1. 能正确连接解码仪。 2. 能正确读取故障码。 3. 能正确读取数据流。
参考资料	《检修汽车发动机电控系统》配套微课。

2. 读取故障码的计划单

<table>
<tr><td>学习场</td><td colspan="4">检修进气系统</td></tr>
<tr><td>学习情境十</td><td colspan="4">检测空气流量传感器</td></tr>
<tr><td>学时</td><td colspan="4">0.2 学时</td></tr>
<tr><td>典型工作过程描述</td><td colspan="4">1. 准备工作—2. 验证故障—3. 分析故障原因—4. 读取故障码—5. 查阅资料—6. 制订检测方案—7. 实施检测方案—8. 确定并排除故障点—9. 验证结果</td></tr>
<tr><td>计划制订的方式</td><td colspan="4">小组讨论。</td></tr>
<tr><td>序　号</td><td colspan="2">工 作 步 骤</td><td colspan="2">注 意 事 项</td></tr>
<tr><td>1</td><td colspan="2">关闭点火开关，连接解码仪。</td><td colspan="2">关闭点火开关，正确连接解码仪。</td></tr>
<tr><td>2</td><td colspan="2">打开点火开关，读取故障码。</td><td colspan="2">打开点火开关，正确读取故障码。</td></tr>
<tr><td>3</td><td colspan="2">读取数据流。</td><td colspan="2">正确读取静态和动态数据流。</td></tr>
<tr><td rowspan="3">计划的评价</td><td>班级</td><td></td><td>第　　组</td><td>组长签字</td></tr>
<tr><td>教师签字</td><td></td><td>日期</td><td></td></tr>
<tr><td colspan="4">评语：</td></tr>
</table>

3. 读取故障码的决策单

学习场	检修进气系统
学习情境十	检测空气流量传感器
学时	0.2 学时
典型工作过程描述	1. 准备工作—2. 验证故障—3. 分析故障原因—**4. 读取故障码**—5. 查阅资料—6. 制订检测方案—7. 实施检测方案—8. 确定并排除故障点—9. 验证结果

<table>
<tr><td colspan="6">计 划 对 比</td></tr>
<tr><td>序　　号</td><td>计划的可行性</td><td>计划的经济性</td><td>计划的可操作性</td><td>计划的实施难度</td><td>综 合 评 价</td></tr>
<tr><td>1</td><td></td><td></td><td></td><td></td><td></td></tr>
<tr><td>2</td><td></td><td></td><td></td><td></td><td></td></tr>
<tr><td>3</td><td></td><td></td><td></td><td></td><td></td></tr>
<tr><td rowspan="3">决策的评价</td><td>班级</td><td></td><td>第　　组</td><td>组长签字</td><td></td></tr>
<tr><td>教师签字</td><td></td><td>日期</td><td colspan="2"></td></tr>
<tr><td colspan="5">评语：</td></tr>
</table>

4．读取故障码的实施单

<table>
<tr><td>学习场</td><td colspan="2">检修进气系统</td></tr>
<tr><td>学习情境十</td><td colspan="2">检测空气流量传感器</td></tr>
<tr><td>学时</td><td colspan="2">0.2 学时</td></tr>
<tr><td>典型工作过程描述</td><td colspan="2">1．准备工作—2．验证故障—3．分析故障原因—4．读取故障码—5．查阅资料—6．制订检测方案—7．实施检测方案—8．确定并排除故障点—9．验证结果</td></tr>
<tr><td>序　　号</td><td>实 施 步 骤</td><td>注 意 事 项</td></tr>
<tr><td>1</td><td>关闭点火开关，连接解码仪。
记录：</td><td>关闭点火开关，正确连接解码仪。</td></tr>
<tr><td>2</td><td>打开点火开关，读取故障码。
记录：</td><td>打开点火开关，正确读取故障码。</td></tr>
<tr><td>3</td><td>读取数据流。
记录：</td><td>正确读取静态和动态数据流。</td></tr>
<tr><td colspan="3">实施说明：</td></tr>
</table>

<table>
<tr><td rowspan="3">实施的评价</td><td>班级</td><td></td><td>第　　组</td><td>组长签字</td><td></td></tr>
<tr><td>教师签字</td><td></td><td>日期</td><td colspan="2"></td></tr>
<tr><td colspan="5">评语：</td></tr>
</table>

5．读取故障码的检查单

<table>
<tr><td>学习场</td><td>检修进气系统</td></tr>
<tr><td>学习情境十</td><td>检测空气流量传感器</td></tr>
<tr><td>学时</td><td>0.2 学时</td></tr>
<tr><td>典型工作过程描述</td><td>1．准备工作—2．验证故障—3．分析故障原因—4．读取故障码—5．查阅资料—6．制订检测方案—7．实施检测方案—8．确定并排除故障点—9．验证结果</td></tr>
</table>

序　　号	检 查 项 目	检 查 标 准	学 生 自 查	教 师 检 查
1	关闭点火开关，连接解码仪	关闭点火开关，正确连接解码仪		
2	打开点火开关，读取故障码	打开点火开关，正确读取故障码		
3	读取数据流	正确读取静态和动态数据流		
检查的评价	班级		第　　组	组长签字	
	教师签字		日期		
	评语：				

6. 读取故障码的评价单

学习场	检修进气系统			
学习情境十	检测空气流量传感器			
学时	0.2 学时			
典型工作过程描述	1．准备工作—2．验证故障—3．分析故障原因—**4．读取故障码**—5．查阅资料—6．制订检测方案—7．实施检测方案—8．确定并排除故障点—9．验证结果			
评 价 项 目	评价子项目	学 生 自 评	组 内 评 价	教 师 评 价
关闭点火开关，连接解码仪	是否关闭点火开关，正确连接解码仪			
打开点火开关，读取故障码	是否打开点火开关，正确读取故障码			
读取数据流	是否正确读取静态和动态数据流			
评价的评价	班级		第　　组	组长签字	
	教师签字		日期		
	评语：				

任务五　查阅资料

1. 查阅资料的资讯单

学习场	检修进气系统
学习情境十	检测空气流量传感器
学时	0.2 学时
典型工作过程描述	1．准备工作—2．验证故障—3．分析故障原因—4．读取故障码—**5．查阅资料**—6．制订检测方案—7．实施检测方案—8．确定并排除故障点—9．验证结果
收集资讯的方式	线下书籍及线上资源相结合。
资讯描述	1．查阅维修手册。 2．查阅电路图。

对学生的要求	1．能查阅维修手册，确定空气流量传感器的位置。 2．能查阅电路图，绘制空气流量传感器电路图。 3．能养成6S规范作业习惯。
参考资料	《检修汽车发动机电控系统》配套微课。

2．查阅资料的计划单

<table>
<tr><td>学习场</td><td colspan="5">检修进气系统</td></tr>
<tr><td>学习情境十</td><td colspan="5">检测空气流量传感器</td></tr>
<tr><td>学时</td><td colspan="5">0.2 学时</td></tr>
<tr><td>典型工作过程描述</td><td colspan="5">1．准备工作—2．验证故障—3．分析故障原因—4．读取故障码—5．查阅资料—6．制订检测方案—7．实施检测方案—8．确定并排除故障点—9．验证结果</td></tr>
<tr><td>计划制订的方式</td><td colspan="5">小组讨论。</td></tr>
<tr><td>序　号</td><td colspan="3">工 作 步 骤</td><td colspan="2">注 意 事 项</td></tr>
<tr><td>1</td><td colspan="3">查阅维修手册，确定空气流量传感器的位置。</td><td colspan="2">正确确定位置。</td></tr>
<tr><td>2</td><td colspan="3">查阅电路图，绘制空气流量传感器电路图。</td><td colspan="2">正确绘制电路图。</td></tr>
<tr><td rowspan="3">计划的评价</td><td>班级</td><td></td><td>第　　组</td><td>组长签字</td><td></td></tr>
<tr><td>教师签字</td><td></td><td>日期</td><td colspan="2"></td></tr>
<tr><td colspan="5">评语：</td></tr>
</table>

3．查阅资料的决策单

<table>
<tr><td>学习场</td><td colspan="6">检修进气系统</td></tr>
<tr><td>学习情境十</td><td colspan="6">检测空气流量传感器</td></tr>
<tr><td>学时</td><td colspan="6">0.2 学时</td></tr>
<tr><td>典型工作过程描述</td><td colspan="6">1．准备工作—2．验证故障—3．分析故障原因—4．读取故障码—5．查阅资料—6．制订检测方案—7．实施检测方案—8．确定并排除故障点—9．验证结果</td></tr>
<tr><td colspan="7">计 划 对 比</td></tr>
<tr><td>序　号</td><td>计划的可行性</td><td>计划的经济性</td><td>计划的可操作性</td><td>计划的实施难度</td><td colspan="2">综 合 评 价</td></tr>
<tr><td>1</td><td></td><td></td><td></td><td></td><td colspan="2"></td></tr>
<tr><td>2</td><td></td><td></td><td></td><td></td><td colspan="2"></td></tr>
<tr><td>3</td><td></td><td></td><td></td><td></td><td colspan="2"></td></tr>
<tr><td rowspan="3">决策的评价</td><td>班级</td><td></td><td>第　　组</td><td>组长签字</td><td colspan="2"></td></tr>
<tr><td>教师签字</td><td></td><td>日期</td><td colspan="3"></td></tr>
<tr><td colspan="6">评语：</td></tr>
</table>

4．查阅资料的实施单

<table>
<tr><td>学习场</td><td colspan="6">检修进气系统</td></tr>
<tr><td>学习情境十</td><td colspan="6">检测空气流量传感器</td></tr>
<tr><td>学时</td><td colspan="6">0.2 学时</td></tr>
<tr><td>典型工作过程描述</td><td colspan="6">1．准备工作—2．验证故障—3．分析故障原因—4．读取故障码—5．查阅资料—6．制订检测方案—7．实施检测方案—8．确定并排除故障点—9．验证结果</td></tr>
<tr><td>序　　号</td><td colspan="3">实 施 步 骤</td><td colspan="3">注 意 事 项</td></tr>
<tr><td>1</td><td colspan="3">查阅维修手册，确定空气流量传感器的位置。
记录：</td><td colspan="3">正确确定位置。</td></tr>
<tr><td>2</td><td colspan="3">查阅电路图，绘制空气流量传感器电路图。
记录：</td><td colspan="3">正确绘制电路图。</td></tr>
<tr><td colspan="7">实施说明：</td></tr>
<tr><td rowspan="3">实施的评价</td><td>班级</td><td></td><td>第　　组</td><td>组长签字</td><td colspan="2"></td></tr>
<tr><td>教师签字</td><td></td><td>日期</td><td colspan="3"></td></tr>
<tr><td colspan="6">评语：</td></tr>
</table>

5．检测动平衡值的检查单

<table>
<tr><td>学习场</td><td colspan="6">检修进气系统</td></tr>
<tr><td>学习情境十</td><td colspan="6">检测空气流量传感器</td></tr>
<tr><td>学时</td><td colspan="6">0.2 学时</td></tr>
<tr><td>典型工作过程描述</td><td colspan="6">1．准备工作—2．验证故障—3．分析故障原因—4．读取故障码—5．查阅资料—6．制订检测方案—7．实施检测方案—8．确定并排除故障点—9．验证结果</td></tr>
<tr><td>序　　号</td><td>检 查 项 目</td><td colspan="2">检 查 标 准</td><td>学 生 自 查</td><td colspan="2">教 师 检 查</td></tr>
<tr><td>1</td><td>查阅维修手册，确定空气流量传感器的位置</td><td colspan="2">正确确定位置</td><td></td><td colspan="2"></td></tr>
<tr><td>2</td><td>查阅电路图，绘制空气流量传感器电路图</td><td colspan="2">正确绘制电路图</td><td></td><td colspan="2"></td></tr>
<tr><td rowspan="3">检查的评价</td><td>班级</td><td></td><td>第　　组</td><td>组长签字</td><td colspan="2"></td></tr>
<tr><td>教师签字</td><td></td><td>日期</td><td colspan="3"></td></tr>
<tr><td colspan="6">评语：</td></tr>
</table>

6. 查阅资料的评价单

<table>
<tr><td>学习场</td><td colspan="6">检修进气系统</td></tr>
<tr><td>学习情境十</td><td colspan="6">检测空气流量传感器</td></tr>
<tr><td>学时</td><td colspan="6">0.2 学时</td></tr>
<tr><td>典型工作过程描述</td><td colspan="6">1．准备工作—2．验证故障—3．分析故障原因—4．读取故障码—5．查阅资料—6．制订检测方案—7．实施检测方案—8．确定并排除故障点—9．验证结果</td></tr>
<tr><td colspan="2">评 价 项 目</td><td colspan="2">评价子项目</td><td>学 生 自 评</td><td>组 内 评 价</td><td>教 师 评 价</td></tr>
<tr><td colspan="2">查阅维修手册，确定空气流量传感器的位置</td><td colspan="2">是否正确确定位置</td><td></td><td></td><td></td></tr>
<tr><td colspan="2">查阅电路图，绘制空气流量传感器电路图</td><td colspan="2">是否正确绘制电路图</td><td></td><td></td><td></td></tr>
<tr><td rowspan="3">评价的评价</td><td colspan="2">班级</td><td></td><td>第　　组</td><td>组长签字</td><td></td></tr>
<tr><td colspan="2">教师签字</td><td></td><td>日期</td><td colspan="2"></td></tr>
<tr><td colspan="6">评语：</td></tr>
</table>

任务六　制订检测方案

1. 制订检测方案的资讯单

学习场	检修进气系统
学习情境十	检测空气流量传感器
学时	0.8 学时
典型工作过程描述	1．准备工作—2．验证故障—3．分析故障原因—4．读取故障码—5．查阅资料—**6．制订检测方案**—7．实施检测方案—8．确定并排除故障点—9．验证结果
收集资讯的方式	线下书籍及线上资源相结合。
资讯描述	1．根据维修手册、电路图及故障现象和故障码制订检测方案。 2．完善检测方案。
对学生的要求	1．能制订检测方案。 2．能完善检测方案。
参考资料	《检修汽车发动机电控系统》配套微课。

2. 制订检测方案的计划单

学习场	检修进气系统
学习情境十	检测空气流量传感器
学时	0.8 学时
典型工作过程描述	1．准备工作—2．验证故障—3．分析故障原因—4．读取故障码—5．查阅资料—**6．制订检测方案**—7．实施检测方案—8．确定并排除故障点—9．验证结果
计划制订的方式	小组讨论。

序　　号	工 作 步 骤		注 意 事 项		
1	制订检测方案。		符合检测规则。		
2	完善检测方案。		符合检测规则。		
计划的评价	班级		第　　组	组长签字	
	教师签字		日期		
	评语：				

3. 制订检测方案的决策单

学习场	检修进气系统				
学习情境十	检测空气流量传感器				
学时	0.8 学时				
典型工作过程描述	1．准备工作—2．验证故障—3．分析故障原因—4．读取故障码—5．查阅资料—**6．制订检测方案**—7．实施检测方案—8．确定并排除故障点—9．验证结果				
计 划 对 比					
序　　号	计划的可行性	计划的经济性	计划的可操作性	计划的实施难度	综 合 评 价
1					
2					
3					
决策的评价	班级		第　　组	组长签字	
	教师签字		日期		
	评语：				

4. 制订检测方案的实施单

学习场	检修进气系统	
学习情境十	检测空气流量传感器	
学时	0.8 学时	
典型工作过程描述	1．准备工作—2．验证故障—3．分析故障原因—4．读取故障码—5．查阅资料—**6．制订检测方案**—7．实施检测方案—8．确定并排除故障点—9．验证结果	
序　　号	实 施 步 骤	注 意 事 项
1	制订检测方案。 **记录：**	符合检测规则。
2	完善检测方案。 **记录：**	符合检测规则。

<table>
<tr><td colspan="6">实施说明：</td></tr>
<tr><td rowspan="3">实施的评价</td><td>班级</td><td></td><td>第　　组</td><td>组长签字</td><td></td></tr>
<tr><td>教师签字</td><td></td><td>日期</td><td colspan="2"></td></tr>
<tr><td colspan="5">评语：</td></tr>
</table>

5. 制订检测方案的检查单

<table>
<tr><td>学习场</td><td colspan="6">检修进气系统</td></tr>
<tr><td>学习情境十</td><td colspan="6">检测空气流量传感器</td></tr>
<tr><td>学时</td><td colspan="6">0.8 学时</td></tr>
<tr><td>典型工作过程描述</td><td colspan="6">1．准备工作—2．验证故障—3．分析故障原因—4．读取故障码—5．查阅资料—6．制订检测方案—7．实施检测方案—8．确定并排除故障点—9．验证结果</td></tr>
<tr><td>序　　号</td><td>检 查 项 目</td><td colspan="2">检 查 标 准</td><td colspan="2">学 生 自 查</td><td>教 师 检 查</td></tr>
<tr><td>1</td><td>制订检测方案</td><td colspan="2">符合检测规则</td><td colspan="2"></td><td></td></tr>
<tr><td>2</td><td>完善检测方案</td><td colspan="2">符合检测规则</td><td colspan="2"></td><td></td></tr>
<tr><td rowspan="3">检查的评价</td><td>班级</td><td></td><td>第　　组</td><td>组长签字</td><td colspan="2"></td></tr>
<tr><td>教师签字</td><td></td><td>日期</td><td colspan="3"></td></tr>
<tr><td colspan="6">评语：</td></tr>
</table>

6. 制订检测方案的评价单

<table>
<tr><td>学习场</td><td colspan="5">检修进气系统</td></tr>
<tr><td>学习情境十</td><td colspan="5">检测空气流量传感器</td></tr>
<tr><td>学时</td><td colspan="5">0.8 学时</td></tr>
<tr><td>典型工作过程描述</td><td colspan="5">1．准备工作—2．验证故障—3．分析故障原因—4．读取故障码—5．查阅资料—6．制订检测方案—7．实施检测方案—8．确定并排除故障点—9．验证结果</td></tr>
<tr><td>评 价 项 目</td><td>评价子项目</td><td colspan="2">学 生 自 评</td><td>组 内 评 价</td><td>教 师 评 价</td></tr>
<tr><td>制订检测方案</td><td>是否符合检测规则</td><td colspan="2"></td><td></td><td></td></tr>
<tr><td>完善检测方案</td><td>是否符合检测规则</td><td colspan="2"></td><td></td><td></td></tr>
<tr><td rowspan="3">评价的评价</td><td>班级</td><td></td><td>第　　组</td><td>组长签字</td><td></td></tr>
<tr><td>教师签字</td><td></td><td>日期</td><td colspan="2"></td></tr>
<tr><td colspan="5">评语：</td></tr>
</table>

任务七 实施检测方案

1. 实施检测方案的资讯单

学习场	检修进气系统
学习情境十	检测空气流量传感器
学时	1 学时
典型工作过程描述	1. 准备工作—2. 验证故障—3. 分析故障原因—4. 读取故障码—5. 查阅资料—6. 制订检测方案—**7. 实施检测方案**—8. 确定并排除故障点—9. 验证结果
收集资讯的方式	线下书籍及线上资源相结合。
资讯描述	1. 根据制订的检测方案，开始检测。 2. 正确记录检测结果，并分析检测结果是否正常。
对学生的要求	1. 能正确、全面地按照检测方案进行检测。 2. 正确记录检测结果。 3. 能分析检测结果，并得出结论。 4. 能养成 6S 规范作业习惯。 5. 具有团队意识、工匠精神和职业精神。
参考资料	《检修汽车发动机电控系统》配套微课。

2. 实施检测方案的计划单

<table>
<tr><td>学习场</td><td colspan="5">检修进气系统</td></tr>
<tr><td>学习情境十</td><td colspan="5">检测空气流量传感器</td></tr>
<tr><td>学时</td><td colspan="5">1 学时</td></tr>
<tr><td>典型工作过程描述</td><td colspan="5">1. 准备工作—2. 验证故障—3. 分析故障原因—4. 读取故障码—5. 查阅资料—6. 制订检测方案—7. 实施检测方案—8. 确定并排除故障点—9. 验证结果</td></tr>
<tr><td>计划制订的方式</td><td colspan="5">小组讨论。</td></tr>
<tr><td>序 号</td><td colspan="3">工 作 步 骤</td><td colspan="2">注 意 事 项</td></tr>
<tr><td>1</td><td colspan="3">根据制订的检测方案，开始检测。</td><td colspan="2">正确、安全地进行检测。</td></tr>
<tr><td>2</td><td colspan="3">车辆防护。</td><td colspan="2">车内车外正确防护。</td></tr>
<tr><td>3</td><td colspan="3">车辆信息记录。</td><td colspan="2">正确记录车辆信息。</td></tr>
<tr><td>4</td><td colspan="3">发动机舱内检测记录。</td><td colspan="2">正确、全面地进行检测并记录。</td></tr>
<tr><td>5</td><td colspan="3">空气流量传感器检测记录。</td><td colspan="2">正确检测并记录。</td></tr>
<tr><td>6</td><td colspan="3">分析检测结果，得出结论。</td><td colspan="2">正确得出结论。</td></tr>
<tr><td rowspan="3">计划的评价</td><td>班级</td><td></td><td>第 组</td><td>组长签字</td><td></td></tr>
<tr><td>教师签字</td><td></td><td>日期</td><td colspan="2"></td></tr>
<tr><td colspan="5">评语：</td></tr>
</table>

3. 实施检测方案的决策单

学习场	检修进气系统				
学习情境十	检测空气流量传感器				
学时	1 学时				
典型工作过程描述	1. 准备工作—2. 验证故障—3. 分析故障原因—4. 读取故障码—5. 查阅资料—6. 制订检测方案—**7. 实施检测方案**—8. 确定并排除故障点—9. 验证结果				
计 划 对 比					
序　　号	计划的可行性	计划的经济性	计划的可操作性	计划的实施难度	综 合 评 价
1					
2					
3					
决策的评价	班级		第　　组	组长签字	
	教师签字		日期		
	评语：				

4. 实施检测方案的实施单

学习场	检修进气系统	
学习情境十	检测空气流量传感器	
学时	1 学时	
典型工作过程描述	1. 准备工作—2. 验证故障—3. 分析故障原因—4. 读取故障码—5. 查阅资料—6. 制订检测方案—**7. 实施检测方案**—8. 确定并排除故障点—9. 验证结果	
序　　号	实 施 步 骤	注 意 事 项
1	根据制订的检测方案，开始检测。 **记录：**	正确、安全地进行检测。
2	车辆防护。 **记录：**	车内车外正确防护。
3	车辆信息记录。 **记录：**	正确记录车辆信息。
4	发动机舱内检测记录。 **记录：**	正确、全面地进行检查并记录。
5	空气流量传感器检测记录。 **记录：**	正确检测并记录。

<table>
<tr><td>6</td><td>分析检测结果，得出结论。
记录：</td><td colspan="4">正确得出结论。</td></tr>
<tr><td colspan="6">实施说明：</td></tr>
<tr><td rowspan="3">**实施的评价**</td><td>班级</td><td></td><td>第　　组</td><td>组长签字</td><td></td></tr>
<tr><td>教师签字</td><td></td><td>日期</td><td colspan="2"></td></tr>
<tr><td colspan="5">评语：</td></tr>
</table>

5. 实施检测方案的检查单

<table>
<tr><td>**学习场**</td><td colspan="6">检修进气系统</td></tr>
<tr><td>**学习情境十**</td><td colspan="6">检测空气流量传感器</td></tr>
<tr><td>**学时**</td><td colspan="6">1 学时</td></tr>
<tr><td>**典型工作过程描述**</td><td colspan="6">1．准备工作—2．验证故障—3．分析故障原因—4．读取故障码—5．查阅资料—6．制订检测方案—**7．实施检测方案**—8．确定并排除故障点—9．验证结果</td></tr>
<tr><td>**序　　号**</td><td colspan="2">**检 查 项 目**</td><td colspan="2">**检 查 标 准**</td><td>**学 生 自 查**</td><td>**教 师 检 查**</td></tr>
<tr><td>1</td><td colspan="2">根据制订的检测方案，开始检测</td><td colspan="2">正确、安全地进行检测</td><td></td><td></td></tr>
<tr><td>2</td><td colspan="2">车辆防护</td><td colspan="2">车内车外正确防护</td><td></td><td></td></tr>
<tr><td>3</td><td colspan="2">车辆信息记录</td><td colspan="2">正确记录车辆信息</td><td></td><td></td></tr>
<tr><td>4</td><td colspan="2">发动机舱内检测记录</td><td colspan="2">正确、全面地进行检测并记录</td><td></td><td></td></tr>
<tr><td>5</td><td colspan="2">空气流量传感器检测记录</td><td colspan="2">正确检测并记录</td><td></td><td></td></tr>
<tr><td>6</td><td colspan="2">分析检测结果，得出结论</td><td colspan="2">正确得出结论</td><td></td><td></td></tr>
<tr><td rowspan="3">**检查的评价**</td><td>班级</td><td colspan="2"></td><td>第　　组</td><td>组长签字</td><td></td></tr>
<tr><td>教师签字</td><td colspan="2"></td><td>日期</td><td colspan="2"></td></tr>
<tr><td colspan="6">评语：</td></tr>
</table>

6. 实施检测方案的评价单

学习场	检修进气系统
学习情境十	检测空气流量传感器
学时	1 学时
典型工作过程描述	1．准备工作—2．验证故障—3．分析故障原因—4．读取故障码—5．查阅资料—6．制订检测方案—**7．实施检测方案**—8．确定并排除故障点—9．验证结果

<table>
<tr><th colspan="2">评 价 项 目</th><th colspan="2">评价子项目</th><th>学 生 自 评</th><th>组 内 评 价</th><th>教 师 评 价</th></tr>
<tr><td colspan="2">根据制订的检测方案，开始检测</td><td colspan="2">是否正确、安全地进行检测</td><td></td><td></td><td></td></tr>
<tr><td colspan="2">车辆防护</td><td colspan="2">是否进行了车内车外正确防护</td><td></td><td></td><td></td></tr>
<tr><td colspan="2">车辆信息记录</td><td colspan="2">是否正确记录车辆 信息</td><td></td><td></td><td></td></tr>
<tr><td colspan="2">发动机舱内检测记录</td><td colspan="2">是否正确、全面地进行检测并记录</td><td></td><td></td><td></td></tr>
<tr><td colspan="2">空气流量传感器检测记录</td><td colspan="2">是否正确检测并记录</td><td></td><td></td><td></td></tr>
<tr><td colspan="2">分析检测结果，得出结论</td><td colspan="2">是否正确得出结论</td><td></td><td></td><td></td></tr>
<tr><td rowspan="3">评价的评价</td><td colspan="2">班级</td><td></td><td>第　　组</td><td>组长签字</td><td></td></tr>
<tr><td colspan="2">教师签字</td><td></td><td>日期</td><td colspan="2"></td></tr>
<tr><td colspan="6">评语：</td></tr>
</table>

任务八　确定并排除故障点

1. 确定并排除故障点的资讯单

学习场	检修进气系统
学习情境十	检测空气流量传感器
学时	0.2 学时
典型工作过程描述	1. 准备工作—2. 验证故障—3. 分析故障原因—4. 读取故障码—5. 查阅资料—6. 制订检测方案—7. 实施检测方案—**8. 确定并排除故障点**—9. 验证结果
收集资讯的方式	线下书籍及线上资源相结合。
资讯描述	1. 根据检测结果确定故障点。 2. 排除故障。
对学生的要求	1. 能正确确定故障点。 2. 能正确排除故障。 3. 能养成 6S 规范作业习惯。 4. 具有敬业精神。
参考资料	《检修汽车发动机电控系统》配套微课。

2. 确定并排除故障点的计划单

学习场	检修进气系统
学习情境十	检测空气流量传感器
学时	0.2 学时
典型工作过程描述	1. 准备工作—2. 验证故障—3. 分析故障原因—4. 读取故障码—5. 查阅资料—6. 制订检测方案—7. 实施检测方案—**8. 确定并排除故障点**—9. 验证结果
计划制订的方式	小组讨论。

<table>
<tr><td>序　　号</td><td colspan="4">工 作 步 骤</td><td colspan="2">注 意 事 项</td></tr>
<tr><td>1</td><td colspan="4">根据检测结果，确定故障点。</td><td colspan="2">正确确定故障点。</td></tr>
<tr><td>2</td><td colspan="4">排除故障。</td><td colspan="2">正确排除故障。</td></tr>
<tr><td rowspan="3">计划的评价</td><td>班级</td><td></td><td colspan="2">第　　组</td><td>组长签字</td><td></td></tr>
<tr><td>教师签字</td><td></td><td colspan="2">日期</td><td colspan="2"></td></tr>
<tr><td colspan="6">评语：</td></tr>
</table>

3．确定并排除故障点的决策单

<table>
<tr><td>学习场</td><td colspan="6">检修进气系统</td></tr>
<tr><td>学习情境十</td><td colspan="6">检测空气流量传感器</td></tr>
<tr><td>学时</td><td colspan="6">0.2 学时</td></tr>
<tr><td>典型工作过程描述</td><td colspan="6">1．准备工作—2．验证故障—3．分析故障原因—4．读取故障码—5．查阅资料—6．制订检测方案—7．实施检测方案—8．确定并排除故障点—9．验证结果</td></tr>
<tr><td colspan="7">计 划 对 比</td></tr>
<tr><td>序　　号</td><td>计划的可行性</td><td>计划的经济性</td><td>计划的可操作性</td><td colspan="2">计划的实施难度</td><td>综 合 评 价</td></tr>
<tr><td>1</td><td></td><td></td><td></td><td colspan="2"></td><td></td></tr>
<tr><td>2</td><td></td><td></td><td></td><td colspan="2"></td><td></td></tr>
<tr><td>3</td><td></td><td></td><td></td><td colspan="2"></td><td></td></tr>
<tr><td rowspan="3">决策的评价</td><td>班级</td><td></td><td>第　　组</td><td>组长签字</td><td colspan="2"></td></tr>
<tr><td>教师签字</td><td></td><td>日期</td><td colspan="3"></td></tr>
<tr><td colspan="6">评语：</td></tr>
</table>

4．确定并排除故障点的实施单

<table>
<tr><td>学习场</td><td colspan="2">检修进气系统</td></tr>
<tr><td>学习情境十</td><td colspan="2">检测空气流量传感器</td></tr>
<tr><td>学时</td><td colspan="2">0.2 学时</td></tr>
<tr><td>典型工作过程描述</td><td colspan="2">1．准备工作—2．验证故障—3．分析故障原因—4．读取故障码—5．查阅资料—6．制订检测方案—7．实施检测方案—8．确定并排除故障点—9．验证结果</td></tr>
<tr><td>序　　号</td><td>实 施 步 骤</td><td>注 意 事 项</td></tr>
<tr><td>1</td><td>根据检测结果，确定故障点。
记录：</td><td>正确确定故障点。</td></tr>
<tr><td>2</td><td>排除故障。
记录：</td><td>正确排除故障。</td></tr>
</table>

实施说明：					
实施的评价	班级		第　组	组长签字	
	教师签字		日期		
	评语：				

5．确定并排除故障点的检查单

学习场	检修进气系统			
学习情境十	检测空气流量传感器			
学时	0.2 学时			
典型工作过程描述	1．准备工作—2．验证故障—3．分析故障原因—4．读取故障码—5．查阅资料—6．制订检测方案—7．实施检测方案—**8．确定并排除故障点**—9．验证结果			
序　号	检 查 项 目	检 查 标 准	学 生 自 查	教 师 检 查
1	根据检测结果，确定故障点	正确确定故障点		
2	排除故障	正确排除故障		

检查的评价	班级		第　组	组长签字	
	教师签字		日期		
	评语：				

6．确定并排除故障点的评价单

学习场	检修进气系统			
学习情境十	检测空气流量传感器			
学时	0.2 学时			
典型工作过程描述	1．准备工作—2．验证故障—3．分析故障原因—4．读取故障码—5．查阅资料—6．制订检测方案—7．实施检测方案—**8．确定并排除故障点**—9．验证结果			
评 价 项 目	评价子项目	学 生 自 评	组 内 评 价	教 师 评 价
根据检测结果，确定故障点	是否正确确定故障点			
排除故障	是否正确排除故障			

评价的评价	班级		第　组	组长签字	
	教师签字		日期		
	评语：				

任务九　验证结果

1. 验证结果的资讯单

学习　场	检修进气系统
学习情境十	检测空气流量传感器
学时	0.1 学时
典型工作过程描述	1. 准备工作—2. 验证故障—3. 分析故障原因—4. 读取故障码—5. 查阅资料—6. 制订检测方案—7. 实施检测方案—8. 确定并排除故障点—**9. 验证结果**
收集资讯的方式	线下书籍及线上资源相结合。
资讯描述	1. 排除故障后再次验证。 2. 确定故障已排除。
对学生的要求	1. 能正确验证故障。 2. 能确定故障已排除。
参考资料	《检修汽车发动机电控系统》配套微课。

2. 验证结果的计划单

<table>
<tr><td>学习场</td><td colspan="6">检修进气系统</td></tr>
<tr><td>学习情境十</td><td colspan="6">检测空气流量传感器</td></tr>
<tr><td>学时</td><td colspan="6">0.1 学时</td></tr>
<tr><td>典型工作过程描述</td><td colspan="6">1. 准备工作—2. 验证故障—3. 分析故障原因—4. 读取故障码—5. 查阅资料—6. 制订检测方案—7. 实施检测方案—8. 确定并排除故障点—9. 验证结果</td></tr>
<tr><td>计划制订的方式</td><td colspan="6">小组讨论。</td></tr>
<tr><td>序　号</td><td colspan="3">工 作 步 骤</td><td colspan="3">注 意 事 项</td></tr>
<tr><td>1</td><td colspan="3">再次验证故障。</td><td colspan="3">正确验证故障。</td></tr>
<tr><td>2</td><td colspan="3">确定故障已排除。</td><td colspan="3">正确确定故障已排除。</td></tr>
<tr><td rowspan="3">计划的评价</td><td>班级</td><td></td><td>第　组</td><td>组长签字</td><td colspan="2"></td></tr>
<tr><td>教师签字</td><td></td><td>日期</td><td colspan="3"></td></tr>
<tr><td colspan="6">评语：</td></tr>
</table>

3. 验证结果的决策单

学习场	检修进气系统
学习情境十	检测空气流量传感器
学时	0.1 学时
典型工作过程描述	1. 准备工作—2. 验证故障—3. 分析故障原因—4. 读取故障码—5. 查阅资料—6. 制订检测方案—7. 实施检测方案—8. 确定并排除故障点—**9. 验证结果**

<table>
<tr><td colspan="6">计 划 对 比</td></tr>
<tr><td>序　　号</td><td>计划的可行性</td><td>计划的经济性</td><td>计划的可操作性</td><td>计划的实施难度</td><td>综 合 评 价</td></tr>
<tr><td>1</td><td></td><td></td><td></td><td></td><td></td></tr>
<tr><td>2</td><td></td><td></td><td></td><td></td><td></td></tr>
<tr><td>3</td><td></td><td></td><td></td><td></td><td></td></tr>
<tr><td rowspan="3">决策的评价</td><td>班级</td><td></td><td>第　　组</td><td>组长签字</td><td></td></tr>
<tr><td>教师签字</td><td></td><td>日期</td><td colspan="2"></td></tr>
<tr><td colspan="5">评语：</td></tr>
</table>

4. 验证结果的实施单

<table>
<tr><td>学习场</td><td colspan="2">检修进气系统</td></tr>
<tr><td>学习情境十</td><td colspan="2">检测空气流量传感器</td></tr>
<tr><td>学时</td><td colspan="2">0.1 学时</td></tr>
<tr><td>典型工作过程描述</td><td colspan="2">1．准备工作—2．验证故障—3．分析故障原因—4．读取故障码—5．查阅资料—6．制订检测方案—7．实施检测方案—8．确定并排除故障点—9．验证结果</td></tr>
<tr><td>序　　号</td><td>实 施 步 骤</td><td>注 意 事 项</td></tr>
<tr><td>1</td><td>再次验证故障。
记录：</td><td>正确验证故障。</td></tr>
<tr><td>2</td><td>确定故障已排除。
记录：</td><td>正确确定故障已排除。</td></tr>
<tr><td colspan="3">实施说明：</td></tr>
</table>

<table>
<tr><td rowspan="3">实施的评价</td><td>班级</td><td></td><td>第　　组</td><td>组长签字</td><td></td></tr>
<tr><td>教师签字</td><td></td><td>日期</td><td colspan="2"></td></tr>
<tr><td colspan="5">评语：</td></tr>
</table>

5. 验证结果的检查单

学习场	检修进气系统			
学习情境十	检测空气流量传感器			
学时	0.1 学时			
典型工作过程描述	1. 准备工作—2. 验证故障—3. 分析故障原因—4. 读取故障码—5. 查阅资料—6. 制订检测方案—7. 实施检测方案—8. 确定并排除故障点—**9. 验证结果**			
序　　号	检 查 项 目	检 查 标 准	学 生 自 查	教 师 检 查
1	再次验证故障	正确验证故障		
2	确定故障已排除	正确确定故障已排除		
检查的评价	班级		第　　组	组长签字
	教师签字		日期	
	评语：			

6. 验证结果的评价单

学习场	检修进气系统			
学习情境十	检测空气流量传感器			
学时	0.1 学时			
典型工作过程描述	1. 准备工作—2. 验证故障—3. 分析故障原因—4. 读取故障码—5. 查阅资料—6. 制订检测方案—7. 实施检测方案—8. 确定并排除故障点—**9. 验证结果**			
评 价 项 目	评价子项目	学 生 自 评	组 内 评 价	教 师 评 价
再次验证故障	是否正确验证故障			
确定故障已排除	是否正确确定故障已排除			
评价的评价	班级		第　　组	组长签字
	教师签字		日期	
	评语：			

学习情境十一　检测氧传感器

任务一　检测氧传感器的准备工作

1．检测氧传感器准备工作的资讯单

学习场	检测点火系统
学习情境十一	检测氧传感器
学时	3 学时
典型工作过程描述	**1．准备工作**—2．查阅电路图—3．确认氧传感器安装位置—4．辨认氧传感器针脚信息—5．测试氧传感器—6．记录测量数据—7．分析测量数据
收集资讯的方式	线下书籍及线上资源相结合。
资讯描述	测定发动机内燃料燃烧后所排放气体中的氧气含量，并把氧气含量转换成电压信号传递到发动机计算机上，使发动机能够实现以空燃比为目标的闭环控制；确保三元催化器对所排放气体中的碳氢化合物（HC）、一氧化碳（CO）和氮氧化合物（NOX）三种污染物都有最大的转化效率，最大程度地进行排放污染物的转化和净化。 氧传感器按结构不同，可分为氧化锆式和氧化钛式两种类型。 根据氧传感器的电压信号，发动机 ECU 按照尽可能接近 14.7∶1 的理论最佳空燃比来稀释或加浓混合气体。因此，氧传感器是电子控制燃油计量的关键传感器，它是提供混合气体的浓度信息，用于修正喷油量，实现对空燃比的闭环控制，保证发动机实际的空燃比接近理论空燃比的主要元件。 氧传感器工作时，在高温废气冲刷下，氧气发生电离，由于锆管内侧氧离子浓度较高，外侧氧离子浓度较低，在氧浓度差的作用下，氧离子从大气侧向排气侧扩散，从而形成氧浓度差电池。 当混合气体浓度低时，排放气体含氧量高，锆管内外两侧浓度差小，产生的电动势小，大约为 100mV。当混合气体浓度高时，排放气体含氧量低，浓度差大，产生的电动势高，大约为 900mV。电动势的高低以理论空燃比为界限发生突变。 氧传感器的输出特性与排气温度有关，当排气温度低于 300℃时，氧传感器的输出特性不稳定。发动机刚启动时，由于排气温度偏低，氧传感器不工作，发动机在开环状态下工作。只有排气温度升高后，氧传感器才工作。所以，氧传感器应安装在排气温度较高的位置。
对学生的要求	1．掌握氧传感器的作用。 2．掌握氧传感器的组成。 3．掌握氧传感器的工作原理。 4．掌握氧传感器的类型。 5．具有自我探究和信息检索的能力。
参考资料	《检修汽车发动机电控系统》配套微课。

2. 检测氧传感器准备工作的计划单

学习场	检测点火系统				
学习情境十一	检测氧传感器				
学时	0.1 学时				
典型工作过程描述	1. 准备工作—2. 查阅电路图—3. 确认氧传感器安装位置—4. 辨认氧传感器针脚信息—5. 测试氧传感器—6. 记录测量数据—7. 分析测量数据				
计划制订的方式	小组讨论。				
序　　号	工 作 步 骤		注 意 事 项		
1	氧传感器的作用。		分析概括全面。		
2	氧传感器的组成。		描述清晰、完整。		
3	氧传感器的工作原理。		重点是如何反映氧浓度的变化。		
4	氧传感器的类型。		重点是氧化锆式氧传感器。		
计划的评价	班级		第　　组	组长签字	
	教师签字		日期		
	评语：				

3. 检测氧传感器准备工作的决策单

学习场	检测点火系统				
学习情境十一	检测氧传感器				
学时	0.1 学时				
典型工作过程描述	1. 准备工作—2. 查阅电路图—3. 确认氧传感器安装位置—4. 辨认氧传感器针脚信息—5. 测试氧传感器—6. 记录测量数据—7. 分析测量数据				
计 划 对 比					
序　　号	计划的可行性	计划的经济性	计划的可操作性	计划的实施难度	综 合 评 价
1					
2					
3					
决策的评价	班级		第　　组	组长签字	
	教师签字		日期		
	评语：				

4．检测氧传感器准备工作的实施单

学习场	检测点火系统	
学习情境十一	检测氧传感器	
学时	0.1 学时	
典型工作过程描述	**1．准备工作**—2．查阅电路图—3．确认氧传感器安装位置—4．辨认氧传感器针脚信息—5．测试氧传感器—6．记录测量数据—7．分析测量数据	
序　　号	**实 施 步 骤**	**注 意 事 项**
1	氧传感器的作用。 **记录：**	分析概括全面。
2	氧传感器的组成。 **记录：** 1—壳体　2—陶瓷管支承　3—加热电阻电缆 4—带槽的保护套　5—氧化锆　6—接触元件 7—外保护套　8—加热元件　9—电加热触头 10—弹簧垫圈　11—氧传感器信号器	描述清晰、完整。
3	氧传感器的工作原理。 **记录：**	重点是如何反映氧浓度的变化。
4	氧传感器的类型。 **记录：**	重点是氧化锆式氧传感器。
实施说明：		

实施的评价	班级		第　　组		组长签字	
	教师签字		日期			
	评语：					

5. 检测氧传感器准备工作的检查单

学习场	检测点火系统				
学习情境十一	检测氧传感器				
学时	0.1 学时				
典型工作过程描述	**1．准备工作**—2．查阅电路图—3．确认氧传感器安装位置—4．辨认氧传感器针脚信息—5．测试氧传感器—6．记录测量数据—7．分析测量数据				
序　号	检查项目		检查标准	学生自查	教师检查
1	氧传感器的作用		分析概括全面		
2	氧传感器的组成		描述清晰、完整		
3	氧传感器的工作原理		重点突出		
4	氧传感器的类型		重点突出		
检查的评价	班级		第　组	组长签字	
	教师签字		日期		
	评语：				

6. 检测氧传感器准备工作的评价单

学习场	检测点火系统				
学习情境十一	检测氧传感器				
学时	0.1 学时				
典型工作过程描述	**1．准备工作**—2．查阅电路图—3．确认氧传感器安装位置—4．辨认氧传感器针脚信息—5．测试氧传感器—6．记录测量数据—7．分析测量数据				
评价项目		评价子项目	学生自评	组内评价	教师评价
氧传感器的作用		分析概括是否全面			
氧传感器的组成		描述是否清晰、完整			
氧传感器的工作原理		重点是否突出			
氧传感器的类型		重点是否突出			
评价的评价	班级		第　组	组长签字	
	教师签字		日期		
	评语：				

任务二　查阅电路图

1．查阅电路图的资讯单

学习场	检测点火系统
学习情境十一	检测氧传感器
学时	0.1 学时
典型工作过程描述	1．准备工作—**2．查阅电路图**—3．确认氧传感器安装位置—4．辨认氧传感器针脚信息—5．测试氧传感器—6．记录测量数据—7．分析测量数据
收集资讯的方式	线下书籍及线上资源相结合。
资讯描述	1．确认车型信息。 2．获取该车型电路图。
对学生的要求	1．能正确记录车型信息。 2．能确认车型信息。 3．能正确查阅电路图。 4．能正确识读电路图。 5．具有团队意识、工匠精神和职业精神。
参考资料	《检修汽车发动机电控系统》配套微课。

2．查阅电路图的计划单

<table>
<tr><td>学习场</td><td colspan="5">检测点火系统</td></tr>
<tr><td>学习情境十一</td><td colspan="5">检测氧传感器</td></tr>
<tr><td>学时</td><td colspan="5">0.1 学时</td></tr>
<tr><td>典型工作过程描述</td><td colspan="5">1．准备工作—2．查阅电路图—3．确认氧传感器安装位置—4．辨认氧传感器针脚信息—5．测试氧传感器—6．记录测量数据—7．分析测量数据</td></tr>
<tr><td>计划制订的方式</td><td colspan="5">小组讨论。</td></tr>
<tr><td>序　　号</td><td colspan="3">工 作 步 骤</td><td colspan="2">注 意 事 项</td></tr>
<tr><td>1</td><td colspan="3">确认车型信息。</td><td colspan="2">核查车型信息准确。</td></tr>
<tr><td>2</td><td colspan="3">查阅氧传感器电路图。</td><td colspan="2">查阅方法正确。</td></tr>
<tr><td>3</td><td colspan="3">拆画氧传感器电路图。</td><td colspan="2">拆画电路图完整、准确。</td></tr>
<tr><td rowspan="3">计划的评价</td><td>班级</td><td></td><td>第　　组</td><td>组长签字</td><td></td></tr>
<tr><td>教师签字</td><td></td><td>日期</td><td colspan="2"></td></tr>
<tr><td colspan="5">评语：</td></tr>
</table>

3．查阅电路图的决策单

学习场	检测点火系统
学习情境十一	检测氧传感器
学时	0.1 学时

<table>
<tr><td>典型工作过程描述</td><td colspan="6">1．准备工作—2．查阅电路图—3．确认氧传感器安装位置—4．辨认氧传感器针脚信息—5．测试氧传感器—6．记录测量数据—7．分析测量数据</td></tr>
<tr><td colspan="7">计划对比</td></tr>
<tr><td>序　　号</td><td>计划的可行性</td><td>计划的经济性</td><td>计划的可操作性</td><td colspan="2">计划的实施难度</td><td>综合评价</td></tr>
<tr><td>1</td><td></td><td></td><td></td><td colspan="2"></td><td></td></tr>
<tr><td>2</td><td></td><td></td><td></td><td colspan="2"></td><td></td></tr>
<tr><td>3</td><td></td><td></td><td></td><td colspan="2"></td><td></td></tr>
<tr><td rowspan="3">决策的评价</td><td>班级</td><td></td><td>第　　组</td><td>组长签字</td><td colspan="2"></td></tr>
<tr><td>教师签字</td><td></td><td>日期</td><td colspan="3"></td></tr>
<tr><td colspan="6">评语：</td></tr>
</table>

4．查阅电路图的实施单

<table>
<tr><td>学习场</td><td colspan="2">检测点火系统</td></tr>
<tr><td>学习情境十一</td><td colspan="2">检测氧传感器</td></tr>
<tr><td>学时</td><td colspan="2">0.1 学时</td></tr>
<tr><td>典型工作过程描述</td><td colspan="2">1．准备工作—2．查阅电路图—3．确认氧传感器安装位置—4．辨认氧传感器针脚信息—5．测试氧传感器—6．记录测量数据—7．分析测量数据</td></tr>
<tr><td>序　　号</td><td>实施步骤</td><td>注意事项</td></tr>
<tr><td>1</td><td>确认车型信息。
记录：</td><td>核查车型信息准确。</td></tr>
<tr><td>2</td><td>查阅氧传感器电路图。
记录：</td><td>查阅方法正确。</td></tr>
<tr><td>3</td><td>拆画氧传感器电路图。
记录：</td><td>拆画电路图完整、准确。</td></tr>
<tr><td colspan="3">实施说明：</td></tr>
</table>

<table>
<tr><td rowspan="3">实施的评价</td><td>班级</td><td></td><td>第　　组</td><td>组长签字</td><td></td></tr>
<tr><td>教师签字</td><td></td><td>日期</td><td colspan="2"></td></tr>
<tr><td colspan="5">评语：</td></tr>
</table>

5. 查阅电路图的检查单

学习场	检测点火系统				
学习情境十一	检测氧传感器				
学时	0.1 学时				
典型工作过程描述	1．准备工作—**2．查阅电路图**—3．确认氧传感器安装位置—4．辨认氧传感器针脚信息—5．测试氧传感器—6．记录测量数据—7．分析测量数据				
序　　号	检 查 项 目		检 查 标 准	学 生 自 查	教 师 检 查
1	确认车型信息		核查车型信息准确		
2	查阅氧传感器电路图		查阅方法正确		
3	拆画氧传感器电路图		拆画电路图完整、准确		
检查的评价	班级		第　　组	组长签字	
	教师签字		日期		
	评语：				

6. 查阅电路图的评价单

学习场	检测点火系统					
学习情境十一	检测氧传感器					
学时	0.1 学时					
典型工作过程描述	1．准备工作—**2．查阅电路图**—3．确认氧传感器安装位置—4．辨认氧传感器针脚信息—5．测试氧传感器—6．记录测量数据—7．分析测量数据					
评 价 项 目		评价子项目	学 生 自 评	组 内 评 价	教 师 评 价	
确认车型信息		核查车型信息是否准确				
查阅氧传感器电路图		查阅方法是否正确				
拆画氧传感器电路图		拆画电路图是否完整、准确				
评价的评价	班级		第　　组	组长签字		
	教师签字		日期			
	评语：					

任务三　确认氧传感器安装位置

1．确认氧传感器安装位置的资讯单

学习场	检测点火系统
学习情境十一	检测氧传感器
学时	0.2 学时
典型工作过程描述	1．准备工作—2．查阅电路图—**3．确认氧传感器安装位置**—4．辨认氧传感器针脚信息—5．测试氧传感器—6．记录测量数据—7．分析测量数据
收集资讯的方式	线下资料及线上资源相结合。
资讯描述	1．氧传感器的类型。 2．车型的基本信息。 3．车型电路图及维修手册。
对学生的要求	1．能确认氧传感器的类型。 2．能确认氧传感器的安装位置。 3．能养成 6S 规范作业习惯。 4．具有团队意识、工匠精神和职业精神。
参考资料	《检修汽车发动机电控系统》配套微课。

2．确认氧传感器安装位置的计划单

学习场	检测点火系统				
学习情境十一	检测氧传感器				
学时	0.2 学时				
典型工作过程描述	1．准备工作—2．查阅电路图—**3．确认氧传感器安装位置**—4．辨认氧传感器针脚信息—5．测试氧传感器—6．记录测量数据—7．分析测量数据				
计划制订的方式	小组讨论。				
序　　号	工 作 步 骤		注 意 事 项		
1	确认车型信息。		核查车型信息准确。		
2	查阅维修手册。		熟练查阅维修手册。		
3	确认氧传感器安装位置。		正确指认氧传感器安装位置。		
计划的评价	班级		第　　组	组长签字	
	教师签字		日期		
	评语：				

3．确认氧传感器安装位置的决策单

<table>
<tr><td>学习场</td><td colspan="5">检测点火系统</td></tr>
<tr><td>学习情境十一</td><td colspan="5">检测氧传感器</td></tr>
<tr><td>学时</td><td colspan="5">0.2 学时</td></tr>
<tr><td>典型工作过程描述</td><td colspan="5">1．准备工作—2．查阅电路图—3．确认氧传感器安装位置—4．辨认氧传感器针脚信息—5．测试氧传感器—6．记录测量数据—7．分析测量数据</td></tr>
<tr><td colspan="6">计 划 对 比</td></tr>
<tr><td>序　　号</td><td>计划的可行性</td><td>计划的经济性</td><td>计划的可操作性</td><td>计划的实施难度</td><td>综 合 评 价</td></tr>
<tr><td>1</td><td></td><td></td><td></td><td></td><td></td></tr>
<tr><td>2</td><td></td><td></td><td></td><td></td><td></td></tr>
<tr><td>3</td><td></td><td></td><td></td><td></td><td></td></tr>
<tr><td rowspan="3">决策的评价</td><td>班级</td><td></td><td>第　　组</td><td>组长签字</td><td></td></tr>
<tr><td>教师签字</td><td></td><td>日期</td><td colspan="2"></td></tr>
<tr><td colspan="5">评语：</td></tr>
</table>

4．确认氧传感器安装位置的实施单

<table>
<tr><td>学习场</td><td colspan="5">检测点火系统</td></tr>
<tr><td>学习情境十一</td><td colspan="5">检测氧传感器</td></tr>
<tr><td>学时</td><td colspan="5">0.2 学时</td></tr>
<tr><td>典型工作过程描述</td><td colspan="5">1．准备工作—2．查阅电路图—3．确认氧传感器安装位置—4．辨认氧传感器针脚信息—5．测试氧传感器—6．记录测量数据—7．分析测量数据</td></tr>
<tr><td>序　　号</td><td colspan="2">实 施 步 骤</td><td colspan="3">注 意 事 项</td></tr>
<tr><td>1</td><td colspan="2">确认车型信息。
记录：</td><td colspan="3">核查车型信息准确。</td></tr>
<tr><td>2</td><td colspan="2">查阅维修手册。
记录：</td><td colspan="3">熟练查阅维修手册。</td></tr>
<tr><td>3</td><td colspan="2">确认氧传感器安装位置。
记录：</td><td colspan="3">正确指认氧传感器安装位置。</td></tr>
<tr><td colspan="6">实施说明：</td></tr>
<tr><td rowspan="3">实施的评价</td><td>班级</td><td></td><td>第　　组</td><td>组长签字</td><td></td></tr>
<tr><td>教师签字</td><td></td><td>日期</td><td colspan="2"></td></tr>
<tr><td colspan="5">评语：</td></tr>
</table>

5. 确认氧传感器安装位置的检查单

<table>
<tr><td>学习场</td><td colspan="5">检测点火系统</td></tr>
<tr><td>学习情境十一</td><td colspan="5">检测氧传感器</td></tr>
<tr><td>学时</td><td colspan="5">0.2 学时</td></tr>
<tr><td>典型工作过程描述</td><td colspan="5">1．准备工作—2．查阅电路图—3．确认氧传感器安装位置—4．辨认氧传感器针脚信息—5．测试氧传感器—6．记录测量数据—7．分析测量数据</td></tr>
<tr><td>序　号</td><td colspan="2">检查项目</td><td>检查标准</td><td>学生自查</td><td>教师检查</td></tr>
<tr><td>1</td><td colspan="2">确认车型信息</td><td>核查车型信息准确</td><td></td><td></td></tr>
<tr><td>2</td><td colspan="2">查阅维修手册</td><td>熟练查阅维修手册</td><td></td><td></td></tr>
<tr><td>3</td><td colspan="2">确认氧传感器安装位置</td><td>正确指认氧传感器安装位置</td><td></td><td></td></tr>
<tr><td rowspan="3">检查的评价</td><td>班级</td><td></td><td>第　组</td><td>组长签字</td><td></td></tr>
<tr><td>教师签字</td><td></td><td>日期</td><td colspan="2"></td></tr>
<tr><td colspan="5">评语：</td></tr>
</table>

6. 确认氧传感器安装位置的评价单

<table>
<tr><td>学习场</td><td colspan="6">检测点火系统</td></tr>
<tr><td>学习情境十一</td><td colspan="6">检测氧传感器</td></tr>
<tr><td>学时</td><td colspan="6">0.2 学时</td></tr>
<tr><td>典型工作过程描述</td><td colspan="6">1．准备工作—2．查阅电路图—3．确认氧传感器安装位置—4．辨认氧传感器针脚信息—5．测试氧传感器—6．记录测量数据—7．分析测量数据</td></tr>
<tr><td colspan="2">评价项目</td><td colspan="2">评价子项目</td><td>学生自评</td><td>组内评价</td><td>教师评价</td></tr>
<tr><td colspan="2">确认车型信息</td><td colspan="2">核查车型信息是否准确</td><td></td><td></td><td></td></tr>
<tr><td colspan="2">查阅维修手册</td><td colspan="2">查阅是否熟练</td><td></td><td></td><td></td></tr>
<tr><td colspan="2">确认氧传感器安装位置</td><td colspan="2">是否正确指认氧传感器安装位置</td><td></td><td></td><td></td></tr>
<tr><td rowspan="3">评价的评价</td><td>班级</td><td colspan="2"></td><td>第　组</td><td>组长签字</td><td></td></tr>
<tr><td>教师签字</td><td colspan="2"></td><td>日期</td><td colspan="2"></td></tr>
<tr><td colspan="6">评语：</td></tr>
</table>

任务四　辨认氧传感器针脚信息

1．辨认氧传感器针脚信息的资讯单

学习场	检测点火系统
学习情境十一	检测氧传感器
学时	0.2 学时
典型工作过程描述	1．准备工作—2．查阅电路图—3．确认氧传感器安装位置—**4．辨认氧传感器针脚信息**—5．测试氧传感器—6．记录测量数据—7．分析测量数据
收集资讯的方式	线下书籍及线上资源相结合。
资讯描述	1．维修手册与电路图。 2．氧传感器针脚信息。
对学生的要求	1．能熟练查阅维修手册。 2．测量方法正确。 3．能养成 6S 规范作业习惯。
参考资料	《检修汽车发动机电控系统》配套微课。

2．辨认氧传感器针脚信息的计划单

<table>
<tr><td>学习场</td><td colspan="6">检测点火系统</td></tr>
<tr><td>学习情境十一</td><td colspan="6">检测氧传感器</td></tr>
<tr><td>学时</td><td colspan="6">0.2 学时</td></tr>
<tr><td>典型工作过程描述</td><td colspan="6">1．准备工作—2．查阅电路图—3．确认氧传感器安装位置—4．辨认氧传感器针脚信息—5．测试氧传感器—6．记录测量数据—7．分析测量数据</td></tr>
<tr><td>计划制订的方式</td><td colspan="6">小组讨论。</td></tr>
<tr><td>序　　号</td><td colspan="3">工 作 步 骤</td><td colspan="3">注 意 事 项</td></tr>
<tr><td>1</td><td colspan="3">查阅维修手册。</td><td colspan="3">熟练查阅维修手册。</td></tr>
<tr><td>2</td><td colspan="3">拔下氧传感器。</td><td colspan="3">注意周围线路。</td></tr>
<tr><td>3</td><td colspan="3">辨认氧传感器针脚信息。</td><td colspan="3">注意起止编号位置和线束颜色。</td></tr>
<tr><td rowspan="3">计划的评价</td><td>班级</td><td></td><td>第　　组</td><td>组长签字</td><td colspan="2"></td></tr>
<tr><td>教师签字</td><td></td><td>日期</td><td colspan="3"></td></tr>
<tr><td colspan="6">评语：</td></tr>
</table>

3．辨认氧传感器针脚信息的决策单

学习场	检测点火系统
学习情境十一	检测氧传感器
学时	0.2 学时
典型工作过程描述	1．准备工作—2．查阅电路图—3．确认氧传感器安装位置—**4．辨认氧传感器针脚信息**—5．测试氧传感器—6．记录测量数据—7．分析测量数据

<table>
<tr><td colspan="7">计划对比</td></tr>
<tr><td>序号</td><td>计划的可行性</td><td>计划的经济性</td><td>计划的可操作性</td><td colspan="2">计划的实施难度</td><td>综合评价</td></tr>
<tr><td>1</td><td></td><td></td><td></td><td colspan="2"></td><td></td></tr>
<tr><td>2</td><td></td><td></td><td></td><td colspan="2"></td><td></td></tr>
<tr><td>3</td><td></td><td></td><td></td><td colspan="2"></td><td></td></tr>
<tr><td rowspan="3">决策的评价</td><td>班级</td><td></td><td>第　　组</td><td>组长签字</td><td colspan="2"></td></tr>
<tr><td>教师签字</td><td></td><td>日期</td><td colspan="3"></td></tr>
<tr><td colspan="6">评语：</td></tr>
</table>

4. 辨认氧传感器针脚信息的实施单

<table>
<tr><td>学习场</td><td colspan="2">检测点火系统</td></tr>
<tr><td>学习情境十一</td><td colspan="2">检测氧传感器</td></tr>
<tr><td>学时</td><td colspan="2">0.2 学时</td></tr>
<tr><td>典型工作过程描述</td><td colspan="2">1．准备工作—2．查阅电路图—3．确认氧传感器安装位置—4．辨认氧传感器针脚信息—5．测试氧传感器—6．记录测量数据—7．分析测量数据</td></tr>
<tr><td>序号</td><td>实施步骤</td><td>注意事项</td></tr>
<tr><td>1</td><td>查阅维修手册。
记录：</td><td>熟练查阅维修手册。</td></tr>
<tr><td>2</td><td>拔下氧传感器。
记录：</td><td>注意周围线路。</td></tr>
<tr><td>3</td><td>辨认氧传感器针脚信息。
记录：</td><td>注意起止编号位置和线束颜色。</td></tr>
<tr><td colspan="3">实施说明：</td></tr>
</table>

<table>
<tr><td rowspan="3">实施的评价</td><td>班级</td><td></td><td>第　　组</td><td>组长签字</td><td></td></tr>
<tr><td>教师签字</td><td></td><td>日期</td><td colspan="2"></td></tr>
<tr><td colspan="5">评语：</td></tr>
</table>

5. 辨认氧传感器针脚信息的检查单

<table>
<tr><td>学习场</td><td colspan="5">检测点火系统</td></tr>
<tr><td>学习情境十一</td><td colspan="5">检测氧传感器</td></tr>
<tr><td>学时</td><td colspan="5">0.2 学时</td></tr>
<tr><td>典型工作过程描述</td><td colspan="5">1．准备工作—2．查阅电路图—3．确认氧传感器安装位置—4．辨认氧传感器针脚信息—5．测试氧传感器—6．记录测量数据—7．分析测量数据</td></tr>
<tr><td>序　号</td><td colspan="2">检 查 项 目</td><td>检 查 标 准</td><td>学 生 自 查</td><td>教 师 检 查</td></tr>
<tr><td>1</td><td colspan="2">查阅维修手册</td><td>熟练查阅维修手册</td><td></td><td></td></tr>
<tr><td>2</td><td colspan="2">拔下氧传感器</td><td>操作正确，周围线路无损坏</td><td></td><td></td></tr>
<tr><td>3</td><td colspan="2">辨认氧传感器针脚信息</td><td>氧传感器针脚信息准确</td><td></td><td></td></tr>
<tr><td rowspan="3">检查的评价</td><td>班级</td><td></td><td>第　　组</td><td>组长签字</td><td></td></tr>
<tr><td>教师签字</td><td></td><td>日期</td><td colspan="2"></td></tr>
<tr><td colspan="5">评语：</td></tr>
</table>

6. 辨认氧传感器针脚信息的评价单

<table>
<tr><td>学习场</td><td colspan="5">检测点火系统</td></tr>
<tr><td>学习情境十一</td><td colspan="5">检测氧传感器</td></tr>
<tr><td>学时</td><td colspan="5">0.2 学时</td></tr>
<tr><td>典型工作过程描述</td><td colspan="5">1．准备工作—2．查阅电路图—3．确认氧传感器安装位置—4．辨认氧传感器针脚信息—5．测试氧传感器—6．记录测量数据—7．分析测量数据</td></tr>
<tr><td>评 价 项 目</td><td colspan="2">评价子项目</td><td>学 生 自 评</td><td>组 内 评 价</td><td>教 师 评 价</td></tr>
<tr><td>查阅维修手册</td><td colspan="2">查阅是否熟练</td><td></td><td></td><td></td></tr>
<tr><td>拔下氧传感器</td><td colspan="2">操作是否正确，周围线路是否无损坏</td><td></td><td></td><td></td></tr>
<tr><td>辨认氧传感器针脚信息</td><td colspan="2">氧传感器针脚信息是否准确</td><td></td><td></td><td></td></tr>
<tr><td rowspan="3">评价的评价</td><td>班级</td><td></td><td>第　　组</td><td>组长签字</td><td></td></tr>
<tr><td>教师签字</td><td></td><td>日期</td><td colspan="2"></td></tr>
<tr><td colspan="5">评语：</td></tr>
</table>

任务五　测试氧传感器

1. 测试氧传感器的资讯单

学习场	检测点火系统
学习情境十一	检测氧传感器
学时	0.2 学时
典型工作过程描述	1．准备工作—2．查阅电路图—3．确认氧传感器安装位置—4．辨认氧传感器针脚信息—**5．测试氧传感器**—6．记录测量数据—7．分析测量数据
收集资讯的方式	线下书籍及线上资源相结合。
资讯描述	1．维修手册。 2．氧传感器针脚信息。 3．供电电压的标准值。
对学生的要求	1．能熟练查阅维修手册。 2．能掌握检测氧传感器的操作规范。 3．能正确使用测量仪表。
参考资料	《检修汽车发动机电控系统》配套微课。

2. 测试氧传感器的计划单

学习场	检测点火系统				
学习情境十一	检测氧传感器				
学时	0.2 学时				
典型工作过程描述	1．准备工作—2．查阅电路图—3．确认氧传感器安装位置—4．辨认氧传感器针脚信息—**5．测试氧传感器**—6．记录测量数据—7．分析测量数据				
计划制订的方式	小组讨论。				
序　号	工作步骤		注意事项		
1	查阅维修手册。		熟练查阅维修手册。		
2	测试接地电压。		注意检测端子。		
3	测试供电电压。		注意检测端子。		
4	测试信号电压。		注意检测端子。		
5	测试信号波形。		注意检测端子。		
计划的评价	班级		第　组	组长签字	
	教师签字		日期		
	评语：				

3．测试氧传感器的决策单

<table>
<tr><td>学习场</td><td colspan="5">检测点火系统</td></tr>
<tr><td>学习情境十一</td><td colspan="5">检测氧传感器</td></tr>
<tr><td>学时</td><td colspan="5">0.2 学时</td></tr>
<tr><td>典型工作过程描述</td><td colspan="5">1．准备工作—2．查阅电路图—3．确认氧传感器安装位置—4．辨认氧传感器针脚信息—5．测试氧传感器—6．记录测量数据—7．分析测量数据</td></tr>
<tr><td colspan="6">计 划 对 比</td></tr>
<tr><td>序　　号</td><td>计划的可行性</td><td>计划的经济性</td><td>计划的可操作性</td><td>计划的实施难度</td><td>综 合 评 价</td></tr>
<tr><td>1</td><td></td><td></td><td></td><td></td><td></td></tr>
<tr><td>2</td><td></td><td></td><td></td><td></td><td></td></tr>
<tr><td>3</td><td></td><td></td><td></td><td></td><td></td></tr>
<tr><td rowspan="3">决策的评价</td><td>班级</td><td></td><td>第　　组</td><td>组长签字</td><td></td></tr>
<tr><td>教师签字</td><td></td><td>日期</td><td colspan="2"></td></tr>
<tr><td colspan="5">评语：</td></tr>
</table>

4．测试氧传感器的实施单

<table>
<tr><td>学习场</td><td colspan="2">检测点火系统</td></tr>
<tr><td>学习情境十一</td><td colspan="2">检测氧传感器</td></tr>
<tr><td>学时</td><td colspan="2">0.2 学时</td></tr>
<tr><td>典型工作过程描述</td><td colspan="2">1．准备工作—2．查阅电路图—3．确认氧传感器安装位置—4．辨认氧传感器针脚信息—5．测试氧传感器—6．记录测量数据—7．分析测量数据</td></tr>
<tr><td>序　　号</td><td>实 施 步 骤</td><td>注 意 事 项</td></tr>
<tr><td>1</td><td>查阅维修手册。
记录：</td><td>熟练查阅维修手册。</td></tr>
<tr><td>2</td><td>测试接地电压。
记录：</td><td>注意检测端子。</td></tr>
<tr><td>3</td><td>测试供电电压。
记录：</td><td>注意检测端子。</td></tr>
<tr><td>4</td><td>测试信号电压。
记录：</td><td>注意检测端子。</td></tr>
<tr><td>5</td><td>测试信号波形。
记录：</td><td>注意检测端子。</td></tr>
</table>

<table>
<tr><td colspan="6">实施说明：</td></tr>
<tr><td rowspan="3">实施的评价</td><td>班级</td><td></td><td>第　　组</td><td>组长签字</td><td></td></tr>
<tr><td>教师签字</td><td></td><td>日期</td><td colspan="2"></td></tr>
<tr><td colspan="5">评语：</td></tr>
</table>

5. 测试氧传感器的检查单

<table>
<tr><td>学习场</td><td colspan="5">检测点火系统</td></tr>
<tr><td>学习情境十一</td><td colspan="5">检测氧传感器</td></tr>
<tr><td>学时</td><td colspan="5">0.2 学时</td></tr>
<tr><td>典型工作过程描述</td><td colspan="5">1. 准备工作—2. 查阅电路图—3. 确认氧传感器安装位置—4. 辨认氧传感器针脚信息—5. 测试氧传感器—6. 记录测量数据—7. 分析测量数据</td></tr>
<tr><td>序　　号</td><td>检查项目</td><td>检查标准</td><td colspan="2">学生自查</td><td>教师检查</td></tr>
<tr><td>1</td><td>查阅维修手册</td><td>熟练查阅维修手册</td><td colspan="2"></td><td></td></tr>
<tr><td>2</td><td>测试接地电压</td><td>测试方法正确</td><td colspan="2"></td><td></td></tr>
<tr><td>3</td><td>测试供电电压</td><td>测试方法正确</td><td colspan="2"></td><td></td></tr>
<tr><td>4</td><td>测试信号电压</td><td>测试方法正确</td><td colspan="2"></td><td></td></tr>
<tr><td>5</td><td>测试信号波形</td><td>测试方法正确</td><td colspan="2"></td><td></td></tr>
<tr><td rowspan="3">检查的评价</td><td>班级</td><td></td><td>第　　组</td><td>组长签字</td><td></td></tr>
<tr><td>教师签字</td><td></td><td>日期</td><td colspan="2"></td></tr>
<tr><td colspan="5">评语：</td></tr>
</table>

6. 测试氧传感器的评价单

<table>
<tr><td>学习场</td><td colspan="4">检测点火系统</td></tr>
<tr><td>学习情境十一</td><td colspan="4">检测氧传感器</td></tr>
<tr><td>学时</td><td colspan="4">0.2 学时</td></tr>
<tr><td>典型工作过程描述</td><td colspan="4">1. 准备工作—2. 查阅电路图—3. 确认氧传感器安装位置—4. 辨认氧传感器针脚信息—5. 测试氧传感器—6. 记录测量数据—7. 分析测量数据</td></tr>
<tr><td>评价项目</td><td>评价子项目</td><td>学生自评</td><td>组内评价</td><td>教师评价</td></tr>
<tr><td>查阅维修手册</td><td>查阅是否熟练</td><td></td><td></td><td></td></tr>
<tr><td>测试接地电压</td><td>测试方法是否正确</td><td></td><td></td><td></td></tr>
<tr><td>测试供电电压</td><td>测试方法是否正确</td><td></td><td></td><td></td></tr>
<tr><td>测试信号电压</td><td>测试方法是否正确</td><td></td><td></td><td></td></tr>
<tr><td>测试信号波形</td><td>测试方法是否正确</td><td></td><td></td><td></td></tr>
</table>

<table>
<tr><td rowspan="3">评价的评价</td><td>班级</td><td></td><td>第　　组</td><td>组长签字</td><td></td></tr>
<tr><td>教师签字</td><td></td><td>日期</td><td colspan="2"></td></tr>
<tr><td colspan="5">评语：</td></tr>
</table>

任务六　记录测量数据

1．记录测量数据的资讯单

学习场	检测点火系统
学习情境十一	检测氧传感器
学时	0.2 学时
典型工作过程描述	1．准备工作—2．查阅电路图—3．确认氧传感器安装位置—4．辨认氧传感器针脚信息—5．测试氧传感器—**6．记录测量数据**—7．分析测量数据
收集资讯的方式	线下书籍及线上资源相结合。
资讯描述	1．查阅维修手册。 2．查阅电路图。 3．记录测量数据。
对学生的要求	1．能准确记录数据。 2．能养成 6S 规范作业习惯。
参考资料	《检修汽车发动机电控系统》配套微课。

2．记录测量数据的计划单

<table>
<tr><td>学习场</td><td colspan="5">检测点火系统</td></tr>
<tr><td>学习情境十一</td><td colspan="5">检测氧传感器</td></tr>
<tr><td>学时</td><td colspan="5">0.2 学时</td></tr>
<tr><td>典型工作过程描述</td><td colspan="5">1．准备工作—2．查阅电路图—3．确认氧传感器安装位置—4．辨认氧传感器针脚信息—5．测试氧传感器—6．记录测量数据—7．分析测量数据</td></tr>
<tr><td>计划制订的方式</td><td colspan="5">小组讨论。</td></tr>
<tr><td>序　　号</td><td colspan="3">工 作 步 骤</td><td colspan="2">注 意 事 项</td></tr>
<tr><td>1</td><td colspan="3">记录测量数据。</td><td colspan="2">记录清晰、准确。</td></tr>
<tr><td rowspan="3">计划的评价</td><td>班级</td><td></td><td>第　　组</td><td>组长签字</td><td></td></tr>
<tr><td>教师签字</td><td></td><td>日期</td><td colspan="2"></td></tr>
<tr><td colspan="5">评语：</td></tr>
</table>

3. 记录测量数据的决策单

学习场	检测点火系统				
学习情境十一	检测氧传感器				
学时	0.2 学时				
典型工作过程描述	1. 准备工作—2. 查阅电路图—3. 确认氧传感器安装位置—4. 辨认氧传感器针脚信息—5. 测试氧传感器—**6. 记录测量数据**—7. 分析测量数据				
计划对比					
序号	计划的可行性	计划的经济性	计划的可操作性	计划的实施难度	综合评价
1					
2					
3					
决策的评价	班级		第　组	组长签字	
	教师签字		日期		
	评语：				

4. 记录测量数据的实施单

学习场	检测点火系统	
学习情境十一	检测氧传感器	
学时	0.2 学时	
典型工作过程描述	1. 准备工作—2. 查阅电路图—3. 确认氧传感器安装位置—4. 辨认氧传感器针脚信息—5. 测试氧传感器—**6. 记录测量数据**—7. 分析测量数据	
序号	实施步骤	注意事项
1	记录测量数据。 **记录：**	记录清晰、准确。
实施说明：		

实施的评价	班级		第　组	组长签字	
	教师签字		日期		
	评语：				

5．记录测量数据的检查单

<table>
<tr><td>学习场</td><td colspan="6">检测点火系统</td></tr>
<tr><td>学习情境十一</td><td colspan="6">检测氧传感器</td></tr>
<tr><td>学时</td><td colspan="6">0.2 学时</td></tr>
<tr><td>典型工作过程描述</td><td colspan="6">1．准备工作—2．查阅电路图—3．确认氧传感器安装位置—4．辨认氧传感器针脚信息—5．测试氧传感器—6．记录测量数据—7．分析测量数据</td></tr>
<tr><td>序　号</td><td>检 查 项 目</td><td colspan="2">检 查 标 准</td><td colspan="2">学 生 自 查</td><td>教 师 检 查</td></tr>
<tr><td>1</td><td>记录测量数据</td><td colspan="2">记录清晰、准确</td><td colspan="2"></td><td></td></tr>
<tr><td rowspan="3">检查的评价</td><td>班级</td><td></td><td>第　组</td><td>组长签字</td><td colspan="2"></td></tr>
<tr><td>教师签字</td><td></td><td>日期</td><td colspan="3"></td></tr>
<tr><td colspan="6">评语：</td></tr>
</table>

6．记录测量数据的评价单

<table>
<tr><td>学习场</td><td colspan="6">检测点火系统</td></tr>
<tr><td>学习情境十一</td><td colspan="6">检测氧传感器</td></tr>
<tr><td>学时</td><td colspan="6">0.2 学时</td></tr>
<tr><td>典型工作过程描述</td><td colspan="6">1．准备工作—2．查阅电路图—3．确认氧传感器安装位置—4．辨认氧传感器针脚信息—5．测试氧传感器—6．记录测量数据—7．分析测量数据</td></tr>
<tr><td>评 价 项 目</td><td>评价子项目</td><td colspan="2">学 生 自 评</td><td colspan="2">组 内 评 价</td><td>教 师 评 价</td></tr>
<tr><td>记录测量数据</td><td>记录是否清晰、准确</td><td colspan="2"></td><td colspan="2"></td><td></td></tr>
<tr><td rowspan="3">评价的评价</td><td>班级</td><td></td><td>第　组</td><td>组长签字</td><td colspan="2"></td></tr>
<tr><td>教师签字</td><td></td><td>日期</td><td colspan="3"></td></tr>
<tr><td colspan="6">评语：</td></tr>
</table>

任务七　分析测量数据

1．分析测量数据的资讯单

<table>
<tr><td>学习场</td><td>检测点火系统</td></tr>
<tr><td>学习情境十一</td><td>检测氧传感器</td></tr>
<tr><td>学时</td><td>0.2 学时</td></tr>
<tr><td>典型工作过程描述</td><td>1．准备工作—2．查阅电路图—3．确认氧传感器安装位置—4．辨认氧传感器针脚信息—5．测试氧传感器—6．记录测量数据—7．分析测量数据</td></tr>
<tr><td>收集资讯的方式</td><td>线下书籍及线上资源相结合。</td></tr>
<tr><td>资讯描述</td><td>1．维修资料标准数据。
2．测量记录单。</td></tr>
</table>

对学生的要求	1．能熟练查阅维修手册。 2．能准确分析数据。 3．能养成6S规范作业习惯。
参考资料	《检修汽车发动机电控系统》配套微课。

2．分析测量数据的计划单

学习场	检测点火系统				
学习情境十一	检测氧传感器				
学时	0.2学时				
典型工作过程描述	1．准备工作—2．查阅电路图—3．确认氧传感器安装位置—4．辨认氧传感器针脚信息—5．测试氧传感器—6．记录测量数据—**7．分析测量数据**				
计划制订的方式	小组讨论。				
序　号	工作步骤		注意事项		
1	查阅维修手册。		熟练查阅维修手册。		
2	对比测量数据。		正确对比测量数据。		
3	分析测量数据。		正确分析测量数据。		
计划的评价	班级		第　组	组长签字	
	教师签字		日期		
	评语：				

3．分析测量数据的决策单

学习场	检测点火系统				
学习情境十一	检测氧传感器				
学时	0.2学时				
典型工作过程描述	1．准备工作—2．查阅电路图—3．确认氧传感器安装位置—4．辨认氧传感器针脚信息—5．测试氧传感器—6．记录测量数据—**7．分析测量数据**				
计划对比					
序　号	计划的可行性	计划的经济性	计划的可操作性	计划的实施难度	综合评价
1					
2					
3					
决策的评价	班级		第　组	组长签字	
	教师签字		日期		
	评语：				

4. 分析测量数据的实施单

<table>
<tr><td>学习场</td><td colspan="6">检测点火系统</td></tr>
<tr><td>学习情境十一</td><td colspan="6">检测氧传感器</td></tr>
<tr><td>学时</td><td colspan="6">0.2 学时</td></tr>
<tr><td>典型工作过程描述</td><td colspan="6">1．准备工作—2．查阅电路图—3．确认氧传感器安装位置—4．辨认氧传感器针脚信息—5．测试氧传感器—6．记录测量数据—7．分析测量数据</td></tr>
<tr><td>序　　号</td><td colspan="3">实 施 步 骤</td><td colspan="3">注 意 事 项</td></tr>
<tr><td>1</td><td colspan="3">查阅维修手册。
记录：</td><td colspan="3">熟练查阅维修手册。</td></tr>
<tr><td>2</td><td colspan="3">对比测量数据。
记录：</td><td colspan="3">正确对比测量数据。</td></tr>
<tr><td>3</td><td colspan="3">分析测量数据。
记录：</td><td colspan="3">正确分析测量数据。</td></tr>
<tr><td colspan="7">实施说明：</td></tr>
<tr><td rowspan="3">实施的评价</td><td>班级</td><td></td><td>第　　组</td><td>组长签字</td><td colspan="2"></td></tr>
<tr><td>教师签字</td><td></td><td>日期</td><td colspan="3"></td></tr>
<tr><td colspan="6">评语：</td></tr>
</table>

5. 分析测量数据的检查单

<table>
<tr><td>学习场</td><td colspan="6">检测点火系统</td></tr>
<tr><td>学习情境十一</td><td colspan="6">检测氧传感器</td></tr>
<tr><td>学时</td><td colspan="6">0.2 学时</td></tr>
<tr><td>典型工作过程描述</td><td colspan="6">1．准备工作—2．查阅电路图—3．确认氧传感器安装位置—4．辨认氧传感器针脚信息—5．测试氧传感器—6．记录测量数据—7．分析测量数据</td></tr>
<tr><td>序　　号</td><td>检 查 项 目</td><td>检 查 标 准</td><td colspan="2">学 生 自 查</td><td colspan="2">教 师 检 查</td></tr>
<tr><td>1</td><td>查阅维修手册</td><td>熟练查阅维修手册</td><td colspan="2"></td><td colspan="2"></td></tr>
<tr><td>2</td><td>对比测量数据</td><td>正确对比测量数据</td><td colspan="2"></td><td colspan="2"></td></tr>
<tr><td>3</td><td>分析测量数据</td><td>正确分析测量数据</td><td colspan="2"></td><td colspan="2"></td></tr>
<tr><td rowspan="3">检查的评价</td><td>班级</td><td></td><td>第　　组</td><td>组长签字</td><td colspan="2"></td></tr>
<tr><td>教师签字</td><td></td><td>日期</td><td colspan="3"></td></tr>
<tr><td colspan="6">评语：</td></tr>
</table>

6. 分析测量数据的评价单

<table>
<tr><td>学习场</td><td colspan="5">检测点火系统</td></tr>
<tr><td>学习情境十一</td><td colspan="5">检测氧传感器</td></tr>
<tr><td>学时</td><td colspan="5">0.2 学时</td></tr>
<tr><td>典型工作过程描述</td><td colspan="5">1．准备工作—2．查阅电路图—3．确认氧传感器安装位置—4．辨认氧传感器针脚信息—5．测试氧传感器—6．记录测量数据—7．分析测量数据</td></tr>
<tr><td colspan="2">评 价 项 目</td><td>评价子项目</td><td>学 生 自 评</td><td>组 内 评 价</td><td>教 师 评 价</td></tr>
<tr><td colspan="2">查阅维修手册</td><td>查阅是否熟练</td><td></td><td></td><td></td></tr>
<tr><td colspan="2">对比测量数据</td><td>对比测量数据是否正确</td><td></td><td></td><td></td></tr>
<tr><td colspan="2">分析测量数据</td><td>分析测量数据是否正确</td><td></td><td></td><td></td></tr>
<tr><td rowspan="3">评价的评价</td><td>班级</td><td></td><td>第 组</td><td>组长签字</td><td></td></tr>
<tr><td>教师签字</td><td></td><td>日期</td><td colspan="2"></td></tr>
<tr><td colspan="5">评语：</td></tr>
</table>

学习情境十二　检测点火线圈

任务一　检测点火线圈的准备工作

1．检测点火线圈准备工作的资讯单

学习场	检测点火系统
学习情境十二	检测点火线圈
学时	3 学时
典型工作过程描述	**1．准备工作**—2．查阅电路图—3．确认点火线圈安装位置—4．辨认点火线圈针脚信息—5．测试点火线圈—6．记录测量数据—7．分析测量数据
收集资讯的方式	线下书籍及线上资源相结合。
资讯描述	1．点火系统的作用。 点火系统是汽油发动机重要的组成部分，其作用是根据发动机的不同工作情况和运行条件，按照发动机的做功顺序和点火时间的要求，适时、准确、可靠地产生足够能量的电火花，以点燃可燃混合气体，使发动机做功。 2．点火系统的类型及组成。 点火系统根据点火电路控制方式的不同可分为传统点火系统、无触点电子点火系统和微机控制点火系统。 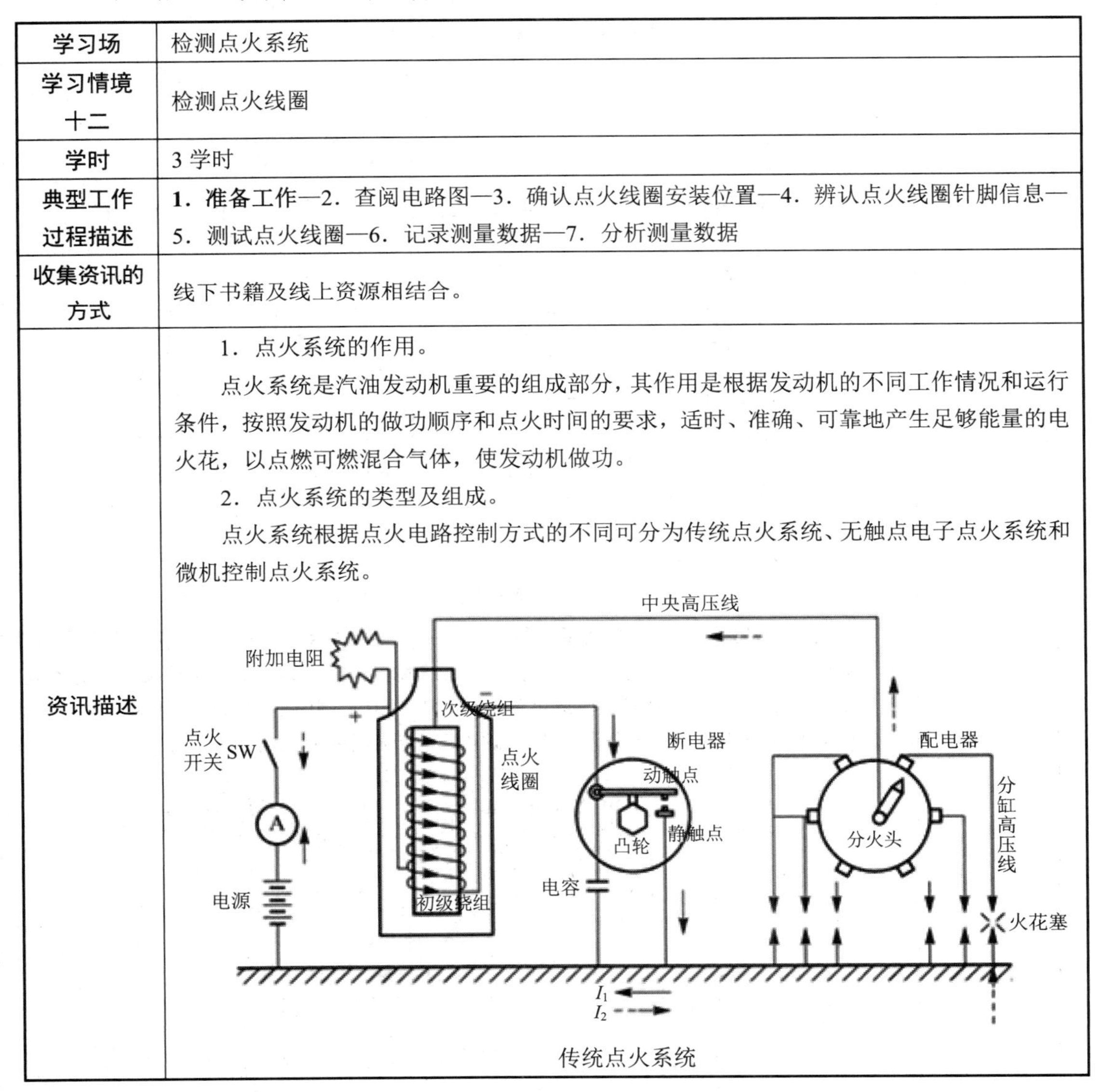 传统点火系统

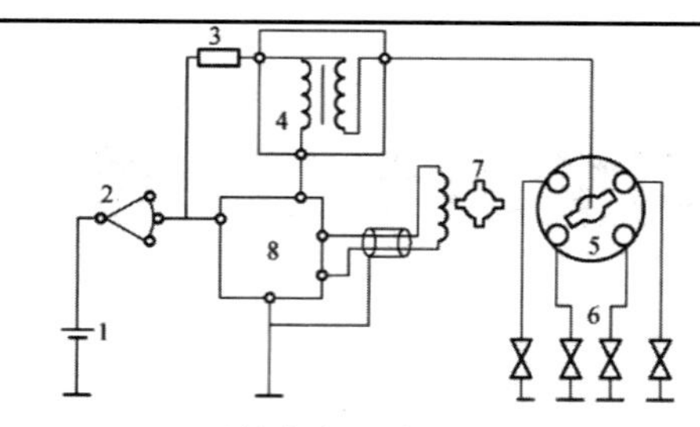

无触点电子点火系统

1—电源　2—点火开关　3—附加电阻　4—点火线圈　5—配电器
6—火花塞　7—脉冲信号发生器　8—点火控制器

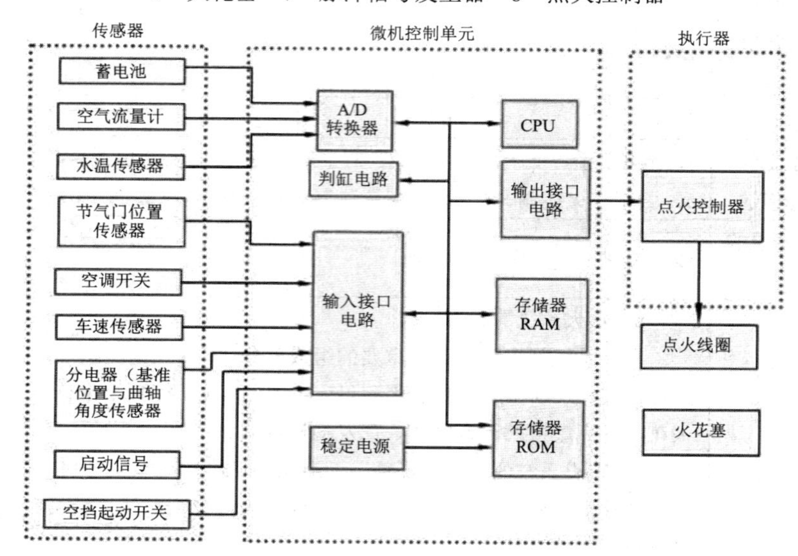

微机控制点火系统原理图

点火线圈是发动机点火装置的关键部分之一，为火花塞提供充分的能量，促使其产生足够的电火花，提高发动机的工作性能。点火线圈由初级绕组、次级绕组和铁芯等组成。

微机控制点火系统根据工作原理的不同可分为双缸同时点火系统和单缸独立点火系统，根据配电方式的不同可分为二极管配电式和点火线圈分配式。

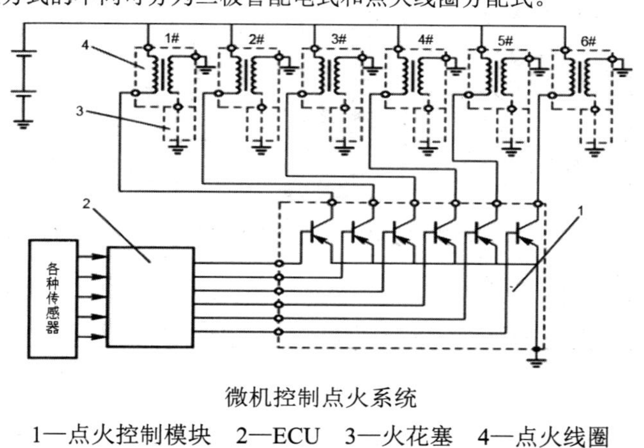

微机控制点火系统

1—点火控制模块　2—ECU　3—火花塞　4—点火线圈

对学生的要求	1．掌握点火系统的作用。 2．掌握点火系统的组成。 3．掌握点火线圈的工作原理。 4．掌握点火系统的类型。 5．具有自我探究和信息检索的能力。
参考资料	《检修汽车发动机电控系统》配套微课。

2．检测点火线圈准备工作的计划单

<table>
<tr><td>学习场</td><td colspan="6">检测点火系统</td></tr>
<tr><td>学习情境十二</td><td colspan="6">检测点火线圈</td></tr>
<tr><td>学时</td><td colspan="6">0.1 学时</td></tr>
<tr><td>典型工作过程描述</td><td colspan="6">1．准备工作—2．查阅电路图—3．确认点火线圈安装位置—4．辨认点火线圈针脚信息—5．测试点火线圈—6．记录测量数据—7．分析测量数据</td></tr>
<tr><td>计划制订的方式</td><td colspan="6">小组讨论。</td></tr>
<tr><td>序　　号</td><td colspan="3">工　作　步　骤</td><td colspan="3">注　意　事　项</td></tr>
<tr><td>1</td><td colspan="3">点火系统的作用。</td><td colspan="3">分析概括全面。</td></tr>
<tr><td>2</td><td colspan="3">点火系统的组成。</td><td colspan="3">描述清晰、完整。</td></tr>
<tr><td>3</td><td colspan="3">点火线圈的工作原理。</td><td colspan="3">重点是独立点火系统。</td></tr>
<tr><td>4</td><td colspan="3">点火系统的类型。</td><td colspan="3">重点是微机控制点火系统。</td></tr>
<tr><td rowspan="3">计划的评价</td><td>班级</td><td></td><td>第　　组</td><td>组长签字</td><td colspan="2"></td></tr>
<tr><td>教师签字</td><td></td><td>日期</td><td colspan="3"></td></tr>
<tr><td colspan="6">评语：</td></tr>
</table>

3．检测点火线圈准备工作的决策单

<table>
<tr><td>学习场</td><td colspan="5">检测点火系统</td></tr>
<tr><td>学习情境十二</td><td colspan="5">检测点火线圈</td></tr>
<tr><td>学时</td><td colspan="5">0.1 学时</td></tr>
<tr><td>典型工作过程描述</td><td colspan="5">1．准备工作—2．查阅电路图—3．确认点火线圈安装位置—4．辨认点火线圈针脚信息—5．测试点火线圈—6．记录测量数据—7．分析测量数据</td></tr>
<tr><td colspan="6">计　划　对　比</td></tr>
<tr><td>序　　号</td><td>计划的可行性</td><td>计划的经济性</td><td>计划的可操作性</td><td>计划的实施难度</td><td>综　合　评　价</td></tr>
<tr><td>1</td><td></td><td></td><td></td><td></td><td></td></tr>
<tr><td>2</td><td></td><td></td><td></td><td></td><td></td></tr>
<tr><td>3</td><td></td><td></td><td></td><td></td><td></td></tr>
</table>

<table>
<tr><td rowspan="3">决策的评价</td><td>班级</td><td></td><td>第　　组</td><td>组长签字</td><td></td></tr>
<tr><td>教师签字</td><td></td><td>日期</td><td colspan="2"></td></tr>
<tr><td colspan="5">评语：</td></tr>
</table>

4．检测点火线圈准备工作的实施单

<table>
<tr><td>学习场</td><td colspan="2">检测点火系统</td></tr>
<tr><td>学习情境十二</td><td colspan="2">检测点火线圈</td></tr>
<tr><td>学时</td><td colspan="2">0.1 学时</td></tr>
<tr><td>典型工作过程描述</td><td colspan="2">1．准备工作—2．查阅电路图—3．确认点火线圈安装位置—4．辨认点火线圈针脚信息—5．测试点火线圈—6．记录测量数据—7．分析测量数据</td></tr>
<tr><td>序　　号</td><td>实 施 步 骤</td><td>注 意 事 项</td></tr>
<tr><td>1</td><td>点火系统的作用。
记录：</td><td>分析概括全面。</td></tr>
<tr><td>2</td><td>点火系统的组成。
记录：</td><td>描述清晰、完整。</td></tr>
<tr><td>3</td><td>点火线圈的工作原理。
记录：</td><td>重点是独立点火系统。</td></tr>
<tr><td>4</td><td>点火系统的类型。
记录：</td><td>重点是微机控制点火系统。</td></tr>
<tr><td colspan="3">实施说明：</td></tr>
</table>

<table>
<tr><td rowspan="3">实施的评价</td><td>班级</td><td></td><td>第　　组</td><td>组长签字</td><td></td></tr>
<tr><td>教师签字</td><td></td><td>日期</td><td colspan="2"></td></tr>
<tr><td colspan="5">评语：</td></tr>
</table>

5. 检测点火线圈准备工作的检查单

<table>
<tr><td>学习场</td><td colspan="6">检测点火系统</td></tr>
<tr><td>学习情境十二</td><td colspan="6">检测点火线圈</td></tr>
<tr><td>学时</td><td colspan="6">0.1 学时</td></tr>
<tr><td>典型工作过程描述</td><td colspan="6">1．准备工作—2．查阅电路图—3．确认点火线圈安装位置—4．辨认点火线圈针脚信息—5．测试点火线圈—6．记录测量数据—7．分析测量数据</td></tr>
<tr><td>序　号</td><td colspan="2">检 查 项 目</td><td>检 查 标 准</td><td colspan="2">学 生 自 查</td><td>教 师 检 查</td></tr>
<tr><td>1</td><td colspan="2">点火系统的作用</td><td>分析概括全面</td><td colspan="2"></td><td></td></tr>
<tr><td>2</td><td colspan="2">点火系统的组成</td><td>描述清晰、完整</td><td colspan="2"></td><td></td></tr>
<tr><td>3</td><td colspan="2">点火线圈的工作原理</td><td>重点突出</td><td colspan="2"></td><td></td></tr>
<tr><td>4</td><td colspan="2">点火系统的类型</td><td>重点突出</td><td colspan="2"></td><td></td></tr>
<tr><td rowspan="3">检查的评价</td><td>班级</td><td></td><td>第　　组</td><td>组长签字</td><td colspan="2"></td></tr>
<tr><td>教师签字</td><td></td><td>日期</td><td colspan="3"></td></tr>
<tr><td colspan="6">评语：</td></tr>
</table>

6. 检测点火线圈准备工作的评价单

<table>
<tr><td>学习场</td><td colspan="6">检测点火系统</td></tr>
<tr><td>学习情境十二</td><td colspan="6">检测点火线圈</td></tr>
<tr><td>学时</td><td colspan="6">0.1 学时</td></tr>
<tr><td>典型工作过程描述</td><td colspan="6">1．准备工作—2．查阅电路图—3．确认点火线圈安装位置—4．辨认点火线圈针脚信息—5．测试点火线圈—6．记录测量数据—7．分析测量数据</td></tr>
<tr><td colspan="2">评 价 项 目</td><td colspan="2">评价子项目</td><td>学 生 自 评</td><td>组 内 评 价</td><td>教 师 评 价</td></tr>
<tr><td colspan="2">点火系统的作用</td><td colspan="2">分析概括是否全面</td><td></td><td></td><td></td></tr>
<tr><td colspan="2">点火系统的组成</td><td colspan="2">描述是否清晰、完整</td><td></td><td></td><td></td></tr>
<tr><td colspan="2">点火线圈的工作原理</td><td colspan="2">重点是否突出</td><td></td><td></td><td></td></tr>
<tr><td colspan="2">点火系统的类型</td><td colspan="2">重点是否突出</td><td></td><td></td><td></td></tr>
<tr><td rowspan="3">评价的评价</td><td>班级</td><td colspan="2"></td><td>第　　组</td><td>组长签字</td><td></td></tr>
<tr><td>教师签字</td><td colspan="2"></td><td>日期</td><td colspan="2"></td></tr>
<tr><td colspan="6">评语：</td></tr>
</table>

任务二　查阅电路图

1. 查阅电路图的资讯单

学习场	检测点火系统
学习情境十二	检测点火线圈
学时	0.1 学时
典型工作过程描述	1．准备工作—**2．查阅电路图**—3．确认点火线圈安装位置—4．辨认点火线圈针脚信息—5．测试点火线圈—6．记录测量数据—7．分析测量数据
收集资讯的方式	线下书籍及线上资源相结合。
资讯描述	1．确认车型信息。 2．获取该车型电路图。
对学生的要求	1．能正确记录车型信息。 2．能确认车型信息。 3．能正确查阅电路图。 4．能正确识读电路图。 5．具有团队意识、工匠精神和职业精神。
参考资料	《检修汽车发动机电控系统》配套微课。

2. 查阅电路图的计划单

<table>
<tr><td>学习场</td><td colspan="6">检测点火系统</td></tr>
<tr><td>学习情境十二</td><td colspan="6">检测点火线圈</td></tr>
<tr><td>学时</td><td colspan="6">0.1 学时</td></tr>
<tr><td>典型工作过程描述</td><td colspan="6">1．准备工作—2．查阅电路图—3．确认点火线圈安装位置—4．辨认点火线圈针脚信息—5．测试点火线圈—6．记录测量数据—7．分析测量数据</td></tr>
<tr><td>计划制订的方式</td><td colspan="6">小组讨论。</td></tr>
<tr><td>序　号</td><td colspan="3">工 作 步 骤</td><td colspan="3">注 意 事 项</td></tr>
<tr><td>1</td><td colspan="3">确认车型信息。</td><td colspan="3">核查车型信息准确。</td></tr>
<tr><td>2</td><td colspan="3">查阅点火系统电路图。</td><td colspan="3">查阅方法正确。</td></tr>
<tr><td>3</td><td colspan="3">拆画点火线圈电路图。</td><td colspan="3">拆画电路图完整、准确。</td></tr>
<tr><td rowspan="3">计划的评价</td><td>班级</td><td></td><td>第　　组</td><td>组长签字</td><td colspan="2"></td></tr>
<tr><td>教师签字</td><td></td><td>日期</td><td colspan="3"></td></tr>
<tr><td colspan="6">评语：</td></tr>
</table>

3. 查阅电路图的决策单

学习场	检测点火系统
学习情境十二	检测点火线圈
学时	0.1 学时

<table>
<tr><td>典型工作过程描述</td><td colspan="6">1．准备工作—2．查阅电路图—3．确认点火线圈安装位置—4．辨认点火线圈针脚信息—5．测试点火线圈—6．记录测量数据—7．分析测量数据</td></tr>
<tr><td colspan="7">计 划 对 比</td></tr>
<tr><td>序　　号</td><td>计划的可行性</td><td>计划的经济性</td><td>计划的可操作性</td><td colspan="2">计划的实施难度</td><td>综 合 评 价</td></tr>
<tr><td>1</td><td></td><td></td><td></td><td colspan="2"></td><td></td></tr>
<tr><td>2</td><td></td><td></td><td></td><td colspan="2"></td><td></td></tr>
<tr><td>3</td><td></td><td></td><td></td><td colspan="2"></td><td></td></tr>
<tr><td rowspan="3">决策的评价</td><td>班级</td><td></td><td>第　　组</td><td>组长签字</td><td colspan="2"></td></tr>
<tr><td>教师签字</td><td></td><td>日期</td><td colspan="3"></td></tr>
<tr><td colspan="6">评语：</td></tr>
</table>

4．查阅电路图的实施单

<table>
<tr><td>学习场</td><td colspan="5">检测点火系统</td></tr>
<tr><td>学习情境十二</td><td colspan="5">检测点火线圈</td></tr>
<tr><td>学时</td><td colspan="5">0.1 学时</td></tr>
<tr><td>典型工作过程描述</td><td colspan="5">1．准备工作—2．查阅电路图—3．确认点火线圈安装位置—4．辨认点火线圈针脚信息—5．测试点火线圈—6．记录测量数据—7．分析测量数据</td></tr>
<tr><td>序　　号</td><td colspan="2">实 施 步 骤</td><td colspan="3">注 意 事 项</td></tr>
<tr><td>1</td><td colspan="2">确认车型信息。
记录：</td><td colspan="3">核查车型信息准确。</td></tr>
<tr><td>2</td><td colspan="2">查阅点火系统电路图。
记录：</td><td colspan="3">查阅方法正确。</td></tr>
<tr><td>3</td><td colspan="2">拆画点火线圈电路图。
记录：</td><td colspan="3">拆画电路图完整、准确。</td></tr>
<tr><td colspan="6">实施说明：</td></tr>
<tr><td rowspan="3">实施的评价</td><td>班级</td><td></td><td>第　　组</td><td>组长签字</td><td></td></tr>
<tr><td>教师签字</td><td></td><td>日期</td><td colspan="2"></td></tr>
<tr><td colspan="5">评语：</td></tr>
</table>

5. 查阅电路图的检查单

学习场	检测点火系统					
学习情境十二	检测点火线圈					
学时	0.1 学时					
典型工作过程描述	1. 准备工作—**2. 查阅电路图**—3. 确认点火线圈安装位置—4. 辨认点火线圈针脚信息—5. 测试点火线圈—6. 记录测量数据—7. 分析测量数据					
序　　号	检查项目		检查标准		学生自查	教师检查
1	确认车型信息		核查车型信息准确			
2	查阅点火系统电路图		查阅方法正确			
3	拆画点火线圈电路图		拆画电路图完整、准确			
检查的评价	班级		第　　组	组长签字		
	教师签字		日期			
	评语：					

6. 查阅电路图的评价单

学习场	检测点火系统					
学习情境十二	检测点火线圈					
学时	0.1 学时					
典型工作过程描述	1. 准备工作—**2. 查阅电路图**—3. 确认点火线圈安装位置—4. 辨认点火线圈针脚信息—5. 测试点火线圈—6. 记录测量数据—7. 分析测量数据					
评价项目		评价子项目		学生自评	组内评价	教师评价
确认车型信息		核查车型信息是否准确				
查阅点火系统电路图		查阅方法是否正确				
拆画点火线圈电路图		拆画电路图是否完整、准确				
评价的评价	班级		第　　组		组长签字	
	教师签字		日期			
	评语：					

任务三　确认点火线圈安装位置

1. 确认点火线圈安装位置的资讯单

学习场	检测点火系统
学习情境十二	检测点火线圈
学时	0.2 学时
典型工作过程描述	1．准备工作—2．查阅电路图—**3．确认点火线圈安装位置**—4．辨认点火线圈针脚信息—5．测试点火线圈—6．记录测量数据—7．分析测量数据
收集资讯的方式	线下资料及线上资源相结合。
资讯描述	1．点火系统的类型。 2．车型的基本信息。 3．车型电路图及维修手册。
对学生的要求	1．能确认点火系统的类型。 2．能确认点火线圈的安装位置。 3．能养成 6S 规范作业习惯。 4．具有团队意识、工匠精神和职业精神。
参考资料	《检修汽车发动机电控系统》配套微课。

2. 确认点火线圈安装位置的计划单

学习场	检测点火系统				
学习情境十二	检测点火线圈				
学时	0.2 学时				
典型工作过程描述	1．准备工作—2．查阅电路图—**3．确认点火线圈安装位置**—4．辨认点火线圈针脚信息—5．测试点火线圈—6．记录测量数据—7．分析测量数据				
计划制订的方式	小组讨论。				
序　号	工 作 步 骤		注 意 事 项		
1	确认车型信息。		核查车型信息准确。		
2	查阅维修手册。		熟练查阅维修手册。		
3	确认点火线圈安装位置。		正确指认点火线圈安装位置。		
计划的评价	班级		第　组	组长签字	
	教师签字		日期		
	评语：				

3. 确认点火线圈安装位置的决策单

学习场	检测点火系统
学习情境十二	检测点火线圈

<table>
<tr><td>学时</td><td colspan="5">0.2 学时</td></tr>
<tr><td>典型工作过程描述</td><td colspan="5">1．准备工作—2．查阅电路图—3．确认点火线圈安装位置—4．辨认点火线圈针脚信息—5．测试点火线圈—6．记录测量数据—7．分析测量数据</td></tr>
<tr><td colspan="6">计 划 对 比</td></tr>
<tr><td>序 号</td><td>计划的可行性</td><td>计划的经济性</td><td>计划的可操作性</td><td>计划的实施难度</td><td>综 合 评 价</td></tr>
<tr><td>1</td><td></td><td></td><td></td><td></td><td></td></tr>
<tr><td>2</td><td></td><td></td><td></td><td></td><td></td></tr>
<tr><td>3</td><td></td><td></td><td></td><td></td><td></td></tr>
<tr><td rowspan="3">决策的评价</td><td>班级</td><td></td><td>第 组</td><td>组长签字</td><td></td></tr>
<tr><td>教师签字</td><td></td><td>日期</td><td colspan="2"></td></tr>
<tr><td colspan="5">评语：</td></tr>
</table>

4. 确认点火线圈安装位置的实施单

<table>
<tr><td>学习场</td><td colspan="5">检测点火系统</td></tr>
<tr><td>学习情境十二</td><td colspan="5">检测点火线圈</td></tr>
<tr><td>学时</td><td colspan="5">0.2 学时</td></tr>
<tr><td>典型工作过程描述</td><td colspan="5">1．准备工作—2．查阅电路图—3．确认点火线圈安装位置—4．辨认点火线圈针脚信息—5．测试点火线圈—6．记录测量数据—7．分析测量数据</td></tr>
<tr><td>序 号</td><td colspan="2">实 施 步 骤</td><td colspan="3">注 意 事 项</td></tr>
<tr><td>1</td><td colspan="2">确认车型信息。
记录：</td><td colspan="3">核查车型信息准确。</td></tr>
<tr><td>2</td><td colspan="2">查阅维修手册。
记录：</td><td colspan="3">熟练查阅维修手册。</td></tr>
<tr><td>3</td><td colspan="2">确认点火线圈安装位置。
记录：</td><td colspan="3">正确指认点火线圈安装位置。</td></tr>
<tr><td colspan="6">实施说明：</td></tr>
<tr><td rowspan="3">实施的评价</td><td>班级</td><td></td><td>第 组</td><td>组长签字</td><td></td></tr>
<tr><td>教师签字</td><td></td><td>日期</td><td colspan="2"></td></tr>
<tr><td colspan="5">评语：</td></tr>
</table>

5．确认点火线圈安装位置的检查单

学习场	检测点火系统			
学习情境十二	检测点火线圈			
学时	0.2 学时			
典型工作过程描述	1．准备工作—2．查阅电路图--**3．确认点火线圈安装位置**—4．辨认点火线圈针脚信息—5．测试点火线圈—6．记录测量数据—7．分析测量数据			
序　号	检查项目	检查标准	学生自查	教师检查
1	确认车型信息	核查车型信息准确		
2	查阅维修手册	熟练查阅维修手册		
3	确认点火线圈安装位置	正确指认点火线圈安装位置		
检查的评价	班级		第　组	组长签字
	教师签字		日期	
	评语：			

6．确认点火线圈安装位置的评价单

学习场	检测点火系统			
学习情境十二	检测点火线圈			
学时	0.2 学时			
典型工作过程描述	1．准备工作—2．查阅电路图—**3．确认点火线圈安装位置**—4．辨认点火线圈针脚信息—5．测试点火线圈—6．记录测量数据—7．分析测量数据			
评价项目	评价子项目	学生自评	组内评价	教师评价
确认车型信息	核查车型信息是否准确			
查阅维修手册	查阅是否熟练			
确认点火线圈安装位置	是否正确指认点火线圈安装位置			
评价的评价	班级		第　组	组长签字
	教师签字		日期	
	评语：			

任务四　辨认点火线圈针脚信息

1．辨认点火线圈针脚信息的资讯单

学习场	检测点火系统
学习情境十二	检测点火线圈
学时	0.2 学时

典型工作过程描述	1．准备工作—2．查阅电路图—3．确认点火线圈安装位置—**4．辨认点火线圈针脚信息**—5．测试点火线圈—6．记录测量数据—7．分析测量数据
收集资讯的方式	线下书籍及线上资源相结合。
资讯描述	1．维修手册与电路图。 2．点火线圈针脚信息。
对学生的要求	1．能熟练查阅维修手册。 2．测量方法正确。 3．能养成 6S 规范作业习惯。
参考资料	《检修汽车发动机电控系统》配套微课。

2．辨认点火线圈针脚信息的计划单

<table>
<tr><td>学习场</td><td colspan="6">检测点火系统</td></tr>
<tr><td>学习情境十二</td><td colspan="6">检测点火线圈</td></tr>
<tr><td>学时</td><td colspan="6">0.2 学时</td></tr>
<tr><td>典型工作过程描述</td><td colspan="6">1．准备工作—2．查阅电路图—3．确认点火线圈安装位置—4．辨认点火线圈针脚信息—5．测试点火线圈—6．记录测量数据—7．分析测量数据</td></tr>
<tr><td>计划制订的方式</td><td colspan="6">小组讨论。</td></tr>
<tr><td>序　　号</td><td colspan="3">工 作 步 骤</td><td colspan="3">注 意 事 项</td></tr>
<tr><td>1</td><td colspan="3">查阅维修手册。</td><td colspan="3">熟练查阅维修手册。</td></tr>
<tr><td>2</td><td colspan="3">拔下点火线圈。</td><td colspan="3">注意周围线路。</td></tr>
<tr><td>3</td><td colspan="3">辨认点火线圈针脚信息。</td><td colspan="3">注意起止编号位置和线束颜色。</td></tr>
<tr><td rowspan="3">计划的评价</td><td>班级</td><td></td><td>第　　组</td><td>组长签字</td><td colspan="2"></td></tr>
<tr><td>教师签字</td><td></td><td>日期</td><td colspan="3"></td></tr>
<tr><td colspan="6">评语：</td></tr>
</table>

3．辨认点火线圈针脚信息的决策单

<table>
<tr><td>学习场</td><td colspan="5">检测点火系统</td></tr>
<tr><td>学习情境十二</td><td colspan="5">检测点火线圈</td></tr>
<tr><td>学时</td><td colspan="5">0.2 学时</td></tr>
<tr><td>典型工作过程描述</td><td colspan="5">1．准备工作—2．查阅电路图—3．确认点火线圈安装位置—4．辨认点火线圈针脚信息—5．测试点火线圈—6．记录测量数据—7．分析测量数据</td></tr>
<tr><td colspan="6">计 划 对 比</td></tr>
<tr><td>序　　号</td><td>计划的可行性</td><td>计划的经济性</td><td>计划的可操作性</td><td>计划的实施难度</td><td>综 合 评 价</td></tr>
<tr><td>1</td><td></td><td></td><td></td><td></td><td></td></tr>
<tr><td>2</td><td></td><td></td><td></td><td></td><td></td></tr>
<tr><td>3</td><td></td><td></td><td></td><td></td><td></td></tr>
</table>

决策的评价	班级		第　　组	组长签字	
	教师签字		日期		
	评语：				

4. 辨认点火线圈针脚信息的实施单

学习场	检测点火系统	
学习情境十二	检测点火线圈	
学时	0.2 学时	
典型工作过程描述	1. 准备工作—2. 查阅电路图—3. 确认点火线圈安装位置—**4. 辨认点火线圈针脚信息**—5. 测试点火线圈—6. 记录测量数据—7. 分析测量数据	
序　　号	**实 施 步 骤**	**注 意 事 项**
1	查阅维修手册。 **记录：**	熟练查阅维修手册。
2	拔下点火线圈。 **记录：**	注意周围线路。
3	辨认点火线圈针脚信息。 **记录：**	注意起止编号位置和线束颜色。
实施说明：		

实施的评价	班级		第　　组	组长签字	
	教师签字		日期		
	评语：				

5. 辨认点火线圈针脚信息的检查单

学习场	检测点火系统
学习情境十二	检测点火线圈
学时	0.2 学时
典型工作过程描述	1. 准备工作—2. 查阅电路图—3. 确认点火线圈安装位置—**4. 辨认点火线圈针脚信息**—5. 测试点火线圈—6. 记录测量数据—7. 分析测量数据

<table>
<tr><td>序　号</td><td>检查项目</td><td colspan="2">检查标准</td><td>学生自查</td><td>教师检查</td></tr>
<tr><td>1</td><td>查阅维修手册</td><td colspan="2">熟练查阅维修手册</td><td></td><td></td></tr>
<tr><td>2</td><td>拔下点火线圈</td><td colspan="2">操作正确，周围线路无损坏</td><td></td><td></td></tr>
<tr><td>3</td><td>辨认点火线圈针脚信息</td><td colspan="2">点火线圈针脚信息准确</td><td></td><td></td></tr>
<tr><td rowspan="3">检查的评价</td><td>班级</td><td></td><td>第　组</td><td>组长签字</td><td></td></tr>
<tr><td>教师签字</td><td></td><td>日期</td><td colspan="2"></td></tr>
<tr><td colspan="5">评语：</td></tr>
</table>

6．辨认点火线圈针脚信息的评价单

<table>
<tr><td>学习场</td><td colspan="5">检测点火系统</td></tr>
<tr><td>学习情境十二</td><td colspan="5">检测点火线圈</td></tr>
<tr><td>学时</td><td colspan="5">0.2 学时</td></tr>
<tr><td>典型工作过程描述</td><td colspan="5">1．准备工作—2．查阅电路图—3．确认点火线圈安装位置—4．辨认点火线圈针脚信息—5．测试点火线圈—6．记录测量数据—7．分析测量数据</td></tr>
<tr><td>评价项目</td><td colspan="2">评价子项目</td><td>学生自评</td><td>组内评价</td><td>教师评价</td></tr>
<tr><td>查阅维修手册</td><td colspan="2">查阅是否熟练</td><td></td><td></td><td></td></tr>
<tr><td>拔下点火线圈</td><td colspan="2">操作是否正确，周围线路是否无损坏</td><td></td><td></td><td></td></tr>
<tr><td>辨认点火线圈针脚信息</td><td colspan="2">点火线圈针脚信息是否准确</td><td></td><td></td><td></td></tr>
<tr><td rowspan="3">评价的评价</td><td>班级</td><td></td><td>第　组</td><td>组长签字</td><td></td></tr>
<tr><td>教师签字</td><td></td><td>日期</td><td colspan="2"></td></tr>
<tr><td colspan="5">评语：</td></tr>
</table>

任务五　测试点火线圈

1．测试点火线圈的资讯单

学习场	检测点火系统
学习情境十二	检测点火线圈
学时	0.2 学时
典型工作过程描述	1．准备工作—2．查阅电路图—3．确认点火线圈安装位置—4．辨认点火线圈针脚信息—**5．测试点火线圈**—6．记录测量数据—7．分析测量数据
收集资讯的方式	线下书籍及线上资源相结合。
资讯描述	1．维修手册。 2．点火线圈针脚信息。 3．接地电压的标准值。

<table>
<tr><td>对学生的要求</td><td>1．能熟练查阅维修手册。
2．能掌握检测点火线圈的操作规范。
3．能正确使用测量仪表。</td></tr>
<tr><td>参考资料</td><td>《检修汽车发动机电控系统》配套微课。</td></tr>
</table>

2．测试点火线圈的计划单

<table>
<tr><td>学习场</td><td colspan="5">检测点火系统</td></tr>
<tr><td>学习情境十二</td><td colspan="5">检测点火线圈</td></tr>
<tr><td>学时</td><td colspan="5">0.2 学时</td></tr>
<tr><td>典型工作过程描述</td><td colspan="5">1．准备工作—2．查阅电路图—3．确认点火线圈安装位置—4．辨认点火线圈针脚信息—5．测试点火线圈—6．记录测量数据—7．分析测量数据</td></tr>
<tr><td>计划制订的方式</td><td colspan="5">小组讨论。</td></tr>
<tr><td>序　　号</td><td colspan="3">工 作 步 骤</td><td colspan="2">注 意 事 项</td></tr>
<tr><td>1</td><td colspan="3">查阅维修手册。</td><td colspan="2">熟练查阅维修手册。</td></tr>
<tr><td>2</td><td colspan="3">测试接地电压。</td><td colspan="2">注意检测端子。</td></tr>
<tr><td>3</td><td colspan="3">测试供电电压。</td><td colspan="2">注意检测端子。</td></tr>
<tr><td>4</td><td colspan="3">测试信号电压。</td><td colspan="2">注意检测端子。</td></tr>
<tr><td>5</td><td colspan="3">测试信号波形。</td><td colspan="2">注意检测端子。</td></tr>
<tr><td rowspan="3">计划的评价</td><td>班级</td><td></td><td>第　　组</td><td>组长签字</td><td></td></tr>
<tr><td>教师签字</td><td></td><td>日期</td><td colspan="2"></td></tr>
<tr><td colspan="5">评语：</td></tr>
</table>

3．测试点火线圈的决策单

<table>
<tr><td>学习场</td><td colspan="6">检测点火系统</td></tr>
<tr><td>学习情境十二</td><td colspan="6">检测点火线圈</td></tr>
<tr><td>学时</td><td colspan="6">0.2 学时</td></tr>
<tr><td>典型工作过程描述</td><td colspan="6">1．准备工作—2．查阅电路图—3．确认点火线圈安装位置—4．辨认点火线圈针脚信息—5．测试点火线圈—6．记录测量数据—7．分析测量数据</td></tr>
<tr><td colspan="7">计 划 对 比</td></tr>
<tr><td>序　　号</td><td>计划的可行性</td><td>计划的经济性</td><td>计划的可操作性</td><td>计划的实施难度</td><td colspan="2">综 合 评 价</td></tr>
<tr><td>1</td><td></td><td></td><td></td><td></td><td colspan="2"></td></tr>
<tr><td>2</td><td></td><td></td><td></td><td></td><td colspan="2"></td></tr>
<tr><td>3</td><td></td><td></td><td></td><td></td><td colspan="2"></td></tr>
<tr><td rowspan="3">决策的评价</td><td>班级</td><td></td><td>第　　组</td><td>组长签字</td><td colspan="2"></td></tr>
<tr><td>教师签字</td><td></td><td>日期</td><td colspan="3"></td></tr>
<tr><td colspan="6">评语：</td></tr>
</table>

4．测试点火线圈的实施单

学习场	检测点火系统				
学习情境十二	检测点火线圈				
学时	0.2 学时				
典型工作过程描述	1．准备工作—2．查阅电路图—3．确认点火线圈安装位置—4．辨认点火线圈针脚信息—**5．测试点火线圈**—6．记录测量数据—7．分析测量数据				
序号	实施步骤			注意事项	
1	查阅维修手册。 **记录：**			熟练查阅维修手册。	
2	测试接地电压。 **记录：**			注意检测端子。	
3	测试供电电压。 **记录：**			注意检测端子。	
4	测试信号电压。 **记录：**			注意检测端子。	
5	测试信号波形。 **记录：**			注意检测端子。	
实施说明：					
实施的评价	班级		第　组	组长签字	
	教师签字		日期		
	评语：				

5．测试点火线圈的检查单

学习场	检测点火系统			
学习情境十二	检测点火线圈			
学时	0.2 学时			
典型工作过程描述	1．准备工作—2．查阅电路图—3．确认点火线圈安装位置—4．辨认点火线圈针脚信息—**5．测试点火线圈**—6．记录测量数据—7．分析测量数据			
序号	检查项目	检查标准	学生自查	教师检查
1	查阅维修手册	熟练查阅维修手册		
2	测试接地电压	测试方法正确		

3	测试供电电压	测试方法正确			
4	测试信号电压	测试方法正确			
5	测试信号波形	测试方法正确			
检查的评价	班级		第　组	组长签字	
	教师签字		日期		
	评语：				

6. 测试点火线圈的评价单

学习场	检测点火系统			
学习情境十二	检测点火线圈			
学时	0.2 学时			
典型工作过程描述	1．准备工作—2．查阅电路图—3．确认点火线圈安装位置—4．辨认点火线圈针脚信息—**5．测试点火线圈**—6．记录测量数据—7．分析测量数据			
评 价 项 目	评价子项目	学 生 自 评	组 内 评 价	教 师 评 价
查阅维修手册	查阅是否熟练			
测试接地电压	测试方法是否正确			
测试供电电压	测试方法是否正确			
测试信号电压	测试方法是否正确			
测试信号波形	测试方法是否正确			

评价的评价	班级		第　组	组长签字	
	教师签字		日期		
	评语：				

任务六　记录测量数据

1. 记录测量数据的资讯单

学习场	检测点火系统
学习情境十二	检测点火线圈
学时	0.2 学时
典型工作过程描述	1．准备工作—2．查阅电路图—3．确认点火线圈安装位置—4．辨认点火线圈针脚信息—5．测试点火线圈—**6．记录测量数据**—7．分析测量数据
收集资讯的方式	线下书籍及线上资源相结合。
资讯描述	1．查阅维修手册。 2．查阅电路图。 3．记录测量数据。

对学生的要求	1．能准确记录数据。 2．能养成 6S 规范作业习惯。
参考资料	《检修汽车发动机电控系统》配套微课。

2．记录测量数据的计划单

学习场	检测点火系统			
学习情境十二	检测点火线圈			
学时	0.2 学时			
典型工作过程描述	1．准备工作—2．查阅电路图—3．确认点火线圈安装位置—4．辨认点火线圈针脚信息—5．测试点火线圈—**6．记录测量数据**—7．分析测量数据			
计划制订的方式	小组讨论。			
序　　号	工 作 步 骤		注 意 事 项	
1	记录测量数据。		记录清晰、准确。	
计划的评价	班级		第　　组	组长签字
	教师签字		日期	
	评语：			

3．记录测量数据的决策单

学习场	检测点火系统				
学习情境十二	检测点火线圈				
学时	0.2 学时				
典型工作过程描述	1．准备工作—2．查阅电路图—3．确认点火线圈安装位置—4．辨认点火线圈针脚信息—5．测试点火线圈—**6．记录测量数据**—7．分析测量数据				
计 划 对 比					
序　　号	计划的可行性	计划的经济性	计划的可操作性	计划的实施难度	综 合 评 价
1					
2					
3					
决策的评价	班级		第　　组	组长签字	
	教师签字		日期		
	评语：				

4. 记录测量数据的实施单

学习场	检测点火系统				
学习情境十二	检测点火线圈				
学时	0.2 学时				
典型工作过程描述	1．准备工作—2．查阅电路图—3．确认点火线圈安装位置—4．辨认点火线圈针脚信息—5．测试点火线圈—**6．记录测量数据**—7．分析测量数据				
序　　号	实 施 步 骤		注 意 事 项		
1	记录测量数据。 **记录：**		记录清晰、准确。		
实施说明：					
实施的评价	班级		第　　组	组长签字	
	教师签字		日期		
	评语：				

5. 记录测量数据的检查单

学习场	检测点火系统				
学习情境十二	检测点火线圈				
学时	0.2 学时				
典型工作过程描述	1．准备工作—2．查阅电路图—3．确认点火线圈安装位置—4．辨认点火线圈针脚信息—5．测试点火线圈—**6．记录测量数据**—7．分析测量数据				
序　　号	检 查 项 目	检 查 标 准	学 生 自 查	教 师 检 查	
1	记录测量数据	记录清晰、准确			
检查的评价	班级		第　　组	组长签字	
	教师签字		日期		
	评语：				

6. 记录测量数据的评价单

学习场	检测点火系统
学习情境十二	检测点火线圈
学时	0.2 学时
典型工作过程描述	1．准备工作—2．查阅电路图—3．确认点火线圈安装位置—4．辨认点火线圈针脚信息—5．测试点火线圈—**6．记录测量数据**—7．分析测量数据

<table>
<tr><td>评 价 项 目</td><td>评价子项目</td><td colspan="2">学 生 自 评</td><td colspan="2">组 内 评 价</td><td>教 师 评 价</td></tr>
<tr><td>记录测量数据</td><td>记录是否清晰、准确</td><td colspan="2"></td><td colspan="2"></td><td></td></tr>
<tr><td rowspan="3">评价的评价</td><td>班级</td><td></td><td>第　　组</td><td>组长签字</td><td colspan="2"></td></tr>
<tr><td>教师签字</td><td></td><td>日期</td><td colspan="3"></td></tr>
<tr><td colspan="6">评语：</td></tr>
</table>

任务七　分析测量数据

1．分析测量数据的资讯单

学习场	检测点火系统
学习情境十二	检测点火线圈
学时	0.2 学时
典型工作过程描述	1．准备工作—2．查阅电路图—3．确认点火线圈安装位置—4．辨认点火线圈针脚信息—5．测试点火线圈—6．记录测量数据—7．**分析测量数据**
收集资讯的方式	线下书籍及线上资源相结合。
资讯描述	1．维修资料标准数据。 2．测量记录单。
对学生的要求	1．能熟练查阅维修手册。 2．能准确分析数据。 3．能养成 6S 规范作业习惯。
参考资料	《检修汽车发动机电控系统》配套微课。

2．分析测量数据的计划单

<table>
<tr><td>学习场</td><td colspan="5">检测点火系统</td></tr>
<tr><td>学习情境十二</td><td colspan="5">检测点火线圈</td></tr>
<tr><td>学时</td><td colspan="5">0.2 学时</td></tr>
<tr><td>典型工作过程描述</td><td colspan="5">1．准备工作—2．查阅电路图—3．确认点火线圈安装位置—4．辨认点火线圈针脚信息—5．测试点火线圈—6．记录测量数据—7．分析测量数据</td></tr>
<tr><td>计划制订的方式</td><td colspan="5">小组讨论。</td></tr>
<tr><td>序　　号</td><td colspan="3">工 作 步 骤</td><td colspan="2">注 意 事 项</td></tr>
<tr><td>1</td><td colspan="3">查阅维修手册。</td><td colspan="2">熟练查阅维修手册。</td></tr>
<tr><td>2</td><td colspan="3">对比测量数据。</td><td colspan="2">正确对比测量数据。</td></tr>
<tr><td>3</td><td colspan="3">分析测量数据。</td><td colspan="2">正确分析测量数据。</td></tr>
<tr><td rowspan="3">计划的评价</td><td>班级</td><td></td><td>第　　组</td><td>组长签字</td><td></td></tr>
<tr><td>教师签字</td><td></td><td>日期</td><td colspan="2"></td></tr>
<tr><td colspan="5">评语：</td></tr>
</table>

3．分析测量数据的决策单

学习场	检测点火系统				
学习情境十二	检测点火线圈				
学时	0.2 学时				
典型工作过程描述	1．准备工作—2．查阅电路图—3．确认点火线圈安装位置—4．辨认点火线圈针脚信息—5．测试点火线圈—6．记录测量数据—**7．分析测量数据**				
计 划 对 比					
序　　号	计划的可行性	计划的经济性	计划的可操作性	计划的实施难度	综 合 评 价
1					
2					
3					
决策的评价	班级		第　　组	组长签字	
	教师签字		日期		
	评语：				

4．分析测量数据的实施单

学习场	检测点火系统	
学习情境十二	检测点火线圈	
学时	0.2 学时	
典型工作过程描述	1．准备工作—2．查阅电路图—3．确认点火线圈安装位置—4．辨认点火线圈针脚信息—5．测试点火线圈—6．记录测量数据—**7．分析测量数据**	
序　　号	实 施 步 骤	注 意 事 项
1	查阅维修手册。 **记录：**	熟练查阅维修手册。
2	对比测量数据。 **记录：**	正确对比测量数据。
3	分析测量数据。 **记录：**	正确分析测量数据。
实施说明：		

实施的评价	班级		第　　组	组长签字	
	教师签字		日期		
	评语：				

5．分析测量数据的检查单

<table>
<tr><td>学习场</td><td colspan="5">检测点火系统</td></tr>
<tr><td>学习情境十二</td><td colspan="5">检测点火线圈</td></tr>
<tr><td>学时</td><td colspan="5">0.2 学时</td></tr>
<tr><td>典型工作过程描述</td><td colspan="5">1．准备工作—2．查阅电路图—3．确认点火线圈安装位置—4．辨认点火线圈针脚信息—5．测试点火线圈—6．记录测量数据—7．分析测量数据</td></tr>
<tr><td>序　　号</td><td>检 查 项 目</td><td>检 查 标 准</td><td colspan="2">学 生 自 查</td><td>教 师 检 查</td></tr>
<tr><td>1</td><td>查阅维修手册</td><td>熟练查阅维修手册</td><td colspan="2"></td><td></td></tr>
<tr><td>2</td><td>对比测量数据</td><td>正确对比测量数据</td><td colspan="2"></td><td></td></tr>
<tr><td>3</td><td>分析测量数据</td><td>正确分析测量数据</td><td colspan="2"></td><td></td></tr>
<tr><td rowspan="3">检查的评价</td><td>班级</td><td></td><td>第　　组</td><td>组长签字</td><td></td></tr>
<tr><td>教师签字</td><td></td><td>日期</td><td colspan="2"></td></tr>
<tr><td colspan="5">评语：</td></tr>
</table>

6．分析测量数据的评价单

<table>
<tr><td>学习场</td><td colspan="5">检测点火系统</td></tr>
<tr><td>学习情境十二</td><td colspan="5">检测点火线圈</td></tr>
<tr><td>学时</td><td colspan="5">0.2 学时</td></tr>
<tr><td>典型工作过程描述</td><td colspan="5">1．准备工作—2．查阅电路图—3．确认点火线圈安装位置—4．辨认点火线圈针脚信息—5．测试点火线圈—6．记录测量数据—7．分析测量数据</td></tr>
<tr><td>评 价 项 目</td><td>评价子项目</td><td>学 生 自 评</td><td colspan="2">组 内 评 价</td><td>教 师 评 价</td></tr>
<tr><td>查阅维修手册</td><td>查阅是否熟练</td><td></td><td colspan="2"></td><td></td></tr>
<tr><td>对比测量数据</td><td>对比测量数据是否正确</td><td></td><td colspan="2"></td><td></td></tr>
<tr><td>分析测量数据</td><td>分析测量数据是否正确</td><td></td><td colspan="2"></td><td></td></tr>
<tr><td rowspan="3">评价的评价</td><td>班级</td><td></td><td>第　　组</td><td>组长签字</td><td></td></tr>
<tr><td>教师签字</td><td></td><td>日期</td><td colspan="2"></td></tr>
<tr><td colspan="5">评语：</td></tr>
</table>

学习情境十三　检测爆震传感器

任务一　检测爆震传感器的准备工作

1．检测爆震传感器准备工作的资讯单

学习场	检测点火系统
学习情境十三	检测爆震传感器
学时	3 学时
典型工作过程描述	**1．准备工作**—2．查阅电路图—3．确认爆震传感器安装位置—4．辨认爆震传感器针脚信息—5．测试爆震传感器—6．记录测量数据—7．分析测量数据
收集资讯的方式	线下书籍及线上资源相结合。
资讯描述	1．爆震传感器的作用。 爆震传感器安装在发动机气缸体侧面，用于检测发动机异常燃烧而产生的破坏性爆燃。当发动机将要产生爆燃时，爆震传感器能检测到发动机气缸体传来的加速振动，并把这种振动转变成电信号传送给 ECU。ECU 按程序推迟点火提前角，从而使发动机脱离爆燃区，以避免发动机受损从而影响使用寿命。 2．爆震传感器的工作原理。 压电式爆震传感器的工作原理是压电效应，即某些压电晶体（如石英等）在受到压力或机械振动之后能够产生电荷。压电式爆震传感器螺纹旋入气缸壁的主要元件是一个压电陶瓷晶体片，螺钉使一个惯性配重块压紧压电陶瓷晶体片而产生预加载荷。爆燃将要发生时，爆燃压力波通过惯性配重块使压电陶瓷晶体片压缩变形，产生电信号。这个电信号被发送给 ECU，ECU 接收电信号后推迟点火提前角，消除爆燃。
对学生的要求	1．掌握爆震传感器的作用。 2．掌握爆震传感器的组成。 3．掌握爆震传感器的工作原理。 4．具有自我探究和信息检索的能力。
参考资料	《检修汽车发动机电控系统》配套微课。

2．检测爆震传感器准备工作的计划单

学习场	检测点火系统
学习情境十三	检测爆震传感器
学时	0.1 学时
典型工作过程描述	**1．准备工作**—2．查阅电路图—3．确认爆震传感器安装位置—4．辨认爆震传感器针脚信息—5．测试爆震传感器—6．记录测量数据—7．分析测量数据
计划制订的方式	小组讨论。

<table>
<tr><th>序　　号</th><th colspan="4">工 作 步 骤</th><th colspan="2">注 意 事 项</th></tr>
<tr><td>1</td><td colspan="4">爆震传感器的作用。</td><td colspan="2">分析概括全面。</td></tr>
<tr><td>2</td><td colspan="4">爆震传感器的组成。</td><td colspan="2">描述清晰、完整。</td></tr>
<tr><td>3</td><td colspan="4">爆震传感器的工作原理。</td><td colspan="2">重点掌握爆震控制和点火的关系。</td></tr>
<tr><td rowspan="3">计划的评价</td><td>班级</td><td></td><td>第　　组</td><td>组长签字</td><td colspan="2"></td></tr>
<tr><td>教师签字</td><td></td><td>日期</td><td colspan="3"></td></tr>
<tr><td colspan="6">评语：</td></tr>
</table>

3. 检测爆震传感器准备工作的决策单

<table>
<tr><td>学习场</td><td colspan="6">检测点火系统</td></tr>
<tr><td>学习情境十三</td><td colspan="6">检测爆震传感器</td></tr>
<tr><td>学时</td><td colspan="6">0.1 学时</td></tr>
<tr><td>典型工作过程描述</td><td colspan="6">1．准备工作—2．查阅电路图—3．确认爆震传感器安装位置—4．辨认爆震传感器针脚信息—5．测试爆震传感器—6．记录测量数据—7．分析测量数据</td></tr>
<tr><td colspan="7">计 划 对 比</td></tr>
<tr><td>序　　号</td><td>计划的可行性</td><td>计划的经济性</td><td>计划的可操作性</td><td colspan="2">计划的实施难度</td><td>综 合 评 价</td></tr>
<tr><td>1</td><td></td><td></td><td></td><td colspan="2"></td><td></td></tr>
<tr><td>2</td><td></td><td></td><td></td><td colspan="2"></td><td></td></tr>
<tr><td>3</td><td></td><td></td><td></td><td colspan="2"></td><td></td></tr>
<tr><td rowspan="3">决策的评价</td><td>班级</td><td></td><td>第　　组</td><td>组长签字</td><td colspan="2"></td></tr>
<tr><td>教师签字</td><td></td><td>日期</td><td colspan="3"></td></tr>
<tr><td colspan="6">评语：</td></tr>
</table>

4. 检测爆震传感器准备工作的实施单

学习场	检测点火系统
学习情境十三	检测爆震传感器
学时	0.1 学时
典型工作过程描述	1．准备工作—2．查阅电路图—3．确认爆震传感器安装位置—4．辨认爆震传感器针脚信息—5．测试爆震传感器—6．记录测量数据—7．分析测量数据

<table>
<tr><th>序　　号</th><th>实 施 步 骤</th><th colspan="4">注 意 事 项</th></tr>
<tr><td>1</td><td>爆震传感器的作用。
记录：</td><td colspan="4">分析概括全面。</td></tr>
<tr><td>2</td><td>爆震传感器的组成。
记录：</td><td colspan="4">描述清晰、完整。</td></tr>
<tr><td>3</td><td>爆震传感器的工作原理。
记录：</td><td colspan="4">重点掌握爆震控制和点火的关系。</td></tr>
<tr><td colspan="6">实施说明：</td></tr>
<tr><td rowspan="3">实施的评价</td><td>班级</td><td></td><td>第　　组</td><td>组长签字</td><td></td></tr>
<tr><td>教师签字</td><td></td><td>日期</td><td colspan="2"></td></tr>
<tr><td colspan="5">评语：</td></tr>
</table>

5. 检测爆震传感器准备工作的检查单

<table>
<tr><td>学习场</td><td colspan="5">检测点火系统</td></tr>
<tr><td>学习情境十三</td><td colspan="5">检测爆震传感器</td></tr>
<tr><td>学时</td><td colspan="5">0.1 学时</td></tr>
<tr><td>典型工作过程描述</td><td colspan="5">1．准备工作—2．查阅电路图—3．确认爆震传感器安装位置—4．辨认爆震传感器针脚信息—5．测试爆震传感器—6．记录测量数据—7．分析测量数据</td></tr>
<tr><td>序　　号</td><td>检 查 项 目</td><td>检 查 标 准</td><td colspan="2">学 生 自 查</td><td>教 师 检 查</td></tr>
<tr><td>1</td><td>爆震传感器的作用</td><td>分析概括全面</td><td colspan="2"></td><td></td></tr>
<tr><td>2</td><td>爆震传感器的组成</td><td>描述清晰、完整</td><td colspan="2"></td><td></td></tr>
<tr><td>3</td><td>爆震传感器的工作原理</td><td>重点突出</td><td colspan="2"></td><td></td></tr>
<tr><td rowspan="3">检查的评价</td><td>班级</td><td></td><td>第　　组</td><td>组长签字</td><td></td></tr>
<tr><td>教师签字</td><td></td><td>日期</td><td colspan="2"></td></tr>
<tr><td colspan="5">评语：</td></tr>
</table>

6. 检测爆震传感器准备工作的评价单

<table>
<tr><td>学习场</td><td colspan="5">检测点火系统</td></tr>
<tr><td>学习情境十三</td><td colspan="5">检测爆震传感器</td></tr>
<tr><td>学时</td><td colspan="5">0.1 学时</td></tr>
<tr><td>典型工作过程描述</td><td colspan="5">1．准备工作—2．查阅电路图—3．确认爆震传感器安装位置—4．辨认爆震传感器针脚信息—5．测试爆震传感器—6．记录测量数据—7．分析测量数据</td></tr>
<tr><td>评 价 项 目</td><td colspan="2">评价子项目</td><td>学 生 自 评</td><td>组 内 评 价</td><td>教 师 评 价</td></tr>
<tr><td>爆震传感器的作用</td><td colspan="2">分析概括是否全面</td><td></td><td></td><td></td></tr>
<tr><td>爆震传感器的组成</td><td colspan="2">描述是否清晰、完整</td><td></td><td></td><td></td></tr>
<tr><td>爆震传感器的工作原理</td><td colspan="2">重点是否突出</td><td></td><td></td><td></td></tr>
<tr><td rowspan="3">评价的评价</td><td>班级</td><td></td><td>第　　组</td><td>组长签字</td><td></td></tr>
<tr><td>教师签字</td><td></td><td>日期</td><td colspan="2"></td></tr>
<tr><td colspan="5">评语：</td></tr>
</table>

任务二　查阅电路图

1. 查阅电路图的资讯单

<table>
<tr><td>学习场</td><td>检测点火系统</td></tr>
<tr><td>学习情境十三</td><td>检测爆震传感器</td></tr>
<tr><td>学时</td><td>0.1 学时</td></tr>
<tr><td>典型工作过程描述</td><td>1．准备工作—2．查阅电路图—3．确认爆震传感器安装位置—4．辨认爆震传感器针脚信息—5．测试爆震传感器—6．记录测量数据—7．分析测量数据</td></tr>
<tr><td>收集资讯的方式</td><td>线下书籍及线上资源相结合。</td></tr>
<tr><td>资讯描述</td><td>1．确认车型信息。
2．获取该车型电路图。</td></tr>
<tr><td>对学生的要求</td><td>1．能正确记录车型信息。
2．能确认车型信息。
3．能正确查阅电路图。
4．能正确识读电路图。
5．具有团队意识、工匠精神和职业精神。</td></tr>
<tr><td>参考资料</td><td>《检修汽车发动机电控系统》配套微课。</td></tr>
</table>

2. 查阅电路图的计划单

<table>
<tr><td>学习场</td><td colspan="5">检测点火系统</td></tr>
<tr><td>学习情境十三</td><td colspan="5">检测爆震传感器</td></tr>
<tr><td>学时</td><td colspan="5">0.1 学时</td></tr>
<tr><td>典型工作过程描述</td><td colspan="5">1．准备工作—2．查阅电路图—3．确认爆震传感器安装位置—4．辨认爆震传感器针脚信息—5．测试爆震传感器—6．记录测量数据—7．分析测量数据</td></tr>
<tr><td>计划制订的方式</td><td colspan="5">小组讨论。</td></tr>
<tr><td>序　号</td><td colspan="2">工 作 步 骤</td><td colspan="3">注 意 事 项</td></tr>
<tr><td>1</td><td colspan="2">确认车型信息。</td><td colspan="3">核查车型信息准确。</td></tr>
<tr><td>2</td><td colspan="2">查阅爆震传感器电路图。</td><td colspan="3">查阅方法正确。</td></tr>
<tr><td>3</td><td colspan="2">拆画爆震传感器电路图。</td><td colspan="3">拆画电路图完整、准确。</td></tr>
<tr><td rowspan="3">计划的评价</td><td>班级</td><td></td><td>第　组</td><td>组长签字</td><td></td></tr>
<tr><td>教师签字</td><td></td><td>日期</td><td colspan="2"></td></tr>
<tr><td colspan="5">评语：</td></tr>
</table>

3. 查阅电路图的决策单

<table>
<tr><td>学习场</td><td colspan="6">检测点火系统</td></tr>
<tr><td>学习情境十三</td><td colspan="6">检测爆震传感器</td></tr>
<tr><td>学时</td><td colspan="6">0.1 学时</td></tr>
<tr><td>典型工作过程描述</td><td colspan="6">1．准备工作—2．查阅电路图—3．确认爆震传感器安装位置—4．辨认爆震传感器针脚信息—5．测试爆震传感器—6．记录测量数据—7．分析测量数据</td></tr>
<tr><td colspan="7">计 划 对 比</td></tr>
<tr><td>序　号</td><td>计划的可行性</td><td>计划的经济性</td><td>计划的可操作性</td><td colspan="2">计划的实施难度</td><td>综 合 评 价</td></tr>
<tr><td>1</td><td></td><td></td><td></td><td colspan="2"></td><td></td></tr>
<tr><td>2</td><td></td><td></td><td></td><td colspan="2"></td><td></td></tr>
<tr><td>3</td><td></td><td></td><td></td><td colspan="2"></td><td></td></tr>
<tr><td rowspan="3">决策的评价</td><td>班级</td><td></td><td>第　组</td><td>组长签字</td><td colspan="2"></td></tr>
<tr><td>教师签字</td><td></td><td>日期</td><td colspan="3"></td></tr>
<tr><td colspan="6">评语：</td></tr>
</table>

4. 查阅电路图的实施单

学习场	检测点火系统	
学习情境十三	检测爆震传感器	
学时	0.1 学时	
典型工作过程描述	1. 准备工作—**2. 查阅电路图**—3. 确认爆震传感器安装位置—4. 辨认爆震传感器针脚信息—5. 测试爆震传感器—6. 记录测量数据—7. 分析测量数据	
序　号	实 施 步 骤	注 意 事 项
1	确认车型信息。 **记录：**	核查车型信息准确。
2	查阅爆震传感器电路图。 **记录：**	查阅方法正确。
3	拆画爆震传感器电路图。 **记录：**	拆画电路图完整、准确。
实施说明：		

实施的评价	班级		第　组	组长签字	
	教师签字		日期		
	评语：				

5. 查阅电路图的检查单

学习场	检测点火系统			
学习情境十三	检测爆震传感器			
学时	0.1 学时			
典型工作过程描述	1. 准备工作—**2. 查阅电路图**—3. 确认爆震传感器安装位置—4. 辨认爆震传感器针脚信息—5. 测试爆震传感器—6. 记录测量数据—7. 分析测量数据			
序　号	检 查 项 目	检 查 标 准	学 生 自 查	教 师 检 查
1	确认车型信息	核查车型信息准确		
2	查阅爆震传感器电路图	查阅方法正确		
3	拆画爆震传感器电路图	拆画电路图完整、准确		

检查的评价	班级		第　组	组长签字	
	教师签字		日期		
	评语：				

6. 查阅电路图的评价单

<table>
<tr><td>学习场</td><td colspan="5">检测点火系统</td></tr>
<tr><td>学习情境十三</td><td colspan="5">检测爆震传感器</td></tr>
<tr><td>学时</td><td colspan="5">0.1 学时</td></tr>
<tr><td>典型工作过程描述</td><td colspan="5">1．准备工作—2．查阅电路图—3．确认爆震传感器安装位置—4．辨认爆震传感器针脚信息—5．测试爆震传感器—6．记录测量数据—7．分析测量数据</td></tr>
<tr><td colspan="2">评 价 项 目</td><td>评价子项目</td><td>学 生 自 评</td><td>组 内 评 价</td><td>教 师 评 价</td></tr>
<tr><td colspan="2">确认车型信息</td><td>核查车型信息是否准确</td><td></td><td></td><td></td></tr>
<tr><td colspan="2">查阅爆震传感器电路图</td><td>查阅方法是否正确</td><td></td><td></td><td></td></tr>
<tr><td colspan="2">拆画爆震传感器电路图</td><td>拆画电路图是否完整、准确</td><td></td><td></td><td></td></tr>
<tr><td rowspan="3">评价的评价</td><td>班级</td><td></td><td>第　　组</td><td>组长签字</td><td></td></tr>
<tr><td>教师签字</td><td></td><td>日期</td><td colspan="2"></td></tr>
<tr><td colspan="5">评语：</td></tr>
</table>

任务三　确认爆震传感器安装位置

1. 确认爆震传感器安装位置的资讯单

<table>
<tr><td>学习场</td><td>检测点火系统</td></tr>
<tr><td>学习情境十三</td><td>检测爆震传感器</td></tr>
<tr><td>学时</td><td>0.2 学时</td></tr>
<tr><td>典型工作过程描述</td><td>1．准备工作—2．查阅电路图—3．确认爆震传感器安装位置—4．辨认爆震传感器针脚信息—5．测试爆震传感器—6．记录测量数据—7．分析测量数据</td></tr>
<tr><td>收集资讯的方式</td><td>线下资料及线上资源相结合。</td></tr>
<tr><td>资讯描述</td><td>1．车型的基本信息。
2．车型电路图及维修手册。</td></tr>
<tr><td>对学生的要求</td><td>1．能确认爆震传感器的安装位置。
2．能养成 6S 规范作业习惯。
3．具有团队意识、工匠精神和职业精神。</td></tr>
<tr><td>参考资料</td><td>《检修汽车发动机电控系统》配套微课。</td></tr>
</table>

2. 确认爆震传感器安装位置的计划单

<table>
<tr><td>学习场</td><td>检测点火系统</td></tr>
<tr><td>学习情境十三</td><td>检测爆震传感器</td></tr>
<tr><td>学时</td><td>0.2 学时</td></tr>
<tr><td>典型工作过程描述</td><td>1．准备工作—2．查阅电路图—3．确认爆震传感器安装位置—4．辨认爆震传感器针脚信息—5．测试爆震传感器—6．记录测量数据—7．分析测量数据</td></tr>
</table>

<table>
<tr><td>计划制订的方式</td><td colspan="4">小组讨论。</td></tr>
<tr><td>序　号</td><td colspan="2">工 作 步 骤</td><td colspan="2">注 意 事 项</td></tr>
<tr><td>1</td><td colspan="2">确认车型信息。</td><td colspan="2">核查车型信息准确。</td></tr>
<tr><td>2</td><td colspan="2">查阅维修手册。</td><td colspan="2">熟练查阅维修手册。</td></tr>
<tr><td>3</td><td colspan="2">确认爆震传感器安装位置。</td><td colspan="2">正确指认爆震传感器安装位置。</td></tr>
<tr><td rowspan="3">计划的评价</td><td>班级</td><td></td><td>第　组</td><td>组长签字</td></tr>
<tr><td>教师签字</td><td></td><td>日期</td><td></td></tr>
<tr><td colspan="4">评语：</td></tr>
</table>

3．确认爆震传感器安装位置的决策单

<table>
<tr><td>学习场</td><td colspan="5">检测点火系统</td></tr>
<tr><td>学习情境十三</td><td colspan="5">检测爆震传感器</td></tr>
<tr><td>学时</td><td colspan="5">0.2 学时</td></tr>
<tr><td>典型工作过程描述</td><td colspan="5">1．准备工作—2．查阅电路图—3．确认爆震传感器安装位置—4．辨认爆震传感器针脚信息—5．测试爆震传感器—6．记录测量数据—7．分析测量数据</td></tr>
<tr><td colspan="6">计 划 对 比</td></tr>
<tr><td>序　号</td><td>计划的可行性</td><td>计划的经济性</td><td>计划的可操作性</td><td>计划的实施难度</td><td>综 合 评 价</td></tr>
<tr><td>1</td><td></td><td></td><td></td><td></td><td></td></tr>
<tr><td>2</td><td></td><td></td><td></td><td></td><td></td></tr>
<tr><td>3</td><td></td><td></td><td></td><td></td><td></td></tr>
<tr><td rowspan="3">决策的评价</td><td>班级</td><td></td><td>第　组</td><td>组长签字</td><td></td></tr>
<tr><td>教师签字</td><td></td><td>日期</td><td colspan="2"></td></tr>
<tr><td colspan="5">评语：</td></tr>
</table>

4．确认爆震传感器安装位置的实施单

学习场	检测点火系统
学习情境十三	检测爆震传感器
学时	0.2 学时
典型工作过程描述	1．准备工作—2．查阅电路图—**3．确认爆震传感器安装位置**—4．辨认爆震传感器针脚信息—5．测试爆震传感器—6．记录测量数据—7．分析测量数据

序　　号	实 施 步 骤	注 意 事 项
1	确认车型信息。 **记录：**	核查车型信息准确。
2	查阅维修手册。 **记录：**	熟练查询维修手册。
3	确认爆震传感器安装位置。 **记录：**	正确指认爆震传感器安装位置。
实施说明：		

实施的评价	班级		第　　组	组长签字	
	教师签字		日期		
	评语：				

5. 确认爆震传感器安装位置的检查单

学习场	检测点火系统			
学习情境十三	检测爆震传感器			
学时	0.2 学时			
典型工作过程描述	1．准备工作—2．查阅电路图—**3．确认爆震传感器安装位置**—4．辨认爆震传感器针脚信息—5．测试爆震传感器—6．记录测量数据—7．分析测量数据			
序　　号	检 查 项 目	检 查 标 准	学 生 自 查	教 师 检 查
1	确认车型信息	核查车型信息准确		
2	查阅维修手册	查阅维修手册		
3	确认爆震传感器安装位置	正确指认爆震传感器安装位置		

检查的评价	班级		第　　组	组长签字	
	教师签字		日期		
	评语：				

6. 确认爆震传感器安装位置的评价单

学习场	检测点火系统
学习情境十三	检测爆震传感器
学时	0.2 学时
典型工作过程描述	1．准备工作—2．查阅电路图—**3．确认爆震传感器安装位置**—4．辨认爆震传感器针脚信息—5．测试爆震传感器—6．记录测量数据—7．分析测量数据

<table>
<tr><th colspan="2">评 价 项 目</th><th colspan="2">评价子项目</th><th>学 生 自 评</th><th>组 内 评 价</th><th>教 师 评 价</th></tr>
<tr><td colspan="2">确认车型信息</td><td colspan="2">核查车型信息是否准确</td><td></td><td></td><td></td></tr>
<tr><td colspan="2">查阅维修手册</td><td colspan="2">查阅是否熟练</td><td></td><td></td><td></td></tr>
<tr><td colspan="2">确认爆震传感器安装位置</td><td colspan="2">是否正确指认爆震传感器安装位置</td><td></td><td></td><td></td></tr>
<tr><td rowspan="3">评价的评价</td><td>班级</td><td colspan="2"></td><td>第　　组</td><td>组长签字</td><td></td></tr>
<tr><td>教师签字</td><td colspan="2"></td><td>日期</td><td colspan="2"></td></tr>
<tr><td colspan="6">评语：</td></tr>
</table>

任务四　辨认爆震传感器针脚信息

1. 辨认爆震传感器针脚信息的资讯单

学习场	检测点火系统
学习情境十三	检测爆震传感器
学时	0.2 学时
典型工作过程描述	1．准备工作—2．查阅电路图—3．确认爆震传感器安装位置—**4．辨认爆震传感器针脚信息**—5．测试爆震传感器—6．记录测量数据—7．分析测量数据
收集资讯的方式	线下书籍及线上资源相结合。
资讯描述	1．维修手册与电路图。 2．爆震传感器针脚信息。
对学生的要求	1．能熟练查阅维修手册。 2．测量方法正确。 3．能养成 6S 规范作业习惯。
参考资料	《检修汽车发动机电控系统》配套微课。

2. 辨认爆震传感器针脚信息的计划单

<table>
<tr><td>学习场</td><td colspan="2">检测点火系统</td></tr>
<tr><td>学习情境十三</td><td colspan="2">检测爆震传感器</td></tr>
<tr><td>学时</td><td colspan="2">0.2 学时</td></tr>
<tr><td>典型工作过程描述</td><td colspan="2">1．准备工作—2．查阅电路图—3．确认爆震传感器安装位置—4．辨认爆震传感器针脚信息—5．测试爆震传感器—6．记录测量数据—7．分析测量数据</td></tr>
<tr><td>计划制订的方式</td><td colspan="2">小组讨论。</td></tr>
<tr><td>序　　号</td><td>工 作 步 骤</td><td>注 意 事 项</td></tr>
<tr><td>1</td><td>查阅维修手册。</td><td>熟练查阅维修手册。</td></tr>
<tr><td>2</td><td>拔下爆震传感器。</td><td>注意周围线路。</td></tr>
<tr><td>3</td><td>辨认爆震传感器针脚信息。</td><td>注意起止编号位置和线束颜色。</td></tr>
</table>

<table>
<tr><td rowspan="3">计划的评价</td><td>班级</td><td></td><td>第　　组</td><td>组长签字</td><td></td></tr>
<tr><td>教师签字</td><td></td><td>日期</td><td colspan="2"></td></tr>
<tr><td colspan="5">评语：</td></tr>
</table>

3．辨认爆震传感器针脚信息的决策单

<table>
<tr><td>学习场</td><td colspan="5">检测点火系统</td></tr>
<tr><td>学习情境十三</td><td colspan="5">检测爆震传感器</td></tr>
<tr><td>学时</td><td colspan="5">0.2 学时</td></tr>
<tr><td>典型工作过程描述</td><td colspan="5">1．准备工作—2．查阅电路图—3．确认爆震传感器安装位置—4．辨认爆震传感器针脚信息—5．测试爆震传感器—6．记录测量数据—7．分析测量数据</td></tr>
<tr><td colspan="6">计 划 对 比</td></tr>
<tr><td>序　　号</td><td>计划的可行性</td><td>计划的经济性</td><td>计划的可操作性</td><td>计划的实施难度</td><td>综 合 评 价</td></tr>
<tr><td>1</td><td></td><td></td><td></td><td></td><td></td></tr>
<tr><td>2</td><td></td><td></td><td></td><td></td><td></td></tr>
<tr><td>3</td><td></td><td></td><td></td><td></td><td></td></tr>
</table>

<table>
<tr><td rowspan="3">决策的评价</td><td>班级</td><td></td><td>第　　组</td><td>组长签字</td><td></td></tr>
<tr><td>教师签字</td><td></td><td>日期</td><td colspan="2"></td></tr>
<tr><td colspan="5">评语：</td></tr>
</table>

4．辨认爆震传感器针脚信息的实施单

<table>
<tr><td>学习场</td><td colspan="2">检测点火系统</td></tr>
<tr><td>学习情境十三</td><td colspan="2">检测爆震传感器</td></tr>
<tr><td>学时</td><td colspan="2">0.2 学时</td></tr>
<tr><td>典型工作过程描述</td><td colspan="2">1．准备工作—2．查阅电路图—3．确认爆震传感器安装位置—4．辨认爆震传感器针脚信息—5．测试爆震传感器—6．记录测量数据—7．分析测量数据</td></tr>
<tr><td>序　　号</td><td>实 施 步 骤</td><td>注 意 事 项</td></tr>
<tr><td>1</td><td>查阅维修手册。
记录：</td><td>熟练查阅维修手册。</td></tr>
<tr><td>2</td><td>拔下爆震传感器。
记录：</td><td>注意周围线路。</td></tr>
<tr><td>3</td><td>辨认爆震传感器针脚信息。
记录：</td><td>注意起止编号位置和线束颜色。</td></tr>
</table>

<table>
<tr><td colspan="6">实施说明：</td></tr>
<tr><td rowspan="3">实施的评价</td><td>班级</td><td></td><td>第　　组</td><td>组长签字</td><td></td></tr>
<tr><td>教师签字</td><td></td><td>日期</td><td colspan="2"></td></tr>
<tr><td colspan="5">评语：</td></tr>
</table>

5. 辨认爆震传感器针脚信息的检查单

<table>
<tr><td>学习场</td><td colspan="5">检测点火系统</td></tr>
<tr><td>学习情境十三</td><td colspan="5">检测爆震传感器</td></tr>
<tr><td>学时</td><td colspan="5">0.2 学时</td></tr>
<tr><td>典型工作过程描述</td><td colspan="5">1．准备工作—2．查阅电路图—3．确认爆震传感器安装位置—4．辨认爆震传感器针脚信息—5．测试爆震传感器—6．记录测量数据—7．分析测量数据</td></tr>
<tr><td>序　　号</td><td colspan="2">检 查 项 目</td><td>检 查 标 准</td><td>学 生 自 查</td><td>教 师 检 查</td></tr>
<tr><td>1</td><td colspan="2">查阅维修手册</td><td>熟练查阅维修手册</td><td></td><td></td></tr>
<tr><td>2</td><td colspan="2">拔下爆震传感器</td><td>操作正确，周围线路无损坏</td><td></td><td></td></tr>
<tr><td>3</td><td colspan="2">辨认爆震传感器针脚信息</td><td>爆震传感器针脚信息准确</td><td></td><td></td></tr>
<tr><td rowspan="3">检查的评价</td><td>班级</td><td></td><td>第　　组</td><td>组长签字</td><td></td></tr>
<tr><td>教师签字</td><td></td><td>日期</td><td colspan="2"></td></tr>
<tr><td colspan="5">评语：</td></tr>
</table>

6. 辨认爆震传感器针脚信息的评价单

<table>
<tr><td>学习场</td><td colspan="5">检测点火系统</td></tr>
<tr><td>学习情境十三</td><td colspan="5">检测爆震传感器</td></tr>
<tr><td>学时</td><td colspan="5">0.2 学时</td></tr>
<tr><td>典型工作过程描述</td><td colspan="5">1．准备工作—2．查阅电路图—3．确认爆震传感器安装位置—4．辨认爆震传感器针脚信息—5．测试爆震传感器—6．记录测量数据—7．分析测量数据</td></tr>
<tr><td>评 价 项 目</td><td colspan="2">评价子项目</td><td>学 生 自 评</td><td>组 内 评 价</td><td>教 师 评 价</td></tr>
<tr><td>查阅维修手册</td><td colspan="2">查阅是否熟练</td><td></td><td></td><td></td></tr>
<tr><td>拔下爆震传感器</td><td colspan="2">操作是否正确，周围线路是否无损坏</td><td></td><td></td><td></td></tr>
<tr><td>辨认爆震传感器针脚信息</td><td colspan="2">爆震传感器针脚信息是否准确</td><td></td><td></td><td></td></tr>
<tr><td rowspan="3">评价的评价</td><td>班级</td><td></td><td>第　　组</td><td>组长签字</td><td></td></tr>
<tr><td>教师签字</td><td></td><td>日期</td><td colspan="2"></td></tr>
<tr><td colspan="5">评语：</td></tr>
</table>

任务五　测试爆震传感器

1．测试爆震传感器的资讯单

学习场	检测点火系统
学习情境十三	检测爆震传感器
学时	0.2 学时
典型工作过程描述	1．准备工作—2．查阅电路图—3．确认爆震传感器安装位置—4．辨认爆震传感器针脚信息—**5．测试爆震传感器**—6．记录测量数据—7．分析测量数据
收集资讯的方式	线下书籍及线上资源相结合。
资讯描述	1．维修手册。 2．爆震传感器针脚信息。 3．爆震传感器绝缘电阻值。
对学生的要求	1．能熟练查阅维修手册。 2．能掌握检测爆震传感器的操作规范。 3．能正确使用测量仪表。
参考资料	《汽车检修发动机电控系统》配套微课。

2．测试爆震传感器的计划单

<table>
<tr><td>学习场</td><td colspan="6">检测点火系统</td></tr>
<tr><td>学习情境十三</td><td colspan="6">检测爆震传感器</td></tr>
<tr><td>学时</td><td colspan="6">0.2 学时</td></tr>
<tr><td>典型工作过程描述</td><td colspan="6">1．准备工作—2．查阅电路图—3．确认爆震传感器安装位置—4．辨认爆震传感器针脚信息—5．测试爆震传感器—6．记录测量数据—7．分析测量数据</td></tr>
<tr><td>计划制订的方式</td><td colspan="6">小组讨论。</td></tr>
<tr><td>序　　号</td><td colspan="3">工 作 步 骤</td><td colspan="3">注 意 事 项</td></tr>
<tr><td>1</td><td colspan="3">查阅维修手册。</td><td colspan="3">熟练查阅维修手册。</td></tr>
<tr><td>2</td><td colspan="3">测试爆震传感器绝缘电阻。</td><td colspan="3">注意检测端子。</td></tr>
<tr><td rowspan="3">计划的评价</td><td>班级</td><td></td><td>第　　组</td><td></td><td>组长签字</td><td></td></tr>
<tr><td>教师签字</td><td></td><td>日期</td><td colspan="3"></td></tr>
<tr><td colspan="6">评语：</td></tr>
</table>

3．测试爆震传感器的决策单

学习场	检测点火系统
学习情境十三	检测爆震传感器
学时	0.2 学时
典型工作过程描述	1．准备工作—2．查阅电路图—3．确认爆震传感器安装位置—4．辨认爆震传感器针脚信息—**5．测试爆震传感器**—6．记录测量数据—7．分析测量数据

计划对比					
序号	计划的可行性	计划的经济性	计划的可操作性	计划的实施难度	综合评价
1					
2					
3					
决策的评价	班级		第　组	组长签字	
	教师签字		日期		
	评语：				

4．测试爆震传感器的实施单

学习场	检测点火系统	
学习情境十三	检测爆震传感器	
学时	0.2 学时	
典型工作过程描述	1．准备工作—2．查阅电路图—3．确认爆震传感器安装位置—4．辨认爆震传感器针脚信息—**5．测试爆震传感器**—6．记录测量数据—7．分析测量数据	
序号	实施步骤	注意事项
1	查阅维修手册。 **记录：**	熟练查阅维修手册。
2	测试爆震传感器绝缘电阻。 **记录：**	注意检测端子。
实施说明：		

实施的评价	班级		第　组	组长签字	
	教师签字		日期		
	评语：				

5．测试爆震传感器的检查单

学习场	检测点火系统
学习情境十三	检测爆震传感器
学时	0.2 学时

典型工作过程描述	1．准备工作—2．查阅电路图—3．确认爆震传感器安装位置—4．辨认爆震传感器针脚信息—**5．测试爆震传感器**—6．记录测量数据—7．分析测量数据				
序　　号	检 查 项 目		检 查 标 准	学 生 自 查	教 师 检 查
1	查阅维修手册		熟练查阅维修手册		
2	测试爆震传感器绝缘电阻		测试方法正确		
检查的评价	班级		第　　组	组长签字	
	教师签字		日期		
	评语：				

6．测试爆震传感器的评价单

学习场	检测点火系统					
学习情境十三	检测爆震传感器					
学时	0.2 学时					
典型工作过程描述	1．准备工作—2．查阅电路图—3．确认爆震传感器安装位置—4．辨认爆震传感器针脚信息—**5．测试爆震传感器**—6．记录测量数据—7．分析测量数据					
评 价 项 目		评价子项目		学 生 自 评	组 内 评 价	教 师 评 价
查阅维修手册		查阅是否熟练				
测试爆震传感器绝缘电阻		测试方法是否正确				
评价的评价	班级			第　　组	组长签字	
	教师签字			日期		
	评语：					

任务六　记录测量数据

1．记录测量数据的资讯单

学习场	检测点火系统
学习情境十三	检测爆震传感器
学时	0.2 学时
典型工作过程描述	1．准备工作—2．查阅电路图—3．确认爆震传感器安装位置—4．辨认爆震传感器针脚信息—5．测试爆震传感器—**6．记录测量数据**—7．分析测量数据
收集资讯的方式	线下书籍及线上资源相结合。
资讯描述	1．查阅维修手册。 2．查阅电路图。 3．记录测量数据。

对学生的要求	1．能准确记录数据。 2．能养成6S规范作业习惯。
参考资料	《检修汽车发动机电控系统》配套微课。

2．记录测量数据的计划单

学习场	检测点火系统				
学习情境十三	检测爆震传感器				
学时	0.2学时				
典型工作过程描述	1．准备工作—2．查阅电路图—3．确认爆震传感器安装位置—4．辨认爆震传感器针脚信息—5．测试爆震传感器—**6．记录测量数据**—7．分析测量数据				
计划制订的方式	小组讨论。				
序　　号	工 作 步 骤		注 意 事 项		
1	记录测量数据。		记录清晰、准确。		
计划的评价	班级		第　　组	组长签字	
	教师签字		日期		
	评语：				

3．记录测量数据的决策单

学习场	检测点火系统				
学习情境十三	检测爆震传感器				
学时	0.2学时				
典型工作过程描述	1．准备工作—2．查阅电路图—3．确认爆震传感器安装位置—4．辨认爆震传感器针脚信息—5．测试爆震传感器—**6．记录测量数据**—7．分析测量数据				
计 划 对 比					
序　　号	计划的可行性	计划的经济性	计划的可操作性	计划的实施难度	综 合 评 价
1					
2					
3					
决策的评价	班级		第　　组	组长签字	
	教师签字		日期		
	评语：				

4．记录测量数据的实施单

<table>
<tr><td>学习场</td><td colspan="5">检测点火系统</td></tr>
<tr><td>学习情境十三</td><td colspan="5">检测爆震传感器</td></tr>
<tr><td>学时</td><td colspan="5">0.2 学时</td></tr>
<tr><td>典型工作过程描述</td><td colspan="5">1．准备工作—2．查阅电路图—3．确认爆震传感器安装位置—4．辨认爆震传感器针脚信息—5．测试爆震传感器—6．记录测量数据—7．分析测量数据</td></tr>
<tr><td>序　号</td><td colspan="2">实 施 步 骤</td><td colspan="3">注 意 事 项</td></tr>
<tr><td>1</td><td colspan="2">记录测量数据。
记录：</td><td colspan="3">记录清晰、准确。</td></tr>
<tr><td colspan="6">实施说明：</td></tr>
<tr><td rowspan="3">实施的评价</td><td>班级</td><td></td><td>第　　组</td><td>组长签字</td><td></td></tr>
<tr><td>教师签字</td><td></td><td>日期</td><td colspan="2"></td></tr>
<tr><td colspan="5">评语：</td></tr>
</table>

5．记录测量数据的检查单

<table>
<tr><td>学习场</td><td colspan="5">检测点火系统</td></tr>
<tr><td>学习情境十三</td><td colspan="5">检测爆震传感器</td></tr>
<tr><td>学时</td><td colspan="5">0.2 学时</td></tr>
<tr><td>典型工作过程描述</td><td colspan="5">1．准备工作—2．查阅电路图—3．确认爆震传感器安装位置—4．辨认爆震传感器针脚信息—5．测试爆震传感器—6．记录测量数据—7．分析测量数据</td></tr>
<tr><td>序　号</td><td>检查项目</td><td>检查标准</td><td>学生自查</td><td colspan="2">教师检查</td></tr>
<tr><td>1</td><td>记录测量数据</td><td>记录清晰、准确</td><td></td><td colspan="2"></td></tr>
<tr><td rowspan="3">检查的评价</td><td>班级</td><td></td><td>第　　组</td><td>组长签字</td><td></td></tr>
<tr><td>教师签字</td><td></td><td>日期</td><td colspan="2"></td></tr>
<tr><td colspan="5">评语：</td></tr>
</table>

6．记录测量数据的评价单

<table>
<tr><td>学习场</td><td colspan="6">检测点火系统</td></tr>
<tr><td>学习情境十三</td><td colspan="6">检测爆震传感器</td></tr>
<tr><td>学时</td><td colspan="6">0.2 学时</td></tr>
<tr><td>典型工作过程描述</td><td colspan="6">1．准备工作—2．查阅电路图—3．确认爆震传感器安装位置—4．辨认爆震传感器针脚信息—5．测试爆震传感器—6．记录测量数据—7．分析测量数据</td></tr>
<tr><td>评价项目</td><td colspan="2">评价子项目</td><td>学生自评</td><td>组内评价</td><td colspan="2">教师评价</td></tr>
<tr><td>记录测量数据</td><td colspan="2">记录是否清晰、准确</td><td></td><td></td><td colspan="2"></td></tr>
<tr><td rowspan="3">评价的评价</td><td>班级</td><td></td><td>第　　组</td><td>组长签字</td><td colspan="2"></td></tr>
<tr><td>教师签字</td><td></td><td>日期</td><td colspan="3"></td></tr>
<tr><td colspan="6">评语：</td></tr>
</table>

任务七　分析测量数据

1．分析测量数据的资讯单

学习场	检测点火系统
学习情境十三	检测爆震传感器
学时	0.2 学时
典型工作过程描述	1．准备工作—2．查阅电路图—3．确认爆震传感器安装位置—4．辨认爆震传感器针脚信息—5．测试爆震传感器—6．记录测量数据—**7．分析测量数据**
收集资讯的方式	线下书籍及线上资源相结合。
资讯描述	1．维修资料标准数据。 2．测量记录单。
对学生的要求	1．能熟练查阅维修手册。 2．能准确分析数据。 3．能养成 6S 规范作业习惯。
参考资料	《检修汽车发动机电控系统》配套微课。

2．分析测量数据的计划单

学习场	检测点火系统
学习情境十三	检测爆震传感器
学时	0.2 学时
典型工作过程描述	1．准备工作—2．查阅电路图—3．确认爆震传感器安装位置—4．辨认爆震传感器针脚信息—5．测试爆震传感器—6．记录测量数据—**7．分析测量数据**
计划制订的方式	小组讨论。

序　　号	工 作 步 骤	注 意 事 项
1	查阅维修手册。	熟练查阅维修手册。
2	对比测量数据。	正确对比测量数据。
3	分析测量数据。	正确分析测量数据。

计划的评价	班级		第　　组	组长签字	
	教师签字		日期		
	评语：				

3. 分析测量数据的决策单

学习场	检测点火系统				
学习情境十三	检测爆震传感器				
学时	0.2 学时				
典型工作过程描述	1．准备工作—2．查阅电路图—3．确认爆震传感器安装位置—4．辨认爆震传感器针脚信息—5．测试爆震传感器—6．记录测量数据—**7．分析测量数据**				
计 划 对 比					
序　　号	计划的可行性	计划的经济性	计划的可操作性	计划的实施难度	综 合 评 价
1					
2					
3					
决策的评价	班级		第　　组	组长签字	
	教师签字		日期		
	评语：				

4. 分析测量数据的实施单

学习场	检测点火系统	
学习情境十三	检测爆震传感器	
学时	0.2 学时	
典型工作过程描述	1．准备工作—2．查阅电路图—3．确认爆震传感器安装位置—4．辨认爆震传感器针脚信息—5．测试爆震传感器—6．记录测量数据—**7．分析测量数据**	
序　　号	实 施 步 骤	注 意 事 项
1	查阅维修手册。 **记录：**	熟练查阅维修手册。

<table>
<tr><td>2</td><td colspan="5">对比测量数据。
记录：</td><td colspan="2">正确对比测量数据。</td></tr>
<tr><td>3</td><td colspan="5">分析测量数据。
记录：</td><td colspan="2">正确分析测量数据。</td></tr>
<tr><td colspan="8">实施说明：</td></tr>
<tr><td rowspan="3">**实施的评价**</td><td>班级</td><td></td><td>第　　组</td><td>组长签字</td><td colspan="3"></td></tr>
<tr><td>教师签字</td><td></td><td>日期</td><td colspan="4"></td></tr>
<tr><td colspan="7">评语：</td></tr>
</table>

5. 分析测量数据的检查单

<table>
<tr><td>**学习场**</td><td colspan="5">检测点火系统</td></tr>
<tr><td>**学习情境十三**</td><td colspan="5">检测爆震传感器</td></tr>
<tr><td>**学时**</td><td colspan="5">0.2 学时</td></tr>
<tr><td>**典型工作过程描述**</td><td colspan="5">1．准备工作—2．查阅电路图—3．确认爆震传感器安装位置—4．辨认爆震传感器针脚信息—5．测试爆震传感器—6．记录测量数据—**7．分析测量数据**</td></tr>
<tr><td>**序　　号**</td><td>**检 查 项 目**</td><td colspan="2">**检 查 标 准**</td><td>**学 生 自 查**</td><td>**教 师 检 查**</td></tr>
<tr><td>1</td><td>查阅维修手册</td><td colspan="2">熟练查阅维修手册</td><td></td><td></td></tr>
<tr><td>2</td><td>对比测量数据</td><td colspan="2">正确对比测量数据</td><td></td><td></td></tr>
<tr><td>3</td><td>分析测量数据</td><td colspan="2">正确分析测量数据</td><td></td><td></td></tr>
<tr><td rowspan="3">**检查的评价**</td><td>班级</td><td></td><td>第　　组</td><td>组长签字</td><td></td></tr>
<tr><td>教师签字</td><td></td><td>日期</td><td colspan="2"></td></tr>
<tr><td colspan="5">评语：</td></tr>
</table>

6. 分析测量数据的评价单

学习场	检测点火系统
学习情境十三	检测爆震传感器
学时	0.2 学时
典型工作过程描述	1．准备工作—2．查阅电路图—3．确认爆震传感器安装位置—4．辨认爆震传感器针脚信息—5．测试爆震传感器—6．记录测量数据—**7．分析测量数据**

<table>
<tr><th>评 价 项 目</th><th colspan="2">评价子项目</th><th colspan="2">学 生 自 评</th><th colspan="2">组 内 评 价</th><th>教 师 评 价</th></tr>
<tr><td>查阅维修手册</td><td colspan="2">查阅是否熟练</td><td colspan="2"></td><td colspan="2"></td><td></td></tr>
<tr><td>对比测量数据</td><td colspan="2">对比测量数据是否正确</td><td colspan="2"></td><td colspan="2"></td><td></td></tr>
<tr><td>分析测量数据</td><td colspan="2">分析测量数据是否正确</td><td colspan="2"></td><td colspan="2"></td><td></td></tr>
<tr><td rowspan="3">评价的评价</td><td>班级</td><td colspan="2"></td><td>第　　组</td><td colspan="2">组长签字</td><td></td></tr>
<tr><td>教师签字</td><td colspan="2"></td><td>日期</td><td colspan="3"></td></tr>
<tr><td colspan="7">评语：</td></tr>
</table>

参 考 文 献

[1] 刘德发. 汽车发动机电控系统检修[M]. 2 版. 北京：北京大学出版社，2015.
[2] 吴志强. 汽车发动机电控系统检修[M]. 北京：机械工业出版社，2018.
[3] 姜大源. 当代世界职业教育发展趋势研究[M]. 北京：电子工业出版社，2012.
[4] 闫智勇，吴全全. 现代职业教育体系建设目标研究[M]. 重庆：重庆大学出版社，2017.
[5] 闫智勇. 中国高等教育治理体系现代化研究[M]. 重庆：重庆大学出版社，2018.